Bayerische Barock- und Rokokokirchen

Helga Wagner

Bayerische Barock- und Rokokokirchen

Süddeutscher Verlag München

Mit 99 Farbabbildungen, 26 Schwarzweiß-
abbildungen sowie 15 Karten im Text.
Der Schutzumschlag zeigt das Käppele in Würzburg
(Foto Ursula Pfistermeister)

ISBN 3-7991-6142-2

© 1983 Süddeutscher Verlag GmbH,
München
Alle Rechte vorbehalten
Printed in Germany
Satz, Repro: Wenschow GmbH, München
Druck: Passavia, Passau
Bindearbeit: Oldenbourg, München

Inhaltsverzeichnis

Vorwort 7

Einführung

Die historischen Voraus-
setzungen 9
Welche Kirchen wurden gebaut? 11
Der Barock als Stil 17
Die bayerischen Barockkirchen 20
Die Raumausstattungen 23
Die Künstler 29
Zusammenfassung 32

**Bayerische Barock- und
Rokokokirchen von den Alpen
bis zum Main**

Maria Gern bei Berchtesgaden 33
St. Anton über Partenkirchen 33
Ettal 37
Wieskirche 43
Hohenpeißenberg 48
Dietramszell 48
Weyarn 51
Westerndorf 53
Rott am Inn 58
Vilgertshofen 59
Dießen 62
Schäftlarn 64
München St. Johann Nepomuk 66
München Dreifaltigkeitskirche 70
München Theatinerkirche 72
St. Kajetan
München St. Michael 74
in Berg am Laim
Freising Neustift 77
Maria Thalheim 81
Mallersdorf 81
Maria Birnbaum 82
Fürstenfeld 84
Landsberg St. Johannes 88
Landsberg Hl. Kreuz 90
Buxheim 93
Ottobeuren 95
Kempten 98
Sandizell 102

Aldersbach 105
Rohr 106
Straubing St. Ursula 110
Weltenburg 112
Osterhofen 116
Freystadt 119
Amberg Schulkirche 120
Kappel bei Waldsassen 123
Erlangen Hugenottenkirche 126
Bayreuth St. Georgenkirche 127
Nürnberg St. Elisabeth 130
Gößweinstein 133
Banz 135
Vierzehnheiligen 137
Würzburg Hofkirche 141
Würzburg Schönbornkapelle 145
Würzburg Käppele 145
Kitzingen-Etwashausen Hl. Kreuz 148
Speinshart 150
Ellingen Schloßkirche 153
St. Koloman bei Schwangau 153
Hellring 156
Allersdorf 158

Schluß 160

**Anhang
Kunstfahrten und Wanderungen**

1. Maria Gern – St. Bartholomä 163
2. Garmisch-Partenkirchen 163
   – Ettal
3. Wies – Rottenbuch 163
   – Steingaden – Ilgen
   – St. Koloman – Füssen
4. Hohenpeißenberg 164
   – Weilheim – Polling
5. Schlehdorf – Benediktbeuern 164
   – Bichl
6. Dietramszell – Maria im 165
   Elend – Reutberg
   – St. Leonhard
7. Weyarn – Alb – Wilparting 166
8. Westerndorf – Berbling 167
   – Weihenlinden – Beyharting
   – Tuntenhausen

9. Rott am Inn 168
10. Raitenhaslach – Marienberg 168
11. Vilgertshofen – Thaining 169
12. Dießen – Andechs 169
13. Schäftlarn 169
14. München 169
15. Freising 170
16. Maria Thalheim – Oppolding 170
    – Hörgersdorf – Altenerding
    – Aufkirchen
17. Mallersdorf – Aufhausen 171
18. Maria Birnbaum 171
    – Altomünster – Indersdorf
19. Augsburg – Friedberg 171
    – Mering – Welden
20. Fürstenfeld – Grafrath 172
21. Landsberg – Klosterlechfeld 172
    – Egling
22. Buxheim – Maria Steinbach 172
    – Ottobeuren – Kempten
23. Sandizell – Inchenhofen 173
24. Osterhofen – Aldersbach 173
    – Fürstenzell – Otterskirchen
25. Rohr – Allersdorf – Hellring 173
    – Weltenburg
26. Straubing – Oberalteich 173
    – Metten
27. Freystadt 174
28. Amberg 174
29. Kappel – Waldsassen 174
    – Speinshart
30. Ellingen – Nürnberg 174
    – Erlangen
31. Bayreuth 174
32. Gößweinstein 174
33. Banz – Vierzehnheiligen 175
34. Kitzingen-Etwashausen 175
    – Wiesentheid – Gaibach
35. Würzburg 175

Grundrisse 176
Literatur in Auswahl 183
Fachwort-Erläuterungen 185
Bildnachweis 186
Register 187

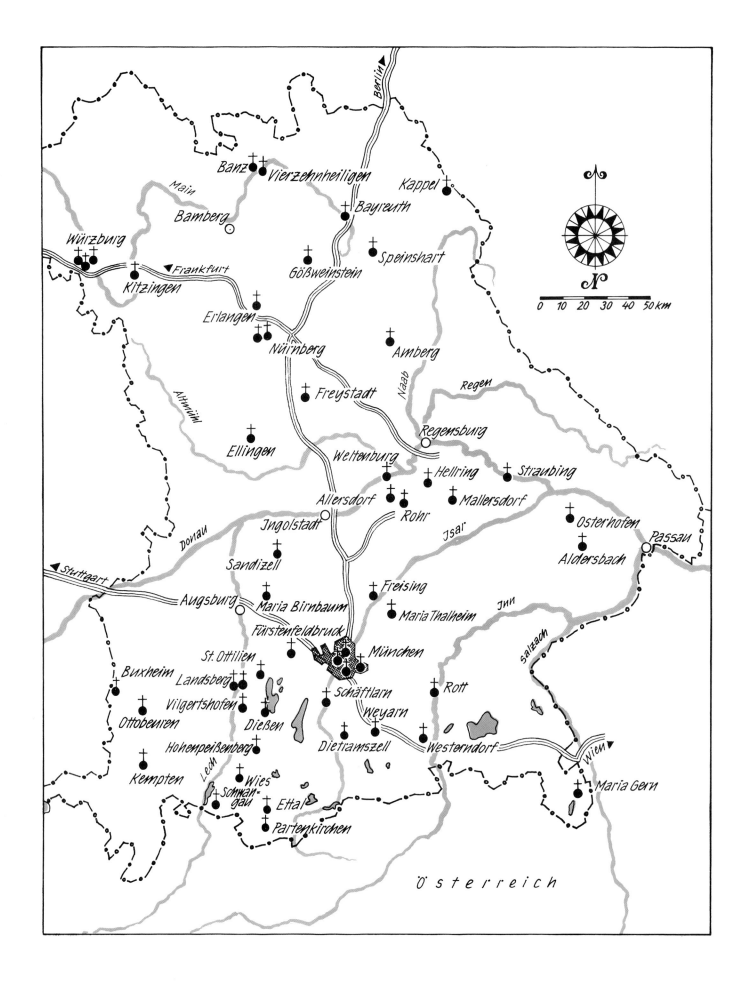

Vorwort

Diese unsere Reise im Bild zu den bayerischen Barock- und Rokokokirchen soll zu den schönsten Sakralbauten unseres Landes führen, die in der zweiten Hälfte des 17. Jahrhunderts und bis in die sechziger Jahre des 18. Jahrhunderts hinein entstanden sind. Eine Einführung wird mit den Voraussetzungen vertraut machen, die ihrer Entstehung zugrunde lagen. Sie soll auch versuchen, Zusammenhänge deutlich zu machen, die beim Betrachten einer Kirche in ihrem jeweils individuellen Umraum oft nicht so recht bewußt werden.

Im Hauptteil wird dann knapp ein halbes Hundert an Kirchen ausführlicher vorgestellt. Wenn man weiß, welche Bauleidenschaft in jenen Jahrzehnten herrschte, die groß und klein ansteckte, ist das wenig. Aber diese Kirchen sollten doch nicht nur eine ganz flüchtige Notiz erfahren; der Liebhaber möchte ja auch wissen, was das Besondere an ihnen ist. Auch sind hier vorwiegend Kirchen berücksichtigt, die raumkünstlerisch-architektonisch Neues gebracht haben und durch Zerstörung und Überrestaurierung nicht zu sehr gelitten haben.

Die Auswahl kann natürlich nicht umhin, sehr bekannte und viel besuchte Kirchen mit aufzunehmen, denn sie sind ja meist nicht zu Unrecht so berühmt. Daneben soll aber auch auf ein paar unbekannte aufmerksam gemacht werden, zu denen sich ein Ausflug lohnen würde. Die Auswahl erstreckt sich über das heutige Bayern, schließt also Kirchen ein, die zur Zeit ihrer Erbauung anderen Herrschaftsbereichen angehörten.

Im übrigen leugnet die Reihe der hier vorgestellten Kirchen nicht, eine individuelle Auswahl, ja eine subjektive zu sein. Jeder, der sich mit Kunst befaßt, wird neben rein objektiven Kri-

Ansicht des Freisinger Doms mit Blick auf den Hochaltar (Altarblatt von Peter Paul Rubens) hin. Der Stich von Joseph Mörl nach Cosmas Damian Asam zeigt den romanischen Bau mit der Barockisierung durch Stuck und Malerei von den Brüdern Asam, 1723/24.

terien doch immer auch persönliche Vorlieben gelten lassen müssen. Und diese schlagen auch bei solch einer Auswahl zu Buche. Denn Weglassen mußte geboten sein, soll dieser Band doch nicht ein für den Laien verwirrendes Kompendium darstellen, sondern ihm die meiner Meinung nach schönsten Beispiele barocker kirchlicher Kunst zeigen und sie ihm nahebringen. Sicher wird mancher die eine oder andere Kirche hier vermissen, was zum Teil wohl auch auf individueller Kenntnis oder Unkenntnis besonders nur lokal bekannter Bauwerke beruhen mag. Weggelassen wurden bis auf geringe Ausnahmen im Barock lediglich umgebaute und mit neuer Ausstattung versehene ältere Kirchen. Die Verfasserin ist sich bewußt, daß damit so großartige Bauten wie Rottenbuch, Tegernsee, Steingaden ausgespart wurden, die herrlich barockisiert worden sind. Ausschlaggebend für die Wahl sollte das originale barocke Raumbild sein, das bei romanischen oder gotischen Kirchen auch im barocken Kleid ein anderes sein muß – obwohl das kundige Auge feststellen wird, daß auch hier Berührungspunkte zu bemerken sind: So ist der ursprünglich spätgotische Kirchenraum der Wallfahrtskirche von Andechs (Weihe 1458) seiner frühbarocken Schwester in Tuntenhausen (1630) gar nicht so unähnlich. Auch Ausstattungen wie die der Brüder Asam im Freisinger Dom 1723/24, die für die barocke Innenraumgestaltung Impulse gegeben haben, müssen doch hier unberücksichtigt bleiben. Da aber sonst alle wichtigen Asamkirchen vorgestellt werden, wird man diese Lücke im Lebenswerk der beiden genialen Künstler verschmerzen. Bei so produktiven Männern wie dem Baumeister Johann Michael Fischer müssen diese Lücken naturgemäß noch viel größer sein. Inkonsequenterweise – und auch das soll nicht geleugnet werden – wurden manche Kirchen dann doch wieder hauptsächlich wegen ihrer Ausstat-

tung ausgewählt, weil Fresken oder Figuren etwa den sonst relativ unbedeutenden oder wenigstens nicht besonders erwähnenswerten Kirchenraum überstrahlen. Ein Beispiel dafür ist die ehemalige Augustiner-Chorherrenkirche in Weyarn mit den unvergleichlichen Figurengruppen von Ignaz Günther. Diese allein rechtfertigen einen Besuch.

Um das Bild noch etwas abzurunden, werden im Anhang dieses Bandes verschiedene Fahrten zusammengestellt, wo man um die im Hauptteil angesprochenen Kirchen herum noch andere Ziele gruppiert finden wird. Hier werden dann auch Kirchen auftauchen, die vielleicht nur eine besonders sehenswerte Kanzel besitzen oder wo eine ältere Kirche im Barock eine aufregende und »modische« neue Fassade bekommen hat.

Zum besseren Verständnis sind im Anhang von den interessantesten Kirchen die Grundrisse gezeigt; im Text wird auf diese mit GR hingewiesen.

Alle hier vorgestellten Kirchen würde ich jemand empfehlen anzuschauen, wenn er eine Vorstellung vom künstlerischen Reichtum dieses Landes bekommen möchte, von den unendlichen Möglichkeiten des Ausdrucks, den Frömmigkeit und Glaube im Zeitalter des Barock und Rokoko gefunden haben, und die ganz bestimmend zum Bild der Landschaft und der Städte gehören.

Einführung

Wir treten unsere Reise zu den Kirchen des Barock und Rokoko in Bayern am Alpenrand an, kommen in großen Linien und Bögen zur Hauptstadt München, dann nach Schwaben, nach Niederbayern, über die Donau nach Norden, in die Oberpfalz, nach Franken. Wir werden feststellen, daß die Dichte der Streuung unterschiedlich ist. Das mag einmal an den Auswahlkriterien liegen, aber doch auch objektiv so sein: der Süden ist eindeutig bevorzugt. Schon in Niederbayern werden es weniger, dafür aber ganz besonders großartige Beispiele. Jenseits der Donau hat jedoch sicher auch das Konfessionsgefälle Mitschuld an der geringeren Häufigkeit barocker Kirchenbauten, auch die Verarmung der früher reichen Städte, sofern sie nicht Residenzen waren. Dort konzentriert sich das barocke Bauwesen dann wieder, wie beispielsweise in Würzburg. Aber die großen alten Reichsstädte Nürnberg, Regensburg, Augsburg spielen keine Rolle mehr, jedenfalls nicht beim Bauen. Trotzdem ist versucht worden, eine einigermaßen gerechte Darstellung zu erreichen. So sind einige wenige protestantische Kirchen mit aufgenommen worden, wenn sie auch sicher nicht das sind, was man sich zuerst unter einer bayerischen Barockkirche vorstellt. Aber es sollte die Vielfalt der Möglichkeiten und Aufgaben gezeigt werden, denen sich ein Architekt oder Baumeister dieser Zeit gegenübersah: von der Hofkirche zur mehr oder weniger privaten Kapelle, von der großen Ordenskirche zur Wallfahrtskirche mit jeweils individueller Geschichte und Form der Verehrung. All das hat ein sehr vielfältiges Bild ergeben, nicht nur von der Verschiedenartigkeit der Bauaufgabe bedingt, sondern auch von der Zeit, die darüber verstrichen ist. Ein Baumeister, aber auch ein Bauherr kurz nach Beendigung des Dreißigjährigen Krieges mußte andere Vorstellungen und Ziele haben als die am Höhepunkt des Rokoko Lebenden. Auffällig ist aber vor allem die Fülle an Bauten dieses Stils, neben den hier erwähnten auch noch unzählige andere, dazu die vielen barockisierten, die ihr Gesicht der Zeit anpaßten: Wie ist diese Baulust, ja Bauwut zu erklären?

Die historischen Voraussetzungen

Dazu muß man etwas weiter ausholen und sich erst einmal die historischen Bedingungen klarmachen, die in den Ländern des heutigen Bayern herrschten. Eine letzte große Blüte des religiösen Lebens hatte es zur Zeit der Spätgotik gegeben. Die schönen hohen Hallenkirchen, die so typisch für das Bild der bayerischen Städte sind – man denke an St. Martin in Landshut, an die Marienkapelle in Würzburg, an die Frauenkirche in München –, sie alle sind erst spät, am Ausklang der Gotik, entstanden. Ähnlich wird es auch im Barock wieder sein. Dazwischen liegen aber die die Gemüter verwirrenden Zeiten der Reformation. Besonders die Reichsstädte öffneten sich dem neuen reformierten Glauben, allen voran Augsburg und Nürnberg. Da half auch die Verehrung für den strenggläubigen Kaiser Karl V. nicht, der oft in den Mauern Augsburgs weilte, oder die Reichstage in Nürnberg. Den Reichsstädten brachte das frühe 16. Jahrhundert noch einmal eine große kulturelle Blüte. Die bedeutendsten Künstler waren jetzt hier tätig, in dieser Zeit des Umbruchs von Gotik und Mittelalter zur neuen Zeit des Humanismus und der Kultur der Renaissance: Albrecht Dürer in Nürnberg, Hans Holbein der Ältere und Hans Burgkmair in Augsburg, Albrecht Altdorfer in Regensburg. Holbeins Sohn, der der noch »modernere« Künstler war, hatte den Weg über Basel nach London gefunden. Sie alle waren getragen von einer neuen Woge kritischer, offener Geistigkeit.

Im Land und auf dem Land sah es anders aus. Da gärte es, ob bei den Bauern oder in den anderen alten Herrschaftsgefügen. Den Klöstern liefen die Mönche weg, den Landbesitzenden die Untertanen. Die Krise, die in den Glaubensfragen, den vieldisputierten und überall Gräben aufreißenden, ihren Ausdruck fand, kam teilweise erst in den vierziger und fünfziger Jahren des 16. Jahrhunderts zur Wirkung. Zwar war 1545 das Konzil in Trient zusammengetreten, um über eine Reform der alten katholischen Kirche zu beraten, aber im Lande der Reformation selbst stand diese der Religionskrise noch ziemlich hilflos gegenüber.

Da greifen die wittelsbachischen Herrscher ein, um ihr Land dem alten Glauben zu retten: 1563 beginnt Herzog Albrecht V. mit der Gegenreformation in Altbayern, 1571 widerruft er die Kelcherlaubnis, schickt Prediger hinaus mit Schriften und Traktaten und ersetzt so, was die Bistümer und Klöster nicht leisten können. Herzog Wilhelm V. führt dieses Werk fort, 1581/82 gelingt ihm der Abschluß der Rekatholisierung in Altbayern. Neuburg an der Donau und die Grafschaft Ortenburg bleiben noch lutherisch, aber sonst ist die Glaubenskrise für das damalige Bayern überwunden. Wilhelm V. förderte auch sehr den gegenreformatorischen Orden der Jesuiten, der ganz unter dem Zeichen des Kampfes für den alten Glauben angetreten war. Als äußeres Monument, unübersehbar und für die Entwicklung der Kirchenbaukunst ein Signal, errichtete er in seiner Residenzstadt die St.-Michaels-Kirche in der Neuhauser Straße. 1583 beginnt der Bau. Wendel Dietrich und der Niederländer Friedrich Sustris haben den größten Anteil an dieser künstlerisch und religiös bedeutsamen Leistung: Die erste große und »zeitgemäße« Predigerkirche entstand nördlich der Alpen. Ein monumentales Langhaus mit alles überspannendem Tonnengewölbe setzt Zeichen für den Einheitsraum, der alle Gläubigen zusammenfaßt. Der Raum wird weite Nachfolge finden.

Allein bis dahin stand dem Land noch Furchtbares bevor. War Altbayern auch in den Glaubensfragen gesichert – außerhalb seiner Grenzen war dies nicht so. 1607 besetzt der seit 1597 herrschende Maximilian I. die Stadt Donauwörth, weil sie katholische Prozessionen gestört hat, und rekatholisiert sie zwangsweise. Der ohnedies prekäre Religionsfriede von 1555, der den Städten Glaubensfreiheit gesichert hatte, war gebrochen. 1618 dann kommt es mit dem Prager Fenstersturz und dem unglücklichen Friedrich V. von der Pfalz – auch er ein Wittelsbacher – zum Ausbruch des Dreißigjährigen Krieges. 1623 erhält Maximilian I. die pfälzische Kurwürde und die Oberpfalz vom Kaiser, dem er in der katholischen Liga verbunden ist. Man kämpft auf beiden Seiten mit Söldnerheeren, die jedoch kaum Sold bekommen und sich mit Plündern der Bevölkerung schadlos halten. Je länger der Krieg dauert, um so grausamer wird er. Die Glaubensfragen, die den Krieg ausgelöst hatten, treten immer mehr zurück zugunsten eines reinen Machtkampfes. Es geht um die Vorherrschaft in Europa für die Großen, die Soldateska entartet immer mehr und verbreitet Schrecken und Verwü-

stung. Vor allem in den dreißiger und vierziger Jahren hat Bayern zu leiden. Mit dem Frieden von Münster 1648 kehrt in das ausgeblutete, zerstörte und dezimierte Land endlich Ruhe ein. Die Friedensbestimmungen bestätigen die Kompromisse des Augsburger Religionsfriedens, nur die Oberpfalz muß katholisch bleiben. Dazu kommen neben dem altbayerischen Fünfeck noch die Fürstbistümer Würzburg, Bamberg, Fulda, Eichstätt, in Schwaben die großen landbesitzenden und reichsfreien Klöster als Hochburgen des Katholizismus. Dazwischen lagen Nürnberg, Erlangen, Bayreuth-Ansbach und das paritätische Augsburg als protestantische Lande.

Nach all den Verwüstungen und Verheerungen, bei denen wohl mancher an seinem Glauben verzweifelt sein mag, stand man nun fast überall, zumindest auf dem Land, vor völlig unbrauchbaren Trümmern, auf alle Fälle aber schwer ramponierten Resten von Gebäuden. Die Städte waren meist besser weggekommen, hatten sich freikaufen können. Aber die Klöster, die schutzlos und, wie man vermutete, mit viel Geld in den Truhen dastanden, boten überall ein Bild des Erbarmens. Die Chroniken sind voll davon. Oft genug fanden sich drei, vier Mönche in ihren Ruinen wieder, und in den Dörfern sah es meist auch nicht besser aus. Vielerorts war die Bevölkerung fast völlig ausgerottet.

Kurfürst Maximilian I. hatte schon 1630 die Errichtung einer Säule zu Ehren der Gottesmutter, der Patrona Bavariae, geplant, als Dank für die Errettung Münchens und Landshuts vor Plünderung und Zerstörung. 1638, am Jahrestag der Schlacht am Weißen Berg, wurde sie geweiht. Nun aber ist man dankbar für den friedliebenden Ferdinand Maria, der dem erschöpften Land die Ruhe zur Erholung gönnt. Und diese hat man dringend nötig, um erst einmal die Landwirtschaft und die primitivsten wirtschaft-

lichen Versorgungen wieder in Gang zu bringen. So wird zunächst nur notdürftig repariert und geflickt und gewartet auf bessere Zeiten. Nur selten bringt jemand in den Jahren unmittelbar nach dem Krieg die Mittel für einen Neubau auf. Da ist nur der Fürstabt des Benediktinerstifts Kempten, der 1651, rücksichtslos gegen seinen Konvent und seine Untertanen, eine neue Abtei- und zugleich Pfarrkirche regelrecht erpreßt. Der nächste größere Bau ist dann schon eine Wallfahrtskirche – Maria Birnbaum –, die allerdings der für sie zuständige Komtur der Deutschordenskommende Blumenthal, der in päpstlichen Diensten viel herumgekommen ist, weitgehend aus eigenen Mitteln bestreitet. Und auch die Theatiner-Hofkirche in München (seit 1663) wird sozusagen privat finanziert, von der Kurfürstin Henriette Adelaide. Die meisten Kirchen müssen noch so hinreichen, wie sie sind, erst Mitte der achtziger Jahre des 17. Jahrhunderts setzt eine größere Bauwelle ein. Und die meisten Klöster müssen sich gar noch bis in die ersten Jahrzehnte des 18. Jahrhunderts hinein gedulden, bis sie ihre neuen Tempel Gottes errichten können. Wenn der Friede von Münster 1648 und damit das Ende des Dreißigjährigen Krieges auch eine einschneidende Zäsur bedeuten, von der aus man das Barockzeitalter in den Künsten hierzulande eigentlich erst zu zählen beginnt, so darf einen die nun allmählich einsetzende Bauwelle doch nicht darüber hinwegtäuschen, daß von da ab bis zum Ausklang des Rokoko nicht nur friedliche, den Künsten holde Zeiten geherrscht haben. Zwar bleibt das bayerische Territorium zunächst verschont, selbst Kriegsschauplatz zu sein. Die Kriege Ludwig XIV. von Frankreich oder der Krieg gegen die Türken bedrohten das Land nicht unmittelbar, obwohl auch das nicht voraussehbar war. Die Feindseligkeiten spielten sich auf fremdem Boden ab, auch wenn bayerische Truppen beteiligt waren wie unter Max Emanuel bei der Entsetzung Wiens, 1683, oder bei der Eroberung Belgrads. Der Sieg über die Türken hatte noch einmal eine zündende Wirkung als Sieg des Abendlandes und des katholischen Glaubens über die Fremdgläubigen. So erscheinen nun in Bildern und plastischen Darstellungen immer wieder exotische Türkenfiguren, gefesselt und gebeugt von den Personifikationen Europas und des Glaubens oder der Jungfrau Maria.

Mit der ehrgeizigen Allianz Kurfürst Max Emanuels und Ludwig XIV. gegen Kaiser und Reich aber beginnt eine Reihe von Kriegen, die das Land immer wieder erschüttern und es gar an den Rand des Abgrundes bringen: am meisten der Spanische Erbfolgekrieg 1701–1713/14, als nach der Schlacht von Höchstädt, 1704, der Kurfürst fliehen muß und alles auf dem Spiel steht; der Österreichische Erbfolgekrieg 1740–1745/48, der dem Kurfürsten Karl Albrecht eine kurze Zeit des Kaisertums beschert, die er aber zumeist wieder im Exil verbringen muß; schließlich der Bayerische Erbfolgekrieg 1778/79, als die altbayerische Linie des Hauses Wittelsbach ausstirbt. Der Siebenjährige Krieg zieht die fränkischen Gebiete in Mitleidenschaft. Alle diese Kriegswirren, die ja, wenn auch nicht mit unmittelbaren Zerstörungen, so doch mit großen finanziellen Opfern bezahlt werden mußten, haben immer wieder die Bauleidenschaft in Verzögerung gebracht. Verhindern konnten sie sie jedoch nicht, wie man sieht. Man sollte diese Notzeiten aber doch nicht ganz über dem Glanz und der Pracht der damals entstandenen Gotteshäuser vergessen, haben sie den Menschen der Zeit doch auch immer wieder darauf hingewiesen, wie schwankend das Glück auch jetzt noch war, und wie sehr er täglich von neuem auf die Gnade Gottes und die Hilfe des Glaubens angewiesen war. Der Jubel, der uns in den Kirchen entgegenschlägt, konnte

so nur entstehen, nachdem man Angst und Schrecken und Gefährdetsein erlebt und überwunden hatte.

Im 18. Jahrhundert erwuchs der Religion eher ein innerer Feind in Form der Aufklärung. Schließlich führte dieser Geist, verbunden mit den gesellschaftlichen und kriegerischen Umstürzen der napoleonischen Zeit zur Säkularisation 1803, bei der Klöster und Bistümer in ihrem Besitzstand aufgelöst wurden und kulturelle und künstlerische Güter in Hast und Verblendung vergeudet und vernichtet wurden. Bis dahin aber war in den weitesten Kreisen der Bevölkerung, besonders natürlich auf dem Land, der Glaube ungebrochen und die Form der Religiosität nicht von Zweifeln durchsetzt. Nach einer gewissen Erschöpfung im Gefolge des Dreißigjährigen Krieges ist 1683 ein großes Triumphjahr. Endlich konnte man seines Glaubens unangefochten sicher sein, die Türkengefahr war endgültig gebannt. Die Zeit Max Emanuels, die auch die Zeit der Brüder Asam war, ist eine Hochzeit des Glaubenslebens. Selbst unter österreichischer Besetzung wird in München die Dreifaltigkeitskirche gebaut, für die der Kurfürst das Hochaltarbild stiftet. Daß dieser Glaubensstrom auch darüber hinaus noch trug, beweisen die Werke des Johann Michael Fischer, der Brüder Zimmermann, Balthasar Neumanns. Formale Anlehnungen an französisches Kulturgut beim Bauen haben offenbar nicht auch zu einer rationalen Abkühlung der Religiosität geführt. Das Paradies, den Himmel hat man in diesen Kirchen direkt auf die Erde herabgeholt. Die Beschränkung der Ausdrucksformen barocker Frömmigkeit kam vom Staat. Damit wollte man zugleich das Übergewicht kirchlichen Besitztums in die Hände bekommen. 56 Prozent des Gesamtgüterbestandes gehörten der Kirche, die steuerlich immun gegen den Landesherrn war! Man ging nun rigoros vor gegen Bruderschaften, Prozessio-

nen, Passionsspiele, Votivgaben, Wallfahrten, Krippenspiele und so fort. Am meisten ins Gewicht fiel aber die Verordnung von 1772 gegen die Überzahl von Feiertagen. Papst Clemens XIV. hatte einem Wunsch Kurfürst Max III. Joseph entsprochen und ihre Zahl drastisch reduziert. Lorenz Westenrieder hatte noch 124 gezählt! Als Papst Pius VI. 1782 von Wien, wo er Kaiser Josef II. nicht an seinen ersten Säkularisierungsverordnungen hindern konnte, nach Bayern kam, stellte er zwar im Vergleich zu Österreich noch ein intaktes religiöses Empfinden und Leben fest, allein die Zeit der sich so sichtbar Ausdruck verschaffenden Gläubigkeit war doch vorbei. Der barocke Himmel hatte sich bewölkt, Gewitter zogen herauf, Abkühlung herrschte allerorten.

Welche Kirchen wurden gebaut?

Wenn wir uns in unserem Überblick allein auf die hier näher vorgestellten und besonders beachtenswerten Kirchenbauten beschränken, so fällt auf, daß fast die Hälfte davon *Klosterkirchen* waren. Wie wir schon festgestellt haben, waren die Klöster auf dem Land besonders übel zugerichtet worden, und so manche Kirche wirklich nur noch ein »lauterer Steinhaufen«. Hier war also der Bedarf an Neubauten besonders groß. Trotzdem muß auffallen, welch gewaltige Anlagen im Zeitalter des Barock überall in Bayern nun entstanden. Es wurden ja nicht nur die Kirchen neu gebaut, sondern auch weitläufige Konvents-, Prälatur- und Wirtschaftsgebäude, die meist eher einem Schloß ähneln als einem Ort von Askese und Einkehr. Die neu errichteten Gebäude gehen meistens über die tatsächlichen Bedürfnisse der Klöster hinaus, sind auffallender Ausdruck eines neuen Bewußtseins für die Bedeutung ihres Standes für Land und

11

Dieser um 1880 entstandene Holzstich von Karl Schröder mit dem Kloster Banz und der Wallfahrtskirche Vierzehnheiligen zeigt exemplarisch (und perspektivisch etwas gerafft) die dominierende Lage, die barocke Kirchen und Klöster in der Landschaft einnehmen und die sie so mitgestalten. Seit der Romantik ist man sich dieser Tatsache sehr bewußt gewesen, auch wenn man den barocken Stil noch nicht schätzte.

Glaube. Dabei sind es vor allem die alten Orden, die Benediktiner, die Augustiner-Chorherren, die Zisterzienser, die einen sichtlichen Aufschwung nehmen, die schneller als andere ihre wirtschaftliche Basis wieder sanieren und noch einmal eine große Blütezeit erleben. In Glaubensfragen nun unbestritten, wollen sie ihre unangefochtene Bedeutung auch nach außen hin sichtbar werden lassen. Dazu kommt bei den meisten größeren Klöstern noch ihre fast unabhängige Stellung dem Landesherrn gegenüber; eine ganze Reihe von ihnen war sogar reichsunmittelbar, das heißt, nur dem Kaiser in Wien unterstellt. Eine Anlage wie die von Ottobeuren bringt diese Stellung auch architektonisch zum Ausdruck. Jeder wird sehen, daß man es hier nicht nur mit einer Abtei zu tun hat, sondern mit der Residenz eines exempten Reichsprälaten. Das Bewußtsein dieser besonderen Stellung und der Wille zur standesgemäßen Repräsentation waren der Antrieb, solch gewaltige Tempel Gottes ins Land zu stellen. Das Sichtbarwerdenlassen von Rang und Bedeutung nach außen in sinnlich augenfälligen Zeichen war ja ein Bedürfnis der Zeit auch anderswo – nicht umsonst widmete man Rangfragen und Zeremoniell so große Aufmerksamkeit. Die nicht nur geistliche, sondern weitgehend politische Stellung – nach oben, Landesfürsten und Kaiser gegenüber, aber auch nach unten, vor Landsassen und Untergebenen – sollte schon im Bau von Kloster und Kirche Ausdruck finden. Auch die Rivalität benachbarter Stifte untereinander dürfte den Baueifer noch zusätzlich angestachelt haben. Wenn der Bruder nebenan sich so eine prächtige Kirche leisten konnte, dann wollte man demgegenüber nicht gern zurückstehen, wurde die Bedeutung und wirtschaftliche Kraft doch offenbar schon damals nach dem äußerlich Sichtbaren beurteilt. Mag sich auch mancher Konvent oder mancher herrschaftsbewußte Abt etwas viel angemaßt oder gar die Mittel dafür eigentlich gar nicht gehabt haben, so darf man ihnen doch bei allem Repräsentationsbewußtsein eine gläubige Gesinnung nicht absprechen. »Zum Lob und zur Ehre Gottes«, »ein würdiger Tempel des Herrn«, »zur größeren Ehre der Jungfrau Maria und der Heiligen«, das war es doch auch, was man zum Ausdruck bringen wollte. Der alte Glaube hatte gesiegt, nun sollte er auch jubelnd gefeiert werden. Dabei stellte man die Kirchen und Klöster an die schon seit altersher bevorzugten Orte, schuf so die Landschaft weithin beherrschende Monumente, in denen Natur, Kunst, Glaube, Herrschaft im Diesseits und im Jenseits gleichermaßen zusammenwirken: Jeder, der einmal Ottobeuren oder Banz besucht hat, wird verstehen, was hier gemeint ist. Diese Stifts-Schlösser mit ihren überragenden Kirchtürmen und Dächern gehören zum Landschaftsbild und bestimmen es auf ihre Weise mit. Bayerische Landschaft ohne Klöster darin wäre heute kaum mehr denkbar.

In den *Städten* war die Lage etwas anders. Zum einen hatten die Stadtmauern doch mehr Schutz geboten vor Zerstörung und Verwüstung, zum anderen gab es hier wenig Platz. Zudem war auch hier die Bevölkerung meist zurückgegangen und somit kein so großes Bedürfnis nach Neubauten. Die ehrwürdigen alten Pfarrkirchen und Dome waren ja noch da, an die man höchstens mit einer Modernisierung heranging. Die Ordenskirchen in den Städten spielten architektonisch keine so große Rolle. Nach dem bahnbrechenden Bau von St. Michael in München folgten die meisten Ordenskirchen dem bisherigen Schema. Sie waren ja zumeist in erster Hinsicht Predigerkirchen, sie mußten überschaubare Räume haben, in denen die Gläubigen leicht der Messe folgen und den berühmten Predigern lauschen konnten. Dabei waren allen voran die alten Bischofsstädte: Würzburg mit der Dominikaner- und der Karmelitenkirche, erstere 1743 von Balthasar Neumann umgebaut, letztere seit 1660 von Antonio Petrini in italienischer Art errichtet, dazu Stift Haug mit seiner für das Stadtbild wichtigen Kuppel (seit 1670) oder Bamberg mit der Jesuitenkirche St. Martin (1686) von Georg Dientzenhofer. Dillingens Jesuitenuniversität hatte schon 1610 eine Studienkirche bekommen. Eichstätt 1617 die Schutzengelkirche, ebenfalls der Jesuiten, deren im 18. Jahrhundert bereits zweiten Kirchenneubau in Landsberg am Lech wir hier vorstellen. Die meisten unter ihnen können architektonisch und in ihrer Gestaltung nicht mit den großen Klosterkirchen auf dem Land konkurrieren.

Was sonst noch in den Städten entstand, waren meist kleinere Gebäude, oft fast nur als Kapellen zu bezeichnen, die auf private Stiftungen, Gelöbnisse oder ähnliches zurückgehen. Die Theatiner-Hofkirche St. Kajetan in München kann man zwar nicht eben als klein bezeichnen, aber auch sie verdankt ihr Entstehen einem priva-

Die Wallfahrtskirche zur Schönen Maria wurde im Jahr 1519 begonnen, aber schon um 1524 nicht mehr fortgeführt. Der Holzschnitt um 1520 ist nach dem Kirchenmodell Michael Ostendorfers entstanden, der Entwurf stammt von dem Augsburger Hans Hieber. Die ungewöhnliche Gestaltung der Kirche mit einem Hexagon nimmt möglicherweise Anregungen des großen Malers der Donauschule Albrecht Altdorfer auf.

ten Gelübde: Die Kurfürstin Henriette Adelaide ließ sie zum Dank für die langersehnte Geburt des Kronprinzen bauen. Sie gab damit allerdings noch vor Einsetzen größerer Bautätigkeit ein Signal für die Zukunft mit dem Bau von italienischen Proportionen und beherrschender Stuckausstattung. Als Zeugnis für wirklich private Frömmigkeit seien die St.-Johann-Nepomuk-Kirche von Egid Quirin Asam in München genannt und die St.-Johannes-Kirche in Landsberg am Lech von Dominikus Zimmermann – die eine vom Künstler selbst finanziert, die andere von einem Benefiziaten. Auf ein Gelübde während des Spanischen Erbfolgekrieges geht die Dreifaltigkeitskirche in München von Giovanni Antonio Viscardi zurück: Die Mystikerin Anna Maria Lindmayr hatte den Bau zu ihrem Anliegen gemacht.

Damit kommen wir zu einer Seite barocker Frömmigkeit, die ihren Ausdruck in der zweiten großen und beherrschenden Gruppe von Kirchenbauten gefunden hat: den *Wallfahrtskirchen*. Bei unserer Auswahl an interessanten Kirchen des Barock und Rokoko erscheinen fast ebenso viele Wallfahrts- wie Klosterkirchen. Beruhten letztere auf einem realen Bedarf – eine Kirche für Chorgebet und tägliche Meßfeier der Mönche brauchte man, auch für die nächstwohnenden Gläubigen war sie oft die einzige Möglichkeit, der Messe beizuwohnen –, so entsprangen die Wallfahrtskirchen anderen Bedürfnissen. Schon der Geschichtsschreiber Johannes Aventin hatte ja in seiner vielzitierten Charakterisierung der Bayern (1533) bemerkt, daß diese gerne wallfahrten gingen. Das Wallfahrtswesen, das in den Zeiten der Spätgotik noch in voller Blüte gestanden hatte, war durch die Wirren der Reformation jäh zurückgegangen, gehörte es doch ebenso wie das ominöse Ablaßwesen zu den Ausdrucksformen von Religiosität, die nun als besonders verabscheuens-

würdig angeprangert wurden. Die Wallfahrt zur »Schönen Maria« in Regensburg, für deren Kirche wohl noch der geniale Maler der Donauschule Albrecht Altdorfer Anregungen geliefert hatte, ging schlagartig zurück, 1525 mußte man den erst 1519 begonnenen Bau der Kirche einstellen. Schon 1537 war ihr Kultbild vergessen. Den Entwurf des aus Augsburg stammenden Hans Hieber mit seiner Mischung aus spätgotischen und Renaissance-Elementen wird man sich indessen merken müssen, zeigt er doch Züge, die auch noch bei Barockbauten charakteristisch erscheinen. Herzog Ludwig X., der in Landshut residierte und dort sein Stadtschloß antikisch-mantuanisch dekorierte, war nach Regensburg gewallfahrtet, wie überhaupt alle Wittelsbacher darin offenbar ganz echte Bayern aventinscher Art waren. Besonders Altötting war ihr bevorzugtes Ziel. So erlebt diese altehrwürdige Wallfahrt selbst in Krisenzeiten noch Aufmerksamkeit. Ludwig X. hatte dort sein lebensgroßes Wachsbildnis aufstellen lassen, Herzog Albrecht V. von München, Schüler des Jesuiten Petrus Canisius und Initiator der Gegenreformation in Altbayern, überschüttet 1571, nach schlechten Jahren, die Gnadenkapelle mit Schenkungen. Wilhelm V. ging gern nach Andechs, Maximilian I. erste »Amtshandlung« war eine Fußwallfahrt nach Altötting. 1645 läßt er eine mit seinem eigenen Blut geschriebene Weiheformel in den Tabernakel dort einschließen. Der Jungfrau Maria galt seine besondere Verehrung, wie allen sichtbar die Mariensäule in München bezeugt. Aber auch Tuntenhausen oder Bettbrunn waren seiner Aufmerksamkeit sicher: Tuntenhausen hatte eine seit 1441 bezeugte Wallfahrt, als dort das erste Wunder geschehen sein soll. Die ganze Zeit der Spätgotik über bleibt die Madonna von Tuntenhausen vielverehrt. Die Zeit der Glaubenswirren hat auch hier Rückschläge gebracht. Nach schwieri-

Die ursprüngliche, dem heutigen größeren Bau integrierte Gnadenkapelle von Klosterlechfeld, die 1603 von Elias Holl aus Augsburg errichtet wurde. Der zeitgenössische Holzschnitt zeigt die reine Rundform der Kapelle.

Vorstudie des Kurfürstlichen Hofarchitekten Enrico Zucalli für die Wallfahrtskirche in Altötting, 1676/77. Kurfürst Ferdinand Maria, der die Madonna von Altötting wie auch sein Vater Maximilian I. besonders verehrte, wollte die Gnadenkapelle mit einem hochbarocken, von Gianlorenzo Bernini beeinflußten Zentralbau ummanteln lassen. Der Bau kam nicht zustande.

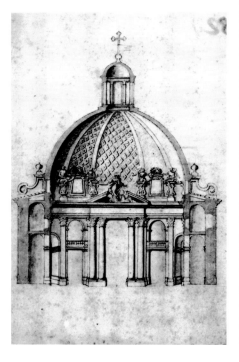

gen Jahrzehnten konnte man aber bereits 1628/29 – wohl vor allem durch die kurfürstliche Unterstützung – einen Neubau wagen. Dieser präsentiert sich als lichter, weiter, dreischiffiger Hallenbau und schließt damit unmittelbar an einen spätgotischen Bau wie Andechs an. Die Kirche des Münchener Maurermeisters Veit Schmidt war einer der ersten Neubauten einer Wallfahrtskirche nach den Reformationswirren, noch während des Krieges gebaut aufgrund der großzügigen Förderung aus München. Nur die Altäre und die schönen, streng symmetrischen Stukkaturen erinnern an den Münchener Hofstil Maximilians, wie wir ihn dort in der Residenz antreffen. Nicht weit davon entfernt begann Anfang des 17. Jahrhunderts die Verehrung des Gnadenbildes von Weihenlinden. Weil man beim Aushub für eine kleine Kapelle, die während der Notjahre von der Pfarrgemeinde gelobt worden war, auf einen Ring stieß, gab der Münchener Kapuzinerpater Johann Chrysostomus den Rat, die Kapelle »in die Rund zu formieren«, was man auch tat. So ist in der heutigen Wallfahrtskirche, die 1657 geweiht wurde, im Chor eine Rundkapelle eingeschlossen. Ähnlich ist die Baugeschichte von Klosterlechfeld, wo schon 1604 eine Rundkapelle zu Ehren »Unserer Lieben Frau Hilf« errichtet wurde. Baumeister war der berühmte Elias Holl, Schöpfer des Zeughauses in Augsburg. Nachdem die auf ein privates Gelübde hin errichtete Kapelle mit ihrer Gnadenbildgruppe immer größeren Zulauf erfuhr, wurde der Bau 1655 erweitert. Die Kurfürstinnen Therese Kunigunde, Maria Amalia und Maria Anna verehrten die Gnadenbildgruppe besonders.

Kurfürst Ferdinand Maria weiht sich wie sein Vater mit seiner Bluthandschrift der Madonna von Altötting. Es vergeht kaum ein Jahr, in dem das Kurfürstenpaar nicht dorthin wallfahrtet. So ist es kein Wunder, daß man am Münchener Hof Baupläne für diese höchstverehrte Gnadenstätte macht. 1676/77 zeichnet Enrico Zuccalli, der den Bau der Theatiner-Kirche in München übernommen hat, einen Entwurf: Die alte karolingische Gnadenkapelle sollte von einem größeren Rundbau ummantelt werden. Zu diesem Bau ist es jedoch nicht gekommen.

Aber überall im Land entstehen neue Wallfahrten, ältere, wie Ettal, erfahren wieder neuen Zulauf. Das Volk, denn von diesem werden Wallfahrtsorte doch meist in seinen Bedrängnissen aufgesucht, findet überall neue Stätten der Verehrung. Zwar war aus all den Zeiten der Verwirrung der katholische Glaube in Altbayern und den Gebieten der großen Bistümer und Klöster siegreich hervorgegangen, und die Verehrung der Hl. Dreifaltigkeit, der Muttergottes, des gegeißelten Heilandes auch durchaus ein Anliegen der »offiziellen« Kirche. Aber trotz aller siegreichen und unangefochtenen Gefühle für die Kirche wurden die Menschen doch auch weiterhin heimgesucht von Schrecken des Krieges, von Krankheit und persönlicher Not, und da war eine Wallfahrtskirche mit ihrem Gnadenbild eine Zuflucht, auch eine Gelegenheit, einmal aus dem ärmlichen und mühseligen Alltag herauszufinden zu gemeinsamem Erleben und Glanz. So zog man nun auch nicht mehr wie im frühen Mittelalter weit weg, nach Rom oder Santiago de Compostela in Spanien, sondern bevorzugte nahegelegene, lokal verehrte Wallfahrtsstätten. Durch sie wurde das Land am stärksten geprägt, standen sie doch meist in freier Flur. In ihnen unterscheidet sich das katholische Bayern am meisten vom protestantischen.

Die überall sich neu entwickelnden Wallfahrten wurden zumeist von nahegelegenen Klöstern betreut – für die der Zulauf auch eine Einnahmequelle bedeutete. So unterstand Tuntenhausen Kloster Beyharting, Weihenlinden

Weyarn, die Wies Steingaden, Vierzehnheiligen Langheim. Nach Tuntenhausen und Weihenlinden sowie Klosterlechfeld setzt Maria Birnbaum 1661 auch architektonisch einen besonderen Akzent. Es folgen nach unserer Auswahl St. Koloman bei Füssen, die Kappel bei Waldsassen, Vilgertshofen, Freystadt in der Oberpfalz, St. Anton in Partenkirchen, Maria Gern bei Berchtesgaden; Ettal bekommt eine neue Gestalt, in Franken erstehen Gößweinstein und Vierzehnheiligen, das Käppele bei Würzburg und, noch einmal in Oberbayern, die Wies und Hohenpeißenberg. Jede dieser Kirchen stellt auch architektonisch etwas Besonderes dar. Sie verdanken ihre Entstehung einer Frömmigkeitshaltung, die von der Aufklärung gegen Ende des 18. Jahrhunderts ebenso verdammt wurde wie früher schon von den Protestanten. Sicherlich die Wundergläubigkeit bei vielen dem Aberglauben, konnte man über den Sinn von Reliquienverehrung und Wallfahrtsandenken wie Schluckbildchen oder Schabstatuetten geteilter Ansicht sein. Das Volk aber liebte diese ihm gemütsmäßig nahen Verehrungsformen, und gerade so manche Wallfahrtskirche verdankt es dieser Anhänglichkeit der Bevölkerung, daß sie nach der Säkularisation nicht abgerissen wurde, wie Maria Birnbaum oder die Wies beweisen.

Neue *Pfarrkirchen* wurden zwar auch gebaut, eines der bezauberndsten Beispiele dürfte die 1751–1756 errichtete von Berbling sein, wo ein dörfliches Rokoko doch erstaunlich anspruchsvolle Ausdrucksformen findet. Einer der ehrgeizigsten und wohl auch frühesten Bauten ist die Stadtpfarrkirche von Weilheim, die noch während des Dreißigjährigen Krieges erbaut wurde, 1624–1631 unter der Leitung des Bildhauers Bartholomäus Steinle. Auffallend ist vor allem die achteckige Kuppel über dem Altarraum als Bekrönung des Allerheiligsten. Sicher hat hier formal der seit 1614 errichtete Salzburger Dom des aus dem Venezianischen stammenden Santino Solari nachgewirkt, ebenso wie bei der zugleich als Pfarr- wie auch als Abteikirche errichteten St.-Lorenz-Kirche in Kempten nach 1651. Liturgisch eigentlich richtiger als in Salzburg und in späteren Bauten setzte man hier noch den Hauptakzent über den Hochaltar, wo seit den Bestimmungen des Tridentinums der Tabernakel mit

Perspektivischer Einblick in die Würzburger Hofkirche von Balthasar Neumann. Der Stich von Johann Balthasar Gutwein ist Teil der Festschrift zur Weihe der Hofkirche (erschienen 1745) und zeigt die Doppelgeschossigkeit der Kapelle mit den der Wand nur vorgeblendeten Gliederungen an den Langseiten sowie dem Privatoratorium des Fürstbischofs über dem Hochaltar im Osten.

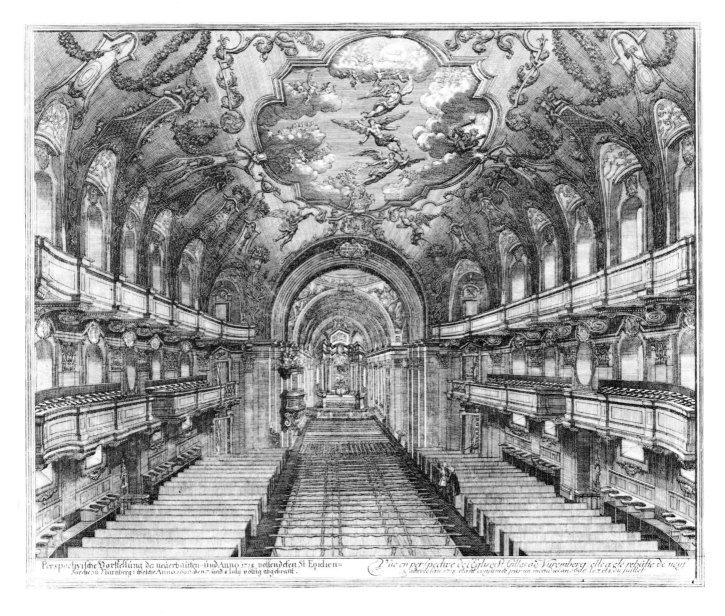

Die evangelische St.-Egidien-Kirche in Nürnberg, die 1718 vollendet wurde. Der zeitgenössische Kupferstich von Johann Adam Delsenbach zeigt den längsovalen Gemeinderaum mit eingebauten Emporen. Hinter der Kanzel folgt ein Kuppelraum, der den neuen Bau mit dem alten gotischen Chor verbindet. Hier sind den Fenstern barocke Rahmen vorgeblendet und ein barocker Altar als Blickpunkt errichtet.

dem Sakrament aufbewahrt und bei besonderen Anlässen auch ausgesetzt werden mußte. Gleich danach zu nennen und ungleich origineller ist die Pfarrkirche von Westerndorf bei Pang, die seit 1670 mit ihrer den ganzen Bau bekrönenden Zwiebelhaube unverwechselbar in der Landschaft steht. Ihr Architekt ist wahrscheinlich der Baumeister der Wallfahrtskirche von Maria Birnbaum, Konstantin Pader, gewesen.

Die meisten anderen Pfarrkirchen sind erst viel später gebaut worden und zumeist auf dem Land. Die Städte haben höchstens ihre gotischen Stadtpfarrkirchen etwas modernisiert, wie etwa München die Peterskirche 1753–1756. Diesen Dorfpfarrkirchen des späten Barock und Rokoko nachzugehen, wäre eine eigene Untersuchung wert.

Als Beispiele für *protestantische Kirchen* sollen hier die Hugenottenkirche von Erlangen und die St.-Georgen-Kirche von Bayreuth stehen. Letztere zeigt den für protestantische Sakralräume typischen Kranz von eingebauten, meist aus Holz gearbeiteten Emporen, die dem Raum das Gepräge geben und oft eine gewisse zentrierende Neigung erkennen lassen. Die Gemeinde sitzt wie auf Rängen im Theater fast um den ganzen Raum herum. In Sachsen und Thüringen ist dieser Bautyp besonders ausgeprägt worden, hier zumeist mit architektonischen Stützen zwischen den Emporen, die auf diese Weise nicht ganz so ausgeprägten »Möbelcharakter« haben. Die Hugenottenkirche von Erlangen (seit 1686) in der Neustadt zeigt diesen Typ mit zwölfeckigem Stützeneinbau und verputzten Emporen in einem rechteckigen Raummantel sehr schön ausgeprägt.

Dazu kommen noch anderenorts die reinen *Saalkirchen*, die wie eine üppig dekorierte und für sakrale Zwecke umfunktionierte Aula wirken: Dillingen mit seiner Studienkirche oder Ingolstadts St. Maria de Victoria vertreten diesen Typ. Sie haben Bedeutung nur durch ihre Ausstattung. Die *Hofkirchen,* wie in Ellingen oder Würzburg, sind da wesentlich freier in ihrer Gestaltung. Ellingen tritt vor allem durch seine interessante, steil aufschießende Fassade mit zwei fast gotisch anmutenden Lanzettfenstern in Erscheinung, die Würzburger Hofkirche in der Residenz, von Balthasar Neumann, ist von außen unauffällig in den rechten Flügel des Schlosses eingebaut (1733 begonnen), aber der Innenraum verrät den genialen Baumeister: es dürfte einer der aufregendsten Kirchenräume des internationalen Barock überhaupt sein.

Die großen *Reichsstädte* treten hier fast gar nicht mehr in Erscheinung. In Augsburg hat Johann Jakob Herkomer etwas barockisiert, die Jesuiten hatten ihren Kongregationssaal, aber Bedeutenderes ist nicht vorhanden. Nürnberg, das nicht zur Hälfte katholisch war wie Augsburg, hatte immerhin den 1711–1718 errichteten Barockbau von St. Egidien, der auch nach der vereinfachten Restaurierung infolge der Zerstörung im letzten Krieg noch bedeutend ist. Die einzige katholische »Enklave« der protestantischen Stadt war die Niederlassung des Deutschen Ordens, die erst gegen Ende des Rokoko, schon halb klassizistisch, zum Bau der St.-Elisabeth-Kirche findet (nach 1785).

Der wichtigere Beitrag, den Augsburg und Nürnberg zur Entwicklung der Kunst im Barock und Rokoko leisteten, lag auf dem Gebiet der Graphik und des Kunstgewerbes. In Nürnberg war die Blüte des Handwerks bei Gold- und Silberschmieden, bei den Zinngießern und Glasschneidern weitgehend auf das 17. Jahrhundert beschränkt. Die Augsburger Silberwerkstätten aber waren das ganze 18. Jahrhundert hindurch noch hochgeschätzt, und die Auftraggeber fragten dabei auch nicht viel, ob der Fertiger ihrer Meßkelche und Monstranzen nicht vielleicht protestantischer Konfession sei. Die Kupferstichwerke aber, die in Augsburg im 17. und 18. Jahrhundert erschienen, waren ganzen Generationen von Malern und Graphikern Vorbild und Lernmaterial, bis die Stadt sogar eine eigene Akademie gründete mit Johann Georg Bergmüller als Lehrer vieler bedeutender Rokokomaler. Die Stadt Regensburg, obwohl seit 1664 Sitz des Immerwährenden Reichstages mit all seinen Gesandtschaften und Besuchern, hat außer einigen, allerdings bedeutenden, Barockisierungen architektonisch nichts Neues mehr geschaffen. Die Blütezeit der Reichsstädte war im Barock endgültig vorbei.

Der Barock als Stil

Es ist nun angebracht, etwas zur Kunst des Barock überhaupt zu sagen und zu ihrer Entwicklung. Der Stil des Barock, dessen Name ursprünglich abwertend gemeint war, hat seinen Anfang und seine Ursprünge in Italien. Hier hatte ja auch das Zeitalter des Humanismus begonnen, indem man sich der literarischen und architektonischen Quellen der Antike besann. Die Kunst der Renaissance entstand und übernahm den Formenkanon der römischen Architektur, wie er bei Vitruv mit den Säulenkategorien und den damit verbundenen Proportionen schriftlich überliefert war. Anschauungsmaterial fand man am meisten in Rom, auch wenn die antiken Stätten, wie das Forum, noch nicht so ausgegraben waren wie heute. Von nun an war es das Ziel eines jeden ehrgeizigen und bildungshungrigen Künstlers, nach Rom zu reisen und die Schätze der Antike zu bewundern und von ihnen zu lernen. Skizzenbücher und Stiche zeugen davon. Hier in Rom war um 1600 auch der Barock entstanden.

Seit man überhaupt wieder einen Blick für die Kunst dieses Zeitalters hatte (in Bayern seit Ludwig II.) und ihn nicht als bestenfalls bizarr, jedenfalls aber überladen abtat, wurden viele Versuche unternommen, den Stil des Barock zu definieren. Zunächst ging es um seine zeitliche Abgrenzung gegenüber der vorangehenden Renaissance, bis man entdeckte, daß da noch eine ›manieristische‹ Übergangsphase dazwischenlag. Auch inwieweit das Rokoko ein eigener Stil sei und vom Barock zu trennen, war Gegenstand vieler Diskussionen und Untersuchungen. Aus heutiger Sicht sieht man nach all den Umwälzungen auf dem Gebiet der Architektur und der Bautechnik vielleicht wieder stärker das Gemeinsame all dieser Stilrichtungen. Von der Renaissance, das heißt vom Ausklang des 15. Jahrhunderts an bis zum Ende des Klassizismus in der ersten Hälfte des 19. Jahrhunderts, war eigentlich immer der Formenkanon der Antike, vor allem die Säulenordnung, Grundlage jeder architektonischen Gestaltung. Freilich konnte es über einen so langen Zeitraum hinweg nicht ausbleiben, daß Unterschiede in der Anwendung und im Einsetzen der Mittel auftraten. Auf eine strengere, dem Kanon folgende Phase folgte eine phantasievollere und bewegtere, um dann wieder von einer neuen Klassizität abgelöst zu werden. So arbeitet der Barock mit denselben Säulen, Giebeln, Pfeilern, Bögen und Kuppeln wie die Renaissance, setzt sie jedoch ganz anders ein. Es kommt eben immer darauf an, was man mit diesen architektonischen Vokabeln ausdrücken will, und dieser Ausdruckswille ist es, der sich ändert und dadurch mit denselben Mitteln andere Räume schafft. Ging es der Renaissance vor allem um Harmonie und Klarheit der Proportionen, um Ausgewogenheit und ein statisches In-sich-ruhen, so stellen sich die Ziele im Barock ganz anders dar. Die statische Funktion der einzelnen Glieder tritt zurück zugunsten eines Ausdruckswertes. Auch die Perspektive, die eine der großen Entdeckungen der Renaissance war, ist nicht mehr um ihrer selbst willen interessant, man beherrscht sie inzwischen so virtuos, daß man sie bewußt um ihrer Wirkung willen einsetzt. Die Gestaltung des Petersplatzes in Rom durch Gianlorenzo Bernini demonstriert beides am besten: die Säulen der umfassenden Kolonnaden haben keine wirkliche Funktion, sie tragen nichts, sie sind nur auf Wirkung abgestellt, sind gehäuft und steigern dadurch noch die Wirkung. Licht und Schatten spielen auf ihnen – als Abgrenzung hätte auch ein Zaun oder eine Mauer genügt. Mit dem raffinierten breitgezogenen Oval, das sie bilden, aber erreichen sie einen perspektivischen Effekt, der die wirklichen Verkürzungen künstlich verstärkt und damit auch den Eindruck auf den Besucher. Der Barock setzt die Mittel der architektonischen Gestaltung also auf Wirkung hin ein, auf Effekt, will verblüffen und erstaunen und damit begeistern. Ein gehobenes Lebensgefühl wird damit evoziert. Zugleich erweisen sich die Effekte als symbolisch, als Allegorie. Der Barock will auch immer etwas zeigen, beweisen, demonstrieren, will überzeugen. Er hat etwas Bildhaftes. Deshalb gehören zur Architektur immer auch und untrennbar davon Malerei und Plastik. Diese sollen das, was die Architektur zu zeigen sich bemüht, noch deutlicher, anschaulicher und sinnfälliger machen. Deshalb sind auch im Barock so viele Künstler Meister in mehreren Kunstsparten, malen gleichzeitig und bauen und bildhauern.

Der Barock ist auch immer sehr dyna-

misch und bezieht in seine Wirkung Natur und Umwelt mit ein. Die Architektur wird selbst zur Umwelt. Das Werk des Menschen setzt das Werk des Schöpfers fort, weil es ihn damit wieder verherrlicht. Damit erklärt sich die oft wie selbstverständliche Zugehörigkeit einer Kirche zur sie umgebenden Landschaft, die diese aber doch auch wieder erhebt und sich steigert zu einer den Menschen erhebenden Wirkung, die diesen wieder Gott näherbringt. Der Betrachter, auf den diese Wirkung, dieser Effekt ja berechnet ist, spielt also in dem Ganzen eine wichtige Rolle. Der Übergang von den materiellen zu den geistigen und ewigen Dingen ist überall offenbar. So muß es heute fast zwingend erscheinen, daß dieser Stil der Stil der Gegenreformation sein mußte. Mit ihm konnte man Menschen überzeugen, konnte ihnen etwas offenbaren, irrationale Dinge anschaulich machen. Mit diesem Stil, der abstrakte Begriffe faßbar machen konnte, der Raum, Zeit, Bewegung, Licht einschloß, der Vergänglichkeit und Wechsel im Fluß der Zeit durch Dynamik der Raumgestaltung, durch Einsetzen des wechselnden Lichtes als künstliche Erscheinung vor Augen führte, erwuchs der Kirche ein unverzichtbarer Partner.

Der von Gianlorenzo Bernini gestaltete Platz vor St. Peter in Rom mit seinen Kolonnaden ist eines der treffendsten Beispiele optisch-perspektivischer Raumgestaltung des Barock. Der Grundriß des Platzes ist in Wirklichkeit ein leichtes Queroval, die geraden Teile laufen etwas trapezförmig auf die Kirchenfassade zu – Mittel, um die Sogwirkung auf das Heiligtum hin zu verstärken. Stich von Giovanni Battista Piranesi.

Natürlich war dieser Hang zum Irrationalen nicht überall gleich stark ausgeprägt. Bewegung, Dynamik, Licht, das Wechselhafte, Fliehende, Illusionistische war wohl überall mehr oder weniger Anliegen der Künstler im Zeitalter des Barock. Doch hat all das in den verschiedenen Ländern auch verschiedene Interpretationsformen gefunden. In Italien, wo dieser Stil entstand, hatte man das natürlichste Verhältnis dazu. Hier war ja auch die Kirche als Hauptträgerin der Künste nie ernsthaft angefochten gewesen. Der Stil wirkt aber über die Grenzen Italiens hinaus auch auf Länder, die mit Gegenreformation eindeutig nichts im Sinn haben. In den Ländern nördlich der Alpen wird er überall mit zeitlicher Verzögerung aufgenommen und sehr unterschiedlich stark ausgeprägt.

In Frankreich hatte nicht die Kirche den Primat, sondern der Königshof, der unter Ludwig XIV. zum erstenmal ganz absolutistisch organisiert wird. Hier herrscht doch immer ein gewisser Rationalismus, der in unseren Augen die französischen Barockschlösser klassizistisch erscheinen läßt. Ludwig hat denn auch die neuen Kolonnaden des Louvre in Paris nicht von dem barock-dynamischen Italiener Gianlorenzo Bernini, sondern von dem kühlen Franzosen Claude Perrault erbauen lassen, obwohl Bernini damals weltberühmt war. Einem anderen weltberühmten Ausländer ist jedoch die Ehre widerfahren, das französische Königshaus in Gestalt Heinrich IV. und Marias von Medici verherrlichen zu dürfen: dem Flamen Peter Paul Rubens. Rubens hatte sich nach einem Studienaufenthalt in Rom, wo er für die Kirche S.Maria in Vallicella drei Bilder für Hochaltar und Chor malen durfte, zu einem der Bannerträger des neuen Stils im Norden entwickelt. Hier trat der Barock also vor allem im Dienst der Verherrlichung des Fürsten auf, die Beweggründe sind aber letzten Endes ähnliche wie bei der Verherrlichung der Kirche.

In den protestantischen Ländern findet der neue Stil diskreteren und kühleren Ausdruck. England bezieht sich in der Architektur vorwiegend auf den Spätrenaissancearchitekten Andrea Palladio, der mit seinen schön proportionierten Säulenportiken und Kuppeln ganze Generationen von Architekten beflügelte. Auch Holland – dies vor allem in seiner Hochblüte der Malerei –, Preußen und Skandinavien haben einen eigenen Weg zum Barock gefunden, der sich bei ihnen gewiß nicht als Stil der Gegenreformation darstellte. Es war ja auch das Zeitalter der Entdeckungen: exotische Länder, vor allem China, bringen für die Kunst neue Impulse. Auch die Wissenschaft trat nun eigentlich erst in Funktion und hat das Weltbild verändert. Auch hier wurden dem Irrationalismus

Grenzen gesetzt. Und schließlich war die sich herausbildende Strömung im Dienst der Kirche, die eine siegreiche, festliche, schöne und damit überzeugende Wirkung beabsichtigte, von vielen der bedeutendsten Männer im Dienst der Reformierung des alten Glaubens auch gar nicht so beabsichtigt gewesen. Da ist noch oft in den Anfängen ein Zug zu Askese und Kargheit vorhanden, der dann später überdeckt wird. Der hl. Philippo Neri wollte den Innenraum seiner Kirche in Rom – S.Maria in Vallicella oder Chiesa Nuova – weißgekalkt und schmucklos: Wenig später war die Kirche der Oratorianer eine der am reichsten dekorierten, unter anderem mit den schon erwähnten Bildern von Rubens und mit herrlichen Barockfresken von Pietro da Cortona. Das eindrucksvolle Porträt des hl. Karl Borromäus von Daniele Crespi in der Kirche S.Maria della Passione in Mailand zeigt den Kardinal in der eindringlich asketischen Haltung, die für viele der innerkirchlichen Erneuerer charakteristisch war. Diese strenge und puristische Haltung hat dann in einem Maler wie dem Holländer Pieter Saenredam ihre Fortsetzung gefunden, wo die klaren und schmucklosen Kircheninteriurs nur durch den interessanten Blickpunkt, durch Licht und Schatten auf den blassen Wänden Belebung erfahren. Auch das der Askese stets immanente Bewußtsein der Vergänglichkeit hat in vielen holländischen Vanitasbildern seine Fortsetzung gefunden. Das Verhältnis zum Tod, das im sinnenfreudigen Barock doch auch immer lebendig gehalten wurde, das Bewußtsein des Gefährdetseins allen Lebens, traf aber dann auch wieder auf jenen Hang zum Irrationalen, der das fast mystische Leben auf den Tod hin durchaus mit dem freudig Sieghaften zu verbinden verstand und oft und oft anschaulich werden ließ.

Das *Rokoko,* das als Stil seinen Ausgang von Paris nahm, stellt sich unter diesem Blickwinkel wohl doch weni-

ger als eigener Stil dar. Besonders im Bereich der Architektur als von Haus aus monumentalerer Kunstform läßt sich kaum eine Grenze ziehen. Bauaufgaben von größeren Dimensionen scheinen dem Rokoko fremd zu bleiben. Das Rokoko schafft nichts ursprünglich Neues, sondern formt Vorhandenes behutsam um, oder formt es überhaupt erst noch stärker aus. Besonders auffallend ist ein Zug zur Verfeinerung überall. Die Proportionen werden zierlicher, eleganter, die Schmuckformen leichter und sparsamer. Es ist in erster Linie ein Dekorationsstil, der in den Kirchen vor allem in den Rocaille-Stukkaturen seinen Ausdruck findet, auch in den Fresken. Die Deckenbilder werden weniger illusionistisch, zeigen mehr Natur als Scheinarchitektur, sind aber damit auch immer paradoxer. Wir sehen hier das Rokoko also mehr als Differenzierung und Überfeinerung einer Stilrichtung, die letzten Endes immer noch barock ist. Gerade im kirchlichen Bereich bleibt eine gewisse Seriosität immer erhalten, kann das Frivole, Erotische, das auch ein charakteristischer Zug des Rokoko ist, nur bedingt Eingang finden. Diese internationalen Stilentwicklungen des Barock wurden kurz angedeutet, weil die Kunst in unserem Raum damals sehr international und auf vielfältige Weise mit allen möglichen Ländern und ausländischen Künstlern verflochten war.

Der *zentraleuropäische Barock,* der sich zeitlich am spätesten nach dem in Rom und Paris ausgebildeten herausgeschält hat, stellt in weiten Teilen eine Synthese aus Italienischem und Französischem dar. Die Künstler gingen zu ihrer Fortbildung nicht mehr nur nach Rom, sondern auch nach Paris. Natürlich neigte Bayern immer noch zum Süden, und die Kirche fand eigentlich auch nur dort ihre Vorbilder. Der Hof, der schon seit der Zeit der Kurfürstin Henriette Adelaide französische Neigungen offenbarte – Henriette war immerhin einmal als mögliche Braut für Ludwig XIV. im Gespräch –, verstärkte diese immer mehr. Spätestens seit dem Exil Kurfürst Max Emanuels nach 1704 im Lande seines Gönners am französischen Hof beruhten diese Neigungen aber auf persönlichem Kennen. Max Emanuel schickt seine begabtesten Hofkünstler nach Paris, Joseph Effner aus Dachau beispielsweise und den in Belgien entdeckten François Cuvilliés. Vor allem die ausstattenden Künstler seit den ersten Dezennien des 18. Jahrhunderts nehmen Anregungen aus beiden Einflußbereichen auf und bilden sich daraus ihren eigenen Stil. Auch Österreich, wo man schon früher Aufgaben für die Kunst des Barock gehabt hat als in Bayern, spielt für dieses eine vermittelnde Rolle. Für Franken und die Oberpfalz gehen viele Impulse auch von Böhmen aus.

Die bayerischen Barockkirchen

Von Anbeginn, schon in den ersten Jahrzehnten nach dem Westfälischen Frieden, treten im Kirchenbau in Bayern zwei Raumformen auf, die bis zum Ende des Rokoko in Spannung zueinander stehen: der *Langhausbau* und der *Zentralbau*. In der Spätzeit des Barock, im Rokoko, wo man die Spannung zum Ausgleich zu bringen sucht, wird man immer wieder auf Beispiele stoßen, wo beide Richtungen miteinander verschmolzen werden. Vorerst aber war man bemüht, diese beiden Typen von Kirchen überhaupt erst einmal auszuformen, gewissermaßen die Musterbauten zu schaffen.

Für den *Langhausbau* gab es ja seit der frühchristlichen Basilika genügend Beispiele. Man war nun bemüht, den Raum zu vereinheitlichen, nicht mehr durch einen Pfeilerwald aufzuteilen, die Blickrichtung eindeutig auf den Hochaltar mit dem Tabernakel zu len-

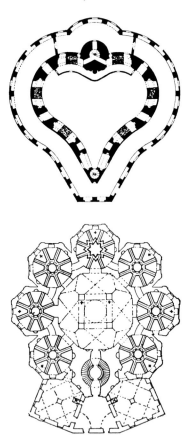

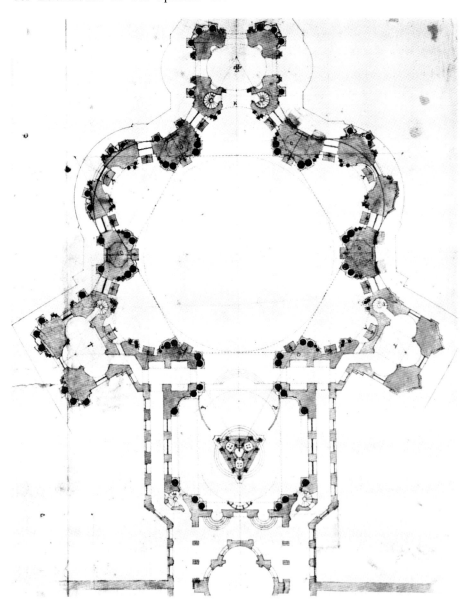

Drei Grundrisse, die das Spiel mit barocker Symbolik anschaulich machen: der herzförmige Grundriß stammt aus dem Skizzenbuch, das sich im Besitz Leonhard Dientzenhofers befand, ebenso der achteckige Plan mit sieben Kapellen, die sich auf die Sieben Schmerzen Mariens beziehen. Der dritte Plan stammt von Andrea Maini (1731) und war für den Abt von Ottobeuren bestimmt, der die Hl. Dreifaltigkeit besonders verehrte (auf Dreiecken aufgebaut).

ken. Die Mittelschiffe werden meist mit riesigen Tonnen überwölbt, oft durch Gurtbögen gegliedert, die von Wandpfeiler zu Wandpfeiler laufen. Diese nicht mehr freistehenden, sondern eben mit der Außenwand verbundenen, das Gewölbe tragenden Pfeiler trennen an den Seiten einzelne Kapellen ab mit eigenen Altären. Dieser Typ hatte in der St.-Michaels-Kirche in München (seit 1583) seine erste Ausbildung erfahren. In vereinfachter Form, wie sie die Studienkirche in Dillingen (1610) oder die Jesuitenkirche in Eichstätt (1617) zeigen, findet dieser Bautyp zahlreiche Nachfolger. Hier finden vor allem liturgische Bedürfnisse Beachtung, das Meßopfer am Hochaltar und die Predigt. Die Theatiner-Kirche St. Kajetan in München (1663) geht von einem anderen italienischen Typus aus, wo das Mittelschiff oben eigene Fenster und damit mehr Licht hat (die Wandpfeilerkirchen erhalten ihr Licht nur seitlich von den Fenstern der Kapellenaußenwände), während die Seitenkapellen unten durch Arkaden stärker vom Hauptschiff abgetrennt sind. Oft sind zwischen Kapellenarkaden und Oberlichtern noch Emporen oder Umgänge dazwischengeschoben. Die Grundform der Kirche folgt dem lateinischen Kreuz, vor dem Chor liegt ein Querschiff. Diese Raumform hatte im Barock die Jesuitenkirche in Rom ausgebildet. Manchmal hat das Mittelschiff auch keine eigene Belichtung, wie beispielsweise der Dom in Salzburg, immer aber gehört eigentlich die Tambourkuppel in der Vierung dazu als steile Lichtquelle und Akzent vor dem Chor. Die St.-Lorenz-Kirche in Kempten (1651), die erste große Kirche in unserem Gebiet nach dem Dreißigjährigen Krieg, hat sicher vom Salzburger Dom Anregungen übernommen. Dieser Bautyp findet aber wenig Nachfolge, die einheimischen Baumeister zeigen vor allem auffallend wenig Neigung zu Kuppeln. Später hat man unbelichtete Flachkuppeln bevorzugt, da sie ein bedeutendes Feld für die Deckenmalerei abgaben.

Gleich nach den beiden Barockbasiliken von Kempten und München sind aber auch schon die Antipoden zum barocken *Langhausbau* entstanden: 1661 die Wallfahrtskirche Maria Birnbaum, 1670 die Pfarrkirche in Westerndorf, 1684 Kappel bei Waldsassen. Architekt der ersten beiden Kirchen dürfte Konstantin Pader gewesen sein (für Maria Birnbaum ist er bezeugt), der der Kappel war Georg Dientzenhofer aus der oberbayerischen Baumeisterfamilie, deren Mitglieder aber im Böhmischen und Fränkischen arbeiteten. Auch für den *Zentralbau* hat es in Rom berühmte Vorbilder gegeben. Die beiden Konkurrenten und berühmtesten Barockarchitekten der Ewigen Stadt – Bernini und Borromini – hatten als ihre besten Werke Zentralräume gebaut. Der Sinn für Symbolik hat den Barock immer wieder zu zentralen Grundrissen geführt, wo man tiefsinnige Kombinationen über die geometrischen Grundformen legen konnte. Diese Räume bieten für den Architekten die größten Reize bei der Gestaltung. Kapellen, Säulen, Kuppelgewölbe, all das

Blick in das Innere des antiken Pantheon in Rom, als christliche Kirche S. Maria Rotonda. Das Vorbild wurde im Barock häufig nachgeahmt, allerdings in sehr viel geringeren Dimensionen. Eine Kuppel von dieser enormen Spannweite (über 42 m) wagte man damals nicht. Stich von Giovanni Battista Piranesi.

konnte symmetrisch und doch spannungsvoll in Bezug zueinander gesetzt werden, bot ständigen Wechsel und In-sich-ruhen zugleich. Das Problem lag hier eher in der Brauch- und Benutzbarkeit. Schon die römischen Prototypen hatten dies gezeigt, S.Andrea al Quirinale von Gianlorenzo Bernini oder S.Carlo alle quattro Fontane und S.Ivo della Sapienza von Francesco Borromini. Sie alle sind relativ kleine Kirchen, für eine größere Gemeinde ungeeignet, und die Ausrichtung auf das Allerheiligste ist nicht so eindeutig, wie das die Kirche aus liturgischen Gründen fordern mußte. Man behalf sich, indem man die Räume oval anlegte und damit einen Tiefenzug erreichte, oder durch Lichtquellen beispielsweise den Akzent eindeutig auf den Hochaltar legte. Auf alle Fälle blieb eine gewisse Größenbeschrän-

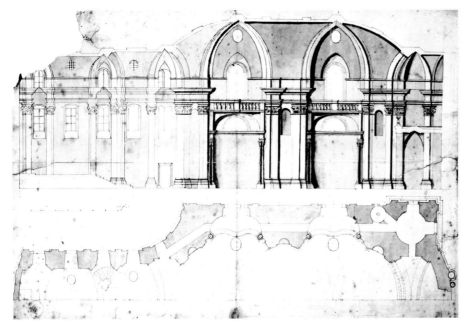

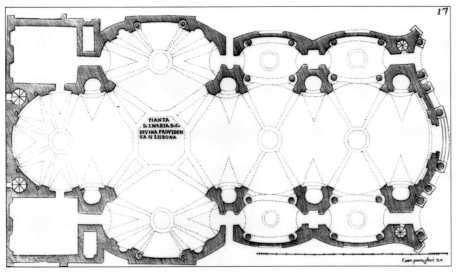

Grundriß und Längsschnitt der Klosterkirche Banz von Johann Dientzenhofer um 1710. Man sieht an den Gewölbelinien die synkopische Verschiebung der Gewölbe zum Wandaufriß: die ovalen Gewölbefelder weiten sich in Höhe der massiven Wandpfeiler, während bei den Kapellen sich die Gurtbogen zusammenziehen.

Grundriß für die Kirche S. Maria della Divina Providencia in Lissabon von Guarino Guarini. Der vor allem in Turin tätige Architekt hat auch Entwürfe für eine Kirche in Prag gemacht und mit seiner bewegten Grundriß- und Wandgestaltung großen Einfluß auf die Brüder Dientzenhofer und damit auf den fränkischen Barock ausgeübt.

kung, denn kein Architekt hätte es damals gewagt, eine Kuppel von der Spannweite des antiken Pantheon in Rom zu bauen, die Technik dafür beherrschte man nicht. Das Pantheon, nun S. Maria della Rotonda, war aber erwiesenermaßen das ideelle Vorbild für Maria Birnbaum, dessen Bauherr in päpstlichen Diensten gestanden hatte. In Vilgertshofen (1686) bemühte man sich bei der Kreuzarmkirche um eine Zentralisierung, Freystadt in der Oberpfalz (1700) und die Dreifaltigkeitskirche in München (1711) von Giovanni Antonio Viscardi bieten interessante Durchbildungen der Nebenräume, die sich zur Mittelkuppel öffnen; Partenkirchen, Maria Gern, die St.-Anna-Kapelle in Buxheim finden alle für sich wieder andere Lösungen. In Weltenburg (1716) bringt Cosmas Damian Asam römische Erinnerungen, besonders an Bernini, ein. Alle diese Kirchen waren aber keine Gemeinde- oder gar Klosterkirchen größeren Stils. Die meisten Zentralbauten des Barock waren bezeichnenderweise Wallfahrtskirchen. Hier waren die Architekten offenbar freier von den Zwängen der Liturgie. Auch konnte man beim Zentralraum leicht Möglichkeiten für Umgänge schaffen, um Prozessionen und Pilger zum Gnadenbild zu führen.

Eine andere Tendenz trat dann seit etwa 1710 zutage, seit Johann Dientzenhofers Klosterkirche in Banz. Den äußeren Dimensionen nach handelt es sich zwar eindeutig um einen Langhausbau, aber durch raffinierte, immer wieder den Blick aufhaltende Gewölbebögen, sphärisch gezogene Gurte und Wölbsegmente, die sich im Grundriß als hintereinanderliegende Querovalkompartimente projizieren, versucht der Architekt, dem Tiefenzug optisch entgegenzuwirken. Diese einzelnen Raumkompartimente, die sich durchdringen, jedes für sich aber zentralistisch angelegt sind, gewinnen nun in der Innenraumgestaltung immer größeres Gewicht. Die Architekten versuchen mehr und mehr, Langhaus- und Zentralraumgedanken miteinander zu verschmelzen. Einflüsse aus dem oberitalienischen Raum, aus Turin, fließen über böhmische Vermittlung nach Franken. Teilweise kommen sie auch über Österreich, wo Johann Bernhard Fischer von Erlach den Zentralraum zu seinem Hauptanliegen gemacht hat (Dreifaltigkeitskirche in Salzburg, Karlskirche in Wien), oder auch Johann Lukas von Hildebrandt (St. Laurenz in Gabel, Piaristenkirche in Wien), der im Würzburger und Pommersfeldener Schloßbau persönlich Einfluß nahm, eine große

Perspektivischer Längsschnitt durch die Kirche Hl. Kreuz in Kitzingen-Etwashausen von Balthasar Neumann. Der Schnitt zeigt in dem sich weitenden Kuppelraum mit freistehenden Säulen im Erdgeschoß die Durchdringung von Langraum und Zentralraum, die Neumann zur größtmöglichen Vollendung brachte. Kupferstich nach Balthasar Neumann, um 1745.

Die Raumausstattungen

Rolle gespielt hat. Diese Tendenzen werden zu ihrem Höhepunkt geführt in Bauten wie in Vierzehnheiligen (1742) oder Kitzingen-Etwashausen (1733) von Balthasar Neumann. Weiter konnte der Weg in dieser Richtung nicht führen. Dynamik, Bewegung, Raumdurchdringung, Lichteinfall in den verschiedensten Abstufungen, all das, was von jeher ein Hauptanliegen des Barock war, hat hier seinen Höhepunkt an Ausdrucksmöglichkeit gefunden.

In Altbayern sind diese Tendenzen vor allem von Dominikus Zimmermann und Johann Michael Fischer aufgenommen worden. Die Wallfahrtskirche in der Wies (1746) oder die Klosterkirche in Rott am Inn (1759) zeigen hier die Endpunkte dieser Entwicklung. Zimmermanns Qualitäten liegen dabei mehr auf emotional-dekorativem Gebiet. Er versteht es nicht so virtuos mit Gewölben und Raumverschleifungen umzugehen wie Balthasar Neumann, bewahrt sich immer eine gewisse Naivität, die jedoch sehr unmittelbar anspricht. Fischer trifft in seinem Spätwerk aber in etwa denselben Ton, dieselbe Vollendung. So erweisen sich die Werke Balthasar Neumanns und Johann Michael Fischers als End- und Höhepunkte einer Entwicklung, die viele Zwischenstufen hatte. Die Tendenz zur bewegten Durchbildung der Außenwände, zur Raumöffnung, war von Anbeginn an da, mußte sich aber erst in einigen Prototypen herausbilden. Schon sehr früh jedoch, vor allem immer wieder durch neue Ansätze bei den Zentralräumen, wurde dieses Ziel angesteuert. So wird man Rott und Vierzehnheiligen wohl nicht eindeutig als Rokokokirchen bezeichnen können, wenn auch als Ergebnisse eines Spätstils, in dem die Bestrebungen vieler Jahre ihren Höhepunkt finden, Verfeinerung und Durchdringung schließlich über die Klarheit der ursprünglichen Expositionen siegen. Diese scheinbar der äußeren Raumhülle fast entbehrenden Gebilde boten aber Gelegenheit zum Anbringen der köstlichsten Rokokodekorationen.

Ganz wesentlichen Anteil an der Erscheinungsform der barocken Kirche hat die *Malerei,* und das im Lauf der Entwicklung immer mehr. Bei den ersten Bauten wird ihr noch eine eher bescheidene Rolle zugewiesen, denn die konstruktiven Gegebenheiten bieten noch nicht so große Flächen. Aber immerhin gibt es in St. Lorenz in Kempten bereits 1665 die ersten Beispiele einer illusionistischen Deckenmalerei. Die Himmelfahrt Mariä, Evangelisten, Engel erscheinen in den stuckgerahmten Feldern der Gewölbe vor blauer Himmelsfarbe, allerdings kaum verkürzt, wie dort angebrachte Tafelbilder. Schnell findet Bayern aber auch auf diesem Gebiet Anschluß an die neueste Entwicklung. Auch die Wand- und Deckenmalerei war in Italien zu ihrer höchsten Kunst ausgebildet worden. Seit der Renaissance war die Form dieser Malerei immer kunstvoller geworden, schon bald hatte man neben den erzählenden und dekorativen Werten auch entdeckt, wie man durch konsequente Anwendung der Perspektive den Betrachter überraschen und verblüffen konnte. Die Wände wurden nun optisch aufgerissen zu Ausblicken in Phantasiestädte und Landschaften. Vor allem aber oben an der Decke konnte man die überraschendsten Effekte erzielen. Man täuschte durch die Malerei eine Öffnung der Decke vor, ließ den Himmel gleichsam hereinschauen. Schon Andrea Mantegna bediente sich 1474 in dem Deckenbild der Camera degli Sposi im Palazzo Ducale in Mantua eines zusätzlichen Tricks, indem er Figuren an den Rand der den Himmelsausblick abschließenden Balustrade malt, die perspektivisch so raffiniert verkürzt dargestellt sind, daß sich tatsächlich die Illusion einstellt, dort oben blicke jemand auf einen herab. Die weitere Entwicklung

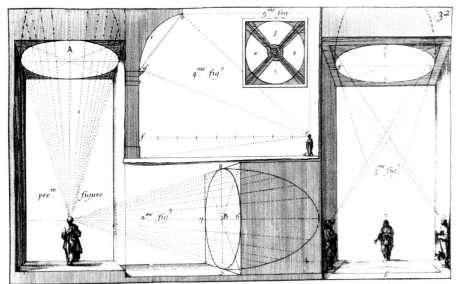

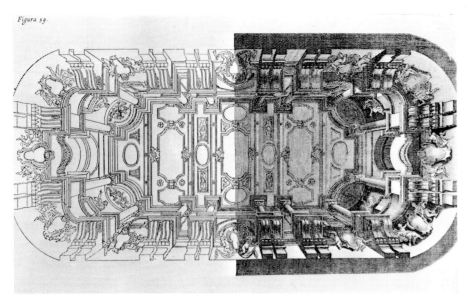

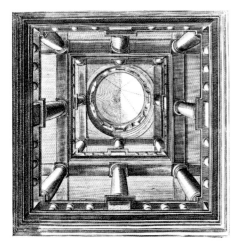

Schematische Darstellung, wie je nach Betrachterstandpunkt Bildfelder an Decken und Wänden anzulegen sind. Kupferstich von Abraham Bosse aus seinem 1665 in Paris erschienenen grundlegenden Werk über Perspektive.

Perspektivische Darstellung von Scheinarchitektur für ein Deckengemälde. Kupferstich von Andrea Pozzo, Rom 1702.

Dreistöckige Säulengalerie mit abschließender Kuppel in exakter perspektivischer Verkürzung, wie sie beispielsweise an ein flaches Deckenfeld zur illusionistischen Erhöhung des Raumes zu malen wäre. Kupferstich von Jan Vredemann de Vries aus seinem Werk »Perspective«, erschienen in Leiden 1604/5.

nahm Umwege, lief aber immer mehr auf eine Steigerung des illusionistischen Effekts hinaus. Das große Vorbild für die kirchliche Deckenmalerei wurde der Jesuitenpater Andrea Pozzo, der um 1685 in Rom die Decke von S. Ignazio mit einem großen Fresko ausgemalt hat, den Eintritt des hl. Ignatius ins Paradies darstellend. Am Rande des Freskos erheben sich Säulenarkaden, hoch in den darüber sichtbaren Himmel aufragend und so geschickt in der Verkürzung nach oben hin gemalt, daß man meinen könnte, diese Säulen stünden wirklich da oben. Im Zenith, wo das Licht am strahlendsten ist, die Farben am hellsten verschimmern, ist der Heilige zu sehen, dazu unzählige andere Heilige, Engel, Personifizierungen der vier Erdteile und so fort. Vor allem das konstruktive Gerüst der Verkürzung wurde nun ein Muß für jeden angehenden Maler. Pozzo hat auch nördlich der Alpen, in der Wiener Jesuitenkirche, selbst ein Beispiel solch einer rein konstruktiv-perspektivischen Scheinmalerei hinterlassen: 1703–1707 malte er hier an die ziemlich flache Tonnendecke eine täuschend »echte« Kuppel. Er hat auch ein Lehrbuch herausgegeben, in dem man alle Tricks erfuhr, die zu solchen Effekten nötig waren. Außer in Rom befaßte man sich vor allem in Venedig mit der illusionistischen Deckenmalerei. Schon Tizian, der Lieblingsmaler Kaiser Karl V., hatte Beispiele geliefert, vor allem dann Paolo Veronese, bis die Entwicklung schließlich im 18. Jahrhundert in den Deckenbildern Giovanni Battista Tiepolos gipfelte.

Der erste Maler, der sich in Bayern um die barocke illusionistische Deckenmalerei bemühte, war Hans Georg Asam. 1683 begann er in der Klosterkirche in Benediktbeuern mit seinen Deckenbildern, 1688 in der Abteikirche in Tegernsee. Asam war 1682 in Venedig gewesen, wo ihn wohl besonders die Deckenbilder im Dogenpalast von Tizian, Veronese und Tintoretto beeindruckt haben dürften. Diese lagen nun zwar schon einige Generationen zurück – Veroneses Bild im Saal des Großen Rates ist 1584 datiert –, aber für den Unerfahrenen waren sie doch neu. Die Deckenbilder in Venedig waren damals noch Ölgemälde auf Leinwand, die in die reichgeschnitzten und vergoldeten Kassettendecken eingelassen wurden. Eine einheitliche illusionistische Szenerie an der Decke konnte damit natürlich nicht erreicht werden. Auch Asam mußte sich noch mit relativ kleinen stuckgerahmten Deckenfeldern zufriedengeben, die jedes für sich gesehen sein wollen. Selbst in der Klosterkirche Fürstenfeld, die nun bereits Asams Sohn Cosmas Damian ausmalte (Chor 1723, Langhaus 1730/31), wurde noch an diesem Prinzip festgehalten, obwohl in Aldersbach (1720) schon ein Ansatz zur vereinheitlichten Malfläche gemacht worden war, und man wenigstens im Langhaus drei Joche zu einem Feld zusammenfaßte. Bei kleineren Kirchen war dieser Schritt naturgemäß früher erreicht, so in den Kuppelfresken der Dreifaltigkeitskirche in München (1715) oder in Weltenburg (1721). Hier handelte es sich jedoch um klar vom Kirchenraum getrennte Malfelder, die sich schon durch ihre reale Entrücktheit für himmlische Szenen prädestiniert zeigten. Cosmas Damian war in Rom gewesen und mit der neuesten Entwicklung vertraut, was man seinen Fresken deutlich anmerkt. Er versteht es nun auch virtuos, sich der Scheinarchitektur in luftiger Höhe zu bedienen. All seine Fresken haben einen überirdisch warmen, festlichen und hochgestimmten Charakter.

Die großen Himmelsfelder an den Decken der Kirchen findet man in Bayern aber erst seit den dreißiger Jahren des 18. Jahrhunderts. Große einheitliche Malflächen werden jetzt überall bevorzugt, der Stuck muß sich mit Randfeldern begnügen. Ottobeuren, St. Michael in Berg am Laim bieten gute Beispiele. Die Fresken in

Zeichnung von Christoph Thomas Scheffler mit einer Szene, die Jesuitenmission in Amerika darstellend. Scheffler war der Societas Jesu besonders verbunden und stellte in Landsberg am Lech ähnliche Bilder dar, die die Weltoffenheit des Ordens an exotischen Schauplätzen demonstrieren (dieser Entwurf für Dillingen).

Zeichnung von Johann Georg Bergmüller für die Wallfahrtskirche zum hl. Rasso in Grafrath. Die Szene mit dem Heiligen, der als Ritter dargestellt ist, nimmt Bezug auf die Gründungslegende der Kirche, die auch Grablege des hl. Rasso ist. Die Architekturkulisse soll die Brücke zur Realität darstellen.

St. Michael hat Johann Baptist Zimmermann 1743/44 gemalt. In der Hauptkuppel erscheint der hl. Michael am Monte Gargano, einer Grotte inmitten idyllischer Landschaft. Von beiden Seiten nähern sich dem heiligen Ort Menschen, von links eine Prozession, in der man unter anderen den Bauherrn der Kirche, Kurfürst-Erzbischof Clemens August von Köln, mit gepuderten Haaren und Seidenstrümpfen erkennen kann. Hier ist ein ganz anderer Ton angeschlagen. Schon die Farbigkeit ist ganz verändert durch das viele Grün der Landschaft. Hat Asam seine Szenen durch Balustraden und Aufbauten oft noch stärker vom Betrachter getrennt, so bemüht sich nun der Maler um möglichste Nähe. Die Figuren bewegen sich alle am Rand der Wölbung, die Mitte bleibt weitgehend frei. Auch das volkstümlich bezaubernde Fresko in Hohenpeißenberg von Matthäus Günther (1748) ist ähnlich konzipiert: man holt den Himmel, das Paradies auf die Erde herunter. Der Betrachter wird beim Blick nach oben immer häufiger nicht mehr in überirdische Sphären entrückt, wo nur Heilige und Engel sich bewegen. Der Übergang ist jetzt sehr fließend geworden, Irdisches und Himmlisches durchdringen sich, die Illusion wird zwiespältig, durchaus historisches Diesseits wird mit der Ewigkeit verbunden. Formal wie inhaltlich, farblich und kompositorisch, wird das Deckenbild immer lichter und luftiger, aber auch immer paradoxer. Eine gemalte Säulenreihe am Rande des Freskos mochte man noch als geschickten Übergang von der realen Architektur zur Illusion des Himmlischen ansehen, ja in gewisser Weise erleichterte der Übergang die Illusion. Eine Parklandschaft oder die Seeschlacht von Lepanto, vermischt mit Himmlischem und Heiligen oben an der Kirchendecke, setzte aber für die Wirkung schon ein gehöriges Maß an Für-wahrscheinlich-halten-Wollen voraus, wenn nicht gar Naivität. An

diesen Paradoxen setzte denn auch zuerst die Kritik der neuen Rationalisten des beginnenden Klassizismus ein. Auch hier war der Weg zu Ende.
In jedem Fall waren diese Deckenfresken aber – ob in großen Flächen oder in einem Zyklus kleinerer Felder – wichtig wegen des Anschaulichen, Inhaltlichen. Zur Überzeugung, zum Sichtbarmachen irrationaler Dinge, ja theologischer Glaubenssätze, brauchte man die Malerei, war dieses Medium unverzichtbarer als jedes andere. Geistliche, Äbte, gelehrte Bibliothekare entwarfen meist ein »Konzept«, schrieben dem Maler den Inhalt detailliert vor, voll von Allegorien und Anspielungen und Personifikationen. Manche dieser Konzepte waren so kompliziert und gelehrt, daß es einem Heutigen wie ein Wunder vorkommen muß, wie ein Maler des Barock dann doch noch die sinnhaft berauschendsten Bilder daraus komponieren konnte. Aber damals stellte es eben den höchsten Beweis des Könnens dar, wenn sich an dem vorgegebenen Thema das Genie entzündete und eine überraschende Lösung fand. Gerade auf dem Gebiet der kirchlichen Malerei haben die Künstler des 17. und 18. Jahrhunderts, trotz der oft schwierigen Thematik, begeisternde Ergebnisse hinterlassen.

Zumindest in den Anfangszeiten des barocken Kirchenbaues war jedoch die *Stuckierung* fast noch wichtiger als die Malerei. Aber auch im späteren Verlauf der Entwicklung ist die Stuckauszier vom Bild einer Kirche nicht fortzudenken. Hier war einmal nicht so sehr Rom die große Anregerin, sondern Oberitalien. Dort gab es vor allem um den Comer See, um Bergamo, im Tessin ganze Stukkateursippen, die jeden Sommer auf Wanderschaft gingen und mit ihren Arbeitstrupps überall hinkamen. Auch in Bayern waren in der Frühzeit viele dieser italienischen Stukkateurtrupps tätig: In Kempten Johann Zuccalli

(1661–1665), in der Theatiner-Kirche in München (1672–1675) Carlo Brentano Moretti, im Passauer Dom Giovanni Battista Carlone (1678–1686), in Speinshart Bartolomeo und Carlo Domenico Lucchese (1696–1700). Sie alle haben fast überall einen sehr üppigen, plastischen Stil vertreten, dessen krause Fülle manchmal fast vom Horror vacui zu zeugen scheint. Johann Zuccallis Stuck in Kempten ist da noch am strengsten und von schöner ausgewogener Symmetrie. Er nähert sich am weitesten der älteren »Münchener« Richtung, wie sie in der Residenz und in St. Michael sich herausgebildet hat, und wie wir sie noch in Tuntenhausen, Maria Birnbaum und Westerndorf finden. Grate und Linien des Gewölbes werden nachgezeichnet, dazwischen symmetrisch gebildete Felder mit Engelsköpfen, stilisierten Blumenvasen, Rosetten und ähnlichem. Diese Stuckarbeiten sind meist von Einheimischen gearbeitet (Georg Zwerger, Mathias Schmuzer u. a.). Damit kommt eine Stukkatorenschule zur Geltung, die wie die oberitalienische selbst bald Weltgeltung erlangt: die Wessobrunner. Das Kloster dort tat viel für die Aus- und Fortbildung der Handwerker im Winter und trat oft auch als Vermittler auf für die Aufträge im Sommer. Der Baumeister der Vilgertshofener Wallfahrtskirche, Johann Schmuzer, war gleichzeitig als Stukkator tätig und schuf dort seit 1688 für diese Zeit ganz typische »Wessobrunner« Stukkaturen. Auch sie sind von kräftiger Plastizität, wie die der Oberitaliener: dicke Fruchtkränze und eingerollte Kartuschenränder treten auf, vor allem aber dichte, krause und wie fleischig wirkende eingerollte Akanthusranken von federnder Elastizität und Dynamik.
Auch beim Stuck geht die weitere stilistische Entwicklung dann zunehmend auf Verfeinerung und Leichtigkeit hin, bis spätestens seit der Zeit, da Kurfürst Max Emanuel seine Künstler nach Paris schickt, der Stil nicht mehr

von Oberitalien, sondern von Frankreich bestimmt wird. Augsburger Stecher übernahmen französische Ornamentvorlagen, und Régence und Rokoko, die ja vorwiegend Dekorationsstile waren, setzen sich auch bei bayerischen Stukkaturen durch. Besonders die Rocaille des Rokoko, das nun ganz freie und asymmetrische Muschelmotiv mit seiner natürlich wuchernden Art wird begeistert aufgenommen. Eine große Rolle spielen bei diesem Übergang die am Münchener Hof unter François Cuvilliés beschäftigten einheimischen Künstler, allen voran Johann Baptist Zimmermann. Dieser war ja nicht nur Maler, sondern zuerst vor allem Stukkateur. Er kommt 1720 nach München, wird 1729 »Hof-Stuccateur« und arbeitet an den Reichen Zimmern der Residenz und in der Amalienburg. Dort eignet er sich höchste Delikatesse bei der Auszier von Räumen an, französische Feinheit und Eleganz, die er bei seinen selbständigen Arbeiten in den Kirchen meist mit einem Schuß volksnäherer Schmuckfreudigkeit zu verbinden weiß. Die Stuckierung wird nun oft farbig getönt. Auch sein Bruder Dominikus hat gelegentlich Stuckarbeiten selbst ausgeführt. Die wichtigsten Nachfolger dieses Stils sind Johann Michael Feichtmayr aus Augsburg (Dießen, Ottobeuren) und Johann Georg Üblhör aus Maria Steinbach (Dießen, Ettal).

Zu allen diesen Stuckarbeiten gehörten auch immer wieder zum Teil vollplastische Figuren, die oben auf den Gesimsen sitzen oder den Altären mit ihren Stuckmarmoraufbauten zugeordnet sind. Stukkateure waren oft gleichzeitig Bildhauer, und gerade im Barock sind diese beiden Kunstsparten kaum voneinander zu trennen. Es gibt nur wenige Bildhauer, die von so einem Ensemble unabhängig gearbeitet haben. Und so ist es bei den *Skulpturen* des Barock und Rokoko noch stärker als bei der Malerei spürbar, daß man sie im Museum kaum ken-

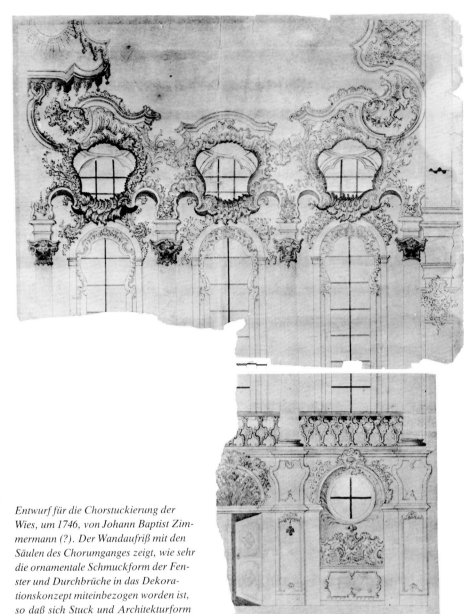

Entwurf für die Chorstuckierung der Wies, um 1746, von Johann Baptist Zimmermann (?). Der Wandaufriß mit den Säulen des Chorumganges zeigt, wie sehr die ornamentale Schmuckform der Fenster und Durchbrüche in das Dekorationskonzept miteinbezogen worden ist, so daß sich Stuck und Architekturform – besonders bei den oberen Wanddurchbrüchen zu beobachten – nicht mehr voneinander trennen lassen.

nenlernen kann. Wenn man eine Figur dann doch im Museum sieht, ist es fast bedauerlich, denn wie nie zuvor sind gerade die plastischen Werke ganz präzise auf ihren Standplatz hin konzipiert worden, auf den ganzen Zusammenhang, auf Lichteinfall, Höhe des Standortes und so fort. Die barocken Räume sind Gesamtkunstwerke, wo alle Stücke der Ausstattung zueinander komponiert sind, auch wenn sie von verschiedenen Künstlern stammen, so daß man nicht ungestraft einen Teil davon entfernen kann. Beim Stuck ist dies ohnehin nicht möglich, aber auch die plastischen Teile gehören fest zum Bild. Ganz augenscheinlich und für jeden sofort sichtbar ist das bei den Raumkunstwerken der Brüder Asam. Beide zusammen schufen eben alles: Raum, Malerei, Plastik. Der jüngere, Egid Quirin, hat sich vor allem für Stuckarbeiten und Plastik entschieden. Jeder, der einmal in Rohr oder Weltenburg war, wird wissen, daß man die Gruppen der Himmelfahrt Mariens oder des hl. Georg mit dem Drachen nicht aus diesem Rahmen und dem ganz auf sie hinwirkenden Raum lösen kann. Dazu noch die ungezählten Engel und Heiligen, die Asams Hände verlassen haben: keiner von ihnen, nicht einmal der bescheidenste Putto, würde aus dem Zusammenhang gerissen noch diese Wirkung haben. Die Altäre von Rohr und Weltenburg sind der Höhepunkt plastischer Raumausstattung, obwohl man diese dramatischen Figurengruppen wohl kaum noch als »Ausstattung« bezeichnen kann, so magisch ist ihre Wirkung.

Auch andere Bildhauer haben sich wohl den – ihnen allerdings vorgegebenen – Räumen und Standorten anzupassen gewußt wie Joachim Dietrich in Dießen oder Johann Baptist Straub in Ettal oder in St. Michael in Berg am Laim. Straub hat aber eine richtige Bildhauerausbildung an der Wiener Akademie mitgemacht, hatte seine Werkstatt in München und schuf Einzelskulpturen. Er hat auch nicht in Stuck gearbeitet, sondern seine Figuren aus Holz geschnitzt. Durch die im Rokoko beliebte Fassung und Bemalung der Skulpturen in Polierweiß und Gold werden die Materialien aber oft verschleiert und kaum erkennbar. Straub war Lehrer des Oberpfälzers Ignaz Günther (dessen Familie aber aus der Gegend von Brixen stammt), der seit 1753 ebenfalls in München ansässig ist. Von ihm stammen fast ausschließlich selbständige Figuren. Die Heiligen in Rott am Inn gehören zwar zu den Altären, stehen aber nur noch in relativ losem Verband mit ihnen. Die Gruppen in Weyarn waren von vornherein als Tragefiguren für Prozessionen in Auftrag gegeben, die Kirche ist also heute nur ihr zufälliger Standort. Bei Günther fängt die Skulptur wieder an, sich aus dem Gesamtzusammenhang zu lösen, sich als Einzelwerk zu verselbständigen. So

sind sie auch als Endpunkte der Entwicklung zu sehen.

Bei den großen fränkischen Barockkirchen fällt auf, daß die Ausstattung im allgemeinen eine geringere Rolle spielt. Hier war die Architektur als solche so dominierend, daß sich die Maler, Stukkateure und Bildhauer bei der Innenraumgestaltung nicht besonders profilieren konnten. Auch traten hier nicht die alles gemeinsam tragenden Universalkünstler auf wie die Brüder Asam oder Zimmermann.

Schon in der *Oberpfalz* ist eine solche Tendenz spürbar. In der Kappel spielt der Stuck gar keine Rolle, die heutigen Fresken sind von 1930–1940 und wirken eher störend. In Viscardis Kirche in Freystadt stammt die Stuckierung vom Italiener Francesco Appiani und ist kaum über die Stilstufe von Vilgertshofen hinausgehend. Die Fresken von Hans Georg Asam sind bescheiden. Viel stärker wirkt die architektonische Struktur. Bei der Amberger Salesianerinnenkirche hat man sich für die Fresken den Augsburger Gottfried Bernhard Göz geholt. Man verfügt also nicht über einheimische Künstler für die Ausstattung, das reiche künstlerische Umfeld, wie es in Oberbayern allein Wessobrunn lieferte, fehlt. Und die Begabungen, die die Oberpfalz hervorbrachte, sind abgewandert in lukrativere und anregendere Orte und Gegenden.

In *Franken* ist trotz der großartigen Architekten die Lage ähnlich. Die Fresken in der Klosterkirche Banz stammen von dem Tiroler Melchior Steidl. Dieser war einer der wenigen Maler nördlich der Alpen – die Tiroler spielten da eine Vermittlerrolle –, der direkt an den streng durchkalkulierten Illusionismus der Deckenmalerei im Stil Andrea Pozzos anschloß. Er hatte in Kloster Herrenchiemsee und Schloß Arnstorf in Niederbayern gute Proben seines Könnens hinterlassen. Die Fresken in Banz von 1716 sind gut – und doch wird sich kaum ein Besucher ihrer erinnern, zu stark nimmt

einen die gebaute Architektur gefangen. Die Würzburger Hofkirche von Balthasar Neumann bietet ähnlichen Anschauungsunterricht. Die Deckenfresken vom Würzburger Hofmaler Rudolf Byss und die Stuckarbeiten samt Figuren von Antonio Bossi gehören ebenso wie die Stuckmarmorsäulen und Gesimse vor allem farblich zum Gesamteindruck, die Einzelteile haben hier auch eine hohe Qualität. Ähnlich ist es bei der Schönbornkapelle am Würzburger Dom. Trotzdem glaubt man zu spüren, daß die Ausstattung von den Intentionen des Architekten unabhängig erfolgte. Sie geht auch tatsächlich auf Entwürfe Johann Lukas von Hildebrandts zurück. Bei der Wallfahrtskirche in Gößweinstein sind Stuck und Malerei ganz auf die Wölbzone beschränkt, beherrschend wirkt vor allem der Hochaltar. Das Käppele endlich schließt im Raumbild wieder mehr an das von Altbayern her Gewohnte an: die Fresken stammen denn auch von Matthäus Günther vom Peißenberg und der Stuck von Johann Michael Feichtmayr. Auch in Vierzehnheiligen hat seine Werkstatt gearbeitet, die Fresken waren hier vom kurmainzischen Hofmaler Giuseppe Appiani. Alles fügt sich der lichten Luftigkeit und dem ohne Erdenschwere erscheinenden herrlichen Raum ein, ja unter. Am eindrucksvollsten aber ist bezeichnenderweise Neumanns Architektur da, wo sie fast schmucklos auf uns gekommen ist: in der Schönbornkirche in Gaibach und in der Hl.-Kreuz-Kirche in Kitzingen-Etwashausen. Man spürt hier die volle Kraft der Raumgestaltung als »architecture pure«, die keines Schmuckes bedarf, um zu wirken.

Ansicht der Schönbornkapelle am Würzburger Dom. Die als Grablege für das Haus Schönborn konzipierte Gruftkapelle wurde nach Entwürfen von Maximilian von Welsch, Lukas von Hildebrandt und Balthasar Neumann errichtet und 1736 vollendet. Kupferstich von Johann Corvinus nach Salomon Kleiner, 1740.

Die Künstler

Zum Schluß wollen wir noch etwas den Schicksalen einiger diese Zeit besonders prägender Künstler nachgehen. Bei vielen fällt sogleich auf, daß sie kaum in eine Kunstsparte zu pressen sind, daß sie alles mögliche zugleich gemacht haben. Am eindeutigsten als Architekt anzusprechen ist *Balthasar Neumann*. Er ist 1687 in Eger getauft worden. Sein Glück wollte es, daß er in der Familie Schönborn die idealen Mäzene gefunden hat, die ihm nicht nur eine gesicherte Stellung und ein reiches Betätigungsfeld boten, sondern auch wirkliches Verständnis hatten. Sie erkannten das Besondere einer Leistung, wenn es ihnen vor Augen kam. Seit 1729 war Neumann Baudirektor für das militärische, kirchliche und zivile Bauwesen in den Gebieten der Bistümer Bamberg und Würzburg. Er bekleidete den Rang eines Obristen der fränkischen Kreisartillerie. Durch die weltoffene Haltung der Schönborn war Neumann mit den neuesten architektonischen Entwicklungen in Paris und Wien vertraut. Seine kirchlichen Bauten sind Zeugnis dafür, mit wie großer Meisterschaft es ihm gelungen ist, Langhaus- und Zentralbau miteinander zu verschmelzen. Durch seine absolute Beherrschung der kompliziertesten Raum- und Gewölbeverbindungen schuf er Raumkunstwerke ersten Ranges: 1721 die Schönbornkapelle am Würzburger Dom, ab 1732 die Hofkirche der Würzburger Residenz, die Schönbornkirche in Gaibach ab 1740, die Hl.-Kreuz-Kirche in Kitzingen-Etwashausen, schließlich die Wallfahrtskirche Vierzehnheiligen seit 1744. Sein Spätwerk, die Abteikirche in Neresheim ab 1744, konnte nicht mehr ganz nach seinen Vorstellungen vollendet werden. 1753 ist Balthasar Neumann in Würzburg, dem Zentrum seines Schaffens mit der Residenz, gestorben.

In Altbayern muß man ihm *Johann Michael Fischer* an die Seite stellen. Er ist 1692 in Burglengenfeld in der Oberpfalz geboren als Sohn eines Maurermeisters. Er kommt also aus der heimischen Handwerkstradition und ist in ihr zeitlebens auch verwurzelt geblieben. Er ging auf Wanderschaft ins Böhmische, das für die Oberpfälzer ja nahe genug lag und für einen an Bausachen Interessierten viel zu bieten hatte. Schließlich kam er nach München, wo er 1718 beim Stadtmaurermeister Johann Mayr anfing. 1723 wird er als selbständiger Maurermeister zugelassen, 1725 heiratet er die Tochter seines ehemaligen Meisters. Fischer arbeitet in Schärding, in Niederaltaich. Seine erste große Leistung ist die Klosterkirche in Osterhofen (1726–1728), die von den Brüdern Asam so hinreißend ausgestattet wird. Es folgen so viele Aufträge, daß man sie in Kürze einzeln gar nicht alle nennen kann. St. Anna im Lehel in München (1727–1737), Rinchnach (1727–1729) sind wichtig; bei vielen seiner bedeutendsten Kirchenbauten mußte er bereits Angefangenes übernehmen oder anderer Mitarbeit akzeptieren wie in Dießen, St. Michael in Berg am Laim oder Ottobeuren. Die Krönung seines Schaffens dürfte die Abteikirche in Rott am Inn sein (1759–1763). Auch Fischer versucht immer wieder, Langhausbau und Zentralbau miteinander zu verschmelzen, obwohl er im Laufe seines schaffensreichen Lebens auch reine Beispiele beider Bautypen geschaffen hat. In seiner Kirche in Rott mit ihrem Mittelraum, um den in doppelstöckigen Arkaden die lichten Nebenräume kreisen, hat er das auf seine Weise ebenso erreicht wie Neumann in Vierzehnheiligen. Fischer ist dabei vielleicht etwas mehr dem Landesüblichen verbunden geblieben als der freiere und universalere Neumann. Fischer ist 1766 in München gestorben und bei der Frauenkirche beigesetzt worden. Nach seiner Grabinschrift hat er allein 32 Gotteshäuser erbaut.

Aus der großen Schar von Künstlern sind viele hier nur aufzuzählen: der Pionier *Michael Beer*, der seine Anre-

Zeichnung der Fassade von St. Johann Nepomuk in der Sendlinger Straße in München. Der Zeichner war Ignaz Günther, 1761, der die »Faciata von der vortref- und künstlich Kirch«, »welche der kunstliche Her Egidi Assam Stukator und Mahler ... erbaut«, kongenial wiedergegeben hat.

gungen für Kempten wohl aus Salzburg mitbrachte, vom Dom Santino Solaris, wie später der Ottobeurer Pater *Christoph Vogt* von der Kollegienkirche Fischer von Erlachs. Salzburg dürfte auch für *Enrico Zuccalli* wichtig gewesen sein, wo sein Verwandter *Johann Caspar* 1685 die Erhardskirche im Nonntal und die Kajetankirche zu bauen bekam, beides höchst interessante Zentralbauten; zu einem solchen ist Enrico nur in seinem Entwurf für Altötting 1674 gekommen. Er war damals an der St.-Kajetan-Kirche in München beschäftigt und hat wohl die Verbindung zu den Ordensbrüdern hergestellt. Die Beziehungen gehen nach allen Seiten. 1682 war *Hans Georg Asam* in Venedig gewesen, um sich Anregungen für seine Deckenbilder zu holen. Seine Söhne *Cosmas Damian* (*1686) und *Egid Quirin* (*1692) gehen dann gleich nach Rom, das Zentrum der Kunstentwicklung im kirchlichen Bereich. Der Abt von Tegernsee, wo Vater Hans die Deckenbilder der Kirche gemalt hatte, schickte die beiden Söhne dorthin. Sie studierten an der Akademie, jedenfalls ist das für Cosmas Damian bezeugt, der 1713 einen Preis erhielt. Beide dürften sich in Rom tüchtig umgesehen haben. Die Jesuitenkirche S. Ignazio mit den Fresken Pozzos und den Skulpturen von Pierre Legros, S. Andrea al Quirinale von Gianlorenzo Bernini, die effektvollen Skulpturen desselben wie die hl. Theresa, die Ludovica Albertoni, der Habakuk, die Fresken Pietro da Cortonas in S. Maria in Vallicella, die Grabmäler der letzten Päpste – alles das hinterläßt Spuren in den späteren Werken der Asams. Beide sind Universalgenies, können bauen, malen, stuckieren, bildhauern. Sie schaffen zusammen Innenraumkompositionen, die wie nie zuvor und danach auf stupende Wirkung hin konzipiert sind. Alle Kunstgattungen sind zusammengefaßt, um das Gesamtkunstwerk schlechthin zu gestalten. Beide Brüder haben zwar auch jeder für sich Aufträge ausgeführt, auch an fremden Bauten; ihr Bestes aber leisteten sie gemeinsam. Ihre bedeutendsten Werke sind in Osterhofen, Rohr und Weltenburg, Straubing, Freising, Regensburg und in München zu sehen. Sie vertreten den erhebenden, glänzenden und berauschenden Barockstil, manchmal untermischt mit einer etwas düsteren, fast mystischen Haltung.

Ein anderes Brüderpaar, das aus der bayerischen Kunstgeschichte nicht mehr fortzudenken ist, waren *Johann Baptist* und *Dominikus Zimmermann*. Sie stammen aus dem Stukkateur- und Maurerzentrum Wessobrunn. Johann Baptist ist 1680 geboren, lernte erst in der Heimat, später vielleicht auch in Augsburg, wurde dann in Miesbach, Freising und schließlich in München ansässig. Zuerst hat er hauptsächlich als Stukkateur gearbeitet, in Tegernsee, Ottobeuren, Weyarn und Beyharting. 1720 wurde er am Münchener Hof beschäftigt. Hier arbeitete er unter Joseph Effner, dann unter François Cuvilliés. Nun bekam er gleichzeitig Einblick in die neuesten Entwicklungen der Dekorationskunst in Paris und lernte im Lauf der Zeit durch die genialen Entwürfe Cuvilliés' das Eleganteste und Raffinierteste an Wand- und Deckenornamenten kennen, was ganz Europa damals zu bieten hatte. Er besaß eigene Häuser am Färbergraben und am Rindermarkt. Neben den Hofaufträgen arbeitete er aber auch in vielen Kirchen und Klöstern des Landes. Bereits nach 1710 trat er auch als Maler hervor. Er kam, besonders bei den großen Aufträgen, immer wieder mit anderen Künstlern in Kontakt und hat überall Anregungen aufnehmen können. So hat er während seiner Stukkatorenzeit im Kloster Ottobeuren ab 1713 vielleicht noch den italienischen Maler Jacopo

Amigoni erlebt, in Schleißheim sicher, und dort auch Cosmas Damian Asam. Damit bekam er auch als Maler Anschluß an die internationale Entwicklung. Seine feinen Stuckreliefs und eleganten, schlanken allegorischen Figuren gehören zu den besten Stuckarbeiten überhaupt. Seine Fresken – in Steinhausen, in der Wies, in Nymphenburg – sind, wie auch seine späteren Stuckarbeiten, bestes Rokoko. Leichtigkeit, Luftigkeit der Farbe, hier wie dort ein auffallendes Einbeziehen natürlicher Motive wie Bäume, Blumen, Wasser, Vögel: beides zusammen schafft erst den rechten Rokokohimmel, der irdische wie paradiesische Lust einschließt. 1758 ist er in München gestorben.

Johann Baptist hat auch oft mit seinem jüngeren Bruder Dominikus zusammengearbeitet, und beide zusammen haben in den besten Fällen eine ähnliche Harmonie erreicht wie die Brüder Asam vor ihnen. Dominikus wurde 1685 geboren und erhielt seine Ausbildung wie der Bruder im heimatlichen Wessobrunn. Er verband mit dem Stukkatorenhandwerk vornehmlich Ambitionen als Baumeister wie

Ansicht der Kirche S. Agnese in Piazza Navona in Rom. Die von Francesco Borromini gestaltete bewegte Fassade (1653/55) ist typisches Beispiel einer barocken Schaufront und hat viele Bewunderer und Nachahmer gefunden. Stich von Giovanni Battista Falda.

Fassade der Kirche S. Maria della Pace in Rom von Pietro da Cortona (1656/57). Der Frührenaissancekirche wurde eine kulissenartige Front vorgeblendet, die platzgreifend den ganzen Raum davor mitgestaltet – auch dies ein Hauptanliegen der Architektur im Barock und oft nachempfunden. Stich von Dominique Barrière.

Die Kollegienkirche oder Universitätskirche in Salzburg, von Johann Bernhard Fischer von Erlach 1696–1707 errichtet. Dieser Bau hat große Wirkung im bayerischen Raum gehabt und namentlich für die Gestaltung der Klosterkirche in Ottobeuren Bedeutung. Stich aus dem 4. Buch »Entwurf einer historischen Architektur«, Wien 1721.

vor ihm schon Johann Schmuzer, bei dem er vielleicht auch gelernt hat. Dafür trat er nicht, wie Johann Baptist, in den Kreis der internationalen Hofkünstler, sondern blieb Zeit seines Lebens dem schwäbisch-bayerischen Grenzland treu, wo er Beschäftigung fand. Nach Aufenthalt in Füssen erwarb er 1716 das Bürgerrecht in Landsberg am Lech, wo er zeitweise das Amt eines Bürgermeisters bekleidete. Seine größten Leistungen sind Buxheim, Steinhausen (Württ.), Günzburg und die Wies, wo er 1766 starb.

Obwohl die Brüder Asam ein paar Jahre jünger waren als die Zimmermanns, blieb es doch diesen vorbehalten, den Jubel und die lichte Freude der bayerischen Rokokokirche zu schaffen. Die Wallfahrtskirche in der Wies wurde zum Gehäuse tiefster Volksfrömmigkeit, das aus Volksnähe und an bester höfischer Kunst geschultem Gestaltungswillen zugleich gebildet wurde. Die Brüder Zimmermann haben damit DIE bayerische Rokokokirche schlechthin geschaffen, obwohl, wie dies Buch zeigt, es da auch noch viele andere Varianten gab.

Zusammenfassung

Man kann nach all dem sagen, daß nach der großartigen Blüte des Barock in Rom und Italien, nach dem klassischen Hofstil in Paris und Frankreich sich die Entwicklung in Zentraleuropa zu einem letzten Höhepunkt angeschickt hat. Eingeschlossen von den schwäbischen, vorderösterreichischen, den böhmisch-mährischen und den österreichischen Gebieten gehört das heutige Bayern mit seinen bedeutendsten Leistungen dazu. Sowohl Rom als auch Paris haben stilbildend gewirkt und nicht nur Künstler, sondern alle Menschen mit einem Gefühl für künstlerische Aussage angezogen. Zentraleuropa und damit auch Bayern haben von beiden Seiten zahlreiche

direkte und indirekte Anregungen aufgenommen und daraus eine neue, eigene Synthese geformt. Nach ersten interessanten Anläufen, die noch ganz das Spannungsfeld heimischer, zurückliegender Traditionen und neuer Vorbilder verraten, tritt eine Pause ein. Aber dann, im 18. Jahrhundert, haben sich die Kräfte wieder gesammelt, werden alle Einflüsse verschmolzen zu einer unvergleichlichen Blüte. Bayern mußte dabei schon aufgrund seiner geographischen und politischen Stellung zu einer Synthese kommen. Einerseits war für die kirchliche Baukunst, und um die dreht es sich hier, Italien und Rom das natürliche Vorbild. Hier wurden die neuen Ideen geboren, sei es für die Ordenskirchen, sei es für die kompliziertesten neuen Grundriß- und Wölbformen bei Zentralbauten. Von hier gingen die Einflüsse auch nach Österreich und Böhmen und kamen zum Teil erst über diesem Umweg nach Bayern und Franken. Die Beziehungen zum Haus Habsburg waren immer noch eng: Die Wittelsbacher Max Emanuel und auch Karl Albrecht waren mit Erzherzoginnen des Hauses Österreich verheiratet. Die Mitglieder des Hauses Schönborn waren vielfach mit Wien verbunden, Friedrich Carl als Reichsvizekanzler immerhin dort lange Jahre residierend, bevor er nach Würzburg kam. Auch die reichsfreien Klöster fühlten sich dem Kaiserhaus eng verbunden. Andererseits neigte das Haus Wittelsbach seit Henriette Adelaide, endgültig seit Max Emanuel, dem französischen Hof zu, war überhaupt Versailles das geheime Vorbild aller größeren und kleineren Potentaten. Die Eleganz und Feinheit vor allem der Innenausstattung nach französischer Art wurde vorbildlich. Etwas davon färbte auch auf den kirchlichen Stil ab. Zwar hielt man hier an Stuck und großflächiger Malerei bei der Ausstattung fest, was in französischen Innenräumen immer seltener wurde, aber man befolgte doch auch hier den

Zug zu größerer Zartheit und Leichtigkeit. Dazu tat man nun auch alles, um den Raummantel selbst immer durchlässiger und lichter zu machen. Die Wies und Vierzehnheiligen sind hier schon als Endpunkte dieser Bestrebungen genannt worden. Die Wände werden gebogen, durchgeformt, durchbrochen, die Dächer gekurvt, die Gewölbe verschliffen, Säulen und Pfeiler von der Wand losgelöst, um Durchblicke und Umgänge zu schaffen, Licht hereinzulassen und zu lenken. Bayern war damit kein Land mehr, wo verschiedene Einflüsse auf gewissermaßen neutralem Boden um Behauptung kämpften, die Künstler des Landes haben sich aus allem ihren eigenen Stil geschaffen, selbst internationalen Rang gefunden. In Bayern herrscht nun das Goldene Zeitalter der Kunst. Die Architektur und die ihr dienenden ausstattenden Künste sind die idealen Ausdrucksmittel dieser Epoche. Sie gestalten die Natur, die Umwelt, das Leben des Menschen, lenken es in die der Zeit gemäßen Bahnen. Abgetan wird das allzu Schwere, um den Glauben Kämpfende, Sinn- und Formüberfrachtete. In der Leichtigkeit des Rokoko, dieser Spätstufe barocken Kunstwillens, findet sich nun auch das Volk wieder, fühlt es sich nicht mehr bedrückt. Während in der allgemeinen Kunstentwicklung bald andere Gattungen wie Musik und Literatur die Führungsrolle übernehmen, oder Bildungskunst betrieben wird – die Landbevölkerung hängt weiter an ihren liebgewordenen Rokokokirchen und fühlt sich dort immer noch heimisch. Nicht umsonst halten selbst heute noch viele Details der Tracht und des Brauchtums gerade an den im Rokoko ausgebildeten Formen fest. Und wenn am Horizont, hinter dem nächsten Waldsaum oder Hügel ein barocker Zwiebelturm auftaucht, gilt auch heute noch: wir sind in Bayern, wo die Gotteshäuser zu Gottes Natur zu gehören scheinen.

Bayerische Barock- und Rokokokirchen von den Alpen bis zum Main

Wir beginnen unseren Streifzug durch Bayern, um die schönsten Kirchen des Barock und Rokoko zu besuchen, im Stiftsland von Berchtesgaden. Die Pröpste des ehemaligen Augustiner-Chorherrenstiftes (heute Schloß) konnten dank des Salzreichtums in ihrem Territorium schon früh zu Reichsfürsten aufsteigen. Im Einflußbereich von Salzburg gelegen, den die altehrwürdige Stiftskirche und der spätromanische Kreuzgang im Zentrum nicht verleugnen, ist doch nicht weit davon eines der typisch bayerischen Bauwunder des volkstümlichsten Stils, den es hier je gegeben hat, zu bestaunen: die Wallfahrtskirche **Maria Gern.** Sie liegt nördlich von Berchtesgaden auf dem Weg zum Untersberg, in der schönsten landschaftlichen Umgebung. Mit ihrem zweifach eingeschnürten Zwiebelhelm auf dem Mittelturm, dem ovalen Kirchenschiff unter dem geschindelten Zeltdach steht sie im ansteigenden Tal vor der Gebirgskulisse. Ihre wie atmenden, organischen Umrisse passen ins Land, als ob sie aus ihm gewachsen seien. Farbig gehaltene Pilaster und Fensterumrahmungen fassen die ausbuchtenden Formen zusammen und geben Halt.
Im Inneren wiederholt sich die Farbe der Gliederungen in den schmalen Lisenen an den Wandfeldern zwischen den Fenstern, die mit Konsolen und puttengeschmückten Kapitellen eine höchst phantasievolle Art von Pfeilern bilden. Auch der Grund des vielformigen Gewölbes ist so farbig gefaßt. Davon heben sich in schönstem Schwung die weißen Stuckranken mit Akanthusblattformen ab. Die beiden seitlichen Nischen des Kirchenovals fassen Altäre (rechts Gemälde von Johann Zick, 1740), dem geschwungenen Vorraum mit dem Gitter des Berchtesgadener Hofschlossers Johann Prantner von 1777 entspricht die Hochaltarnische mit dem Gnadenbild und dem hl. Joachim und der hl. Anna sowie St. Michael im Aufbau. Die wie ein Vorläufer der Wieskirche anmutende Wallfahrtsstätte hat ein unbekannter Baumeister 1701 bis 1710 errichtet (Turm 1727). Stukkateur war wohl Joseph Schmidt. (GR)

Auch das nächste Kirchlein, das wir aufsuchen wollen, ist eine Wallfahrtsstätte: **St. Anton über Partenkirchen.** Am Abhang des Wank gelegen, das Zugspitzmassiv gegenüber im Blick, schmiegt sich die vielgestaltige kleine

Wallfahrtskirche Maria Gern bei Berchtesgaden, 1701–1710

St. Anton über Partenkirchen am Wank; das Dach überspannt die Kapelle von 1708 und die Erweiterung von 1734–1736

Baugruppe an den Berg. Wer über den Kreuzweg heraufgestiegen ist aus dem Tal, dem bietet sich nun eine herrliche Aussicht. Die Kirche selbst läßt im Äußeren nicht ahnen, was den Besucher im Inneren erwartet, muß das massive Satteldach doch zwei nacheinander entstandene und aneinandergebaute Räume decken. Das kleine Türmchen, eingeklemmt zwischen diesem Dach und dem angefügten Priesterhaus, kann sich dagegen kaum behaupten. Zwei Rundkapellen, fast in der Mitte des Baues, markieren die Nahtstellen, wo Alt- und Neubau aufeinanderstoßen. Zum Eingang fügt sich ein dem abfallenden Gelände angepaßter Umgang mit Pfeilern und Bogenöffnungen an: Hier hängen heute fast 300 Gedenktafeln von Vermißten und Gefallenen der beiden Weltkriege, die die Gemeinde Partenkirchen zu beklagen hatte. Hier ist auch beim Eingang eine große Votivtafel angebracht, die über die Gründung des Kirchleins berichtet. Die ursprüngliche Kapelle zu Ehren des hl. Antonius, das heutige Altaroktogon, wurde 1704 gestiftet aus Dankbarkeit, daß Partenkirchen von den Verwüstungen des Spanischen Erbfolgekrieges verschont geblieben war. »Die Ehrngeachte Christoph Perwein Uhrmacher Gröber, Sigele, Johann Schmauntz schmidt und Jakob Lidl lang Burger zu Parttenkirch... auf Dich Antonius da Parttenkirch vertrauet, ...Darum die Dankbarkeit dir dises Kirchlein bauet anno 1704.« Diesem Dank konnte sich die Gemeinde noch 1945 anschließen und auf dem Votivbild von Josef Wackerle 1946 anmerken: »Im Kampf und Schrecken ohne Ende zu Antonius erhoben wir die Hände. Seine Fürbitt hatte Gott erhört, die Heimat blieb uns unzerstört.«

Die 1708 eingeweihte Dankkapelle erwies sich bald als zu klein für den, vor allem nach dem 500jährigen Jubiläum 1731/32 wachsenden Zustrom der zum hl. Antonius ziehenden Gläubigen. In den Jahren 1734 bis 1736 nahm sich der Pfarrer von Partenkirchen der

Stiftung an und ließ einen Erweiterungsbau errichten. Als Architekt zeichnete wahrscheinlich der Baumeister der Partenkirchener Pfarrkirche, der Wessobrunner Joseph Schmuzer. Er fügte an das bestehende Oktogon einen leicht längsovalen Raum an, der sich zu diesem und zu den an den »Gelenken« angefügten, auch außen schon bemerkten Rundkapellen, mit drei großen Arkadendurchbrüchen öffnet. Ist der so entstandene Altarraum mit dem Hochaltar des Kirchenpatrons hell und licht bis hinauf in sein feinstuckiertes Sterngewölbe, erscheint der nun angefügte Hauptraum relativ dämmrig. Nur zwei kleine Fenster an den Langseiten reichen kaum aus, um den flachen Kuppelbau zu erleuchten. Die schönen alten Gewerbezunftstangen, die bei Prozessionen mitgetragen werden, mit ihren köstlichen geschnitzten kleinen Heiligen in reichen Rahmungen, zeichnen sich langsam ab. Sie verdienen es, genauer betrachtet zu werden, denn es gibt nicht mehr allzu viele dieser Kleinkunstwerke, die Zeugen echter Volksfrömmigkeit und doch tiefempfundene Kunst sind. Beim Blick zurück entzückt auch der Orgelprospekt inmitten der netzartigen Emporengitter. Musik liegt im Raum, auch ohne wirkliches Orgelspiel.

Große Kunst leistete man sich für den flachen Gewölbespiegel des Ovalraumes, und schon allein deshalb muß man diese Kirche aufsuchen. St. Anton beherbergt eines der anrührendsten und zugleich künstlerisch bedeutendsten Freskogemälde, das nördlich der Alpen entstanden ist. Es ist dazu noch um so wertvoller, als ihr Meister, jung gestorben, ohnedies nicht viel vollenden konnte, und zudem sein größtes Werk der Säkularisation zum Opfer fiel. Der Stifter dieses Deckengemäldes dürfte der Kaufmann Joseph Greber gewesen sein. Ob er oder Pfarrer Mathias Samweber das Verdienst gebührt, auf den Maler aufmerksam geworden zu sein, ist ungewiß. Gewiß

ist, daß damit großer künstlerischer Instinkt unter Beweis gestellt wurde, denn Johann Evangelist Holzer, um den es sich hier handelt, war bis dahin noch nicht mit größeren selbständigen Werken aufgetreten. Um so unglaublicher erscheint es, wie der Maler souverän mit der ihm gestellten Aufgabe und seiner Malfläche fertig wurde. Keine Spur von Schülerhaftem oder Befangenem oder auch nur Konventionellem haftet diesem Gemälde an. Johann Evangelist Holzer war 1709 am Heiligen Abend in Burgeis in Südtirol geboren worden. 1719 bis 1724 besucht er die Schule bei seinem Onkel »mit so gutem Fortgang, dass er zimblich wohl lateinisch schreiben und die authores fast in allen Wissenschaften verstehen konnte: zu welcher Sprach er dann auch die Französische gesellet, und ebenfalls wohl schreiben konnte. Die Historia und Poesie waren sein höchstes Vergnügen, zu welchem sich auch seine treffliche gedechtnuss sehr wohl schikte.« So gebildet waren sicher nicht allzu viele andere Maler, die ja ihr Metier meist auf rein handwerklicher Basis lernten. Holzer aber verstand damit die komplizierten Inhaltsentwürfe, die Geistliche und Höflinge des Zeitalters ihren Bildaufträgen gern als Grundlage gaben, und erweckte sie damit nicht nur zu akademischem Leben.

1728 bis 1730 arbeitete er zum erstenmal in Bayern, in Oberaltaich, bei Joseph Anton Merz, der dort die Fresken der Kirche ausfülrte. Danach besuchte er die Akademie in Augsburg und wohnte bei ihrem Direktor Johann Georg Bergmüller, dem Lehrer einer ganzen Malergeneration.

Der Auftrag in St. Anton (1736) war sein erstes großes Werk. 1737 malte Holzer in Eichstätt die Decke des Festsaals im Sommerschloß des Fürstbischofs aus und bekam den Titel Hofmaler verliehen. Das Fresko ist heute so stark restauriert, daß es nur noch einen schwachen Eindruck des ursprünglichen Zustands vermittelt.

1738 bis 1740 gestaltete er dann die Freskogemälde der großartigen Benediktinerabteikirche in Münsterschwarzach, eines Baues Balthasar Neumanns. 1821 bis 1827 wurde die Kirche abgerissen. Ein farbiger Entwurf für das Kuppelfresko von 1737 hat sich in Augsburg (Städt. Kunstsammlungen) erhalten. 1740 »wolte Ihro Churfürstl. Durchlaucht zu Cölln unseren Künstler nach Clemenswerth Auf Bonn die neue Hofkirch alldorten in fresco auszumahlen. . .«. So schnell hatte sich der Ruf der großen Kunst Holzers verbreitet. Hier nahm seine Karriere aber auch schon ein abruptes Ende. Ein »hizig=und gyfftiges Flekken=Fieber« rafft ihn, kaum angekommen, hinweg. Der kurkölnische Architekt Johann Konrad Schlaun berichtete in einem anrührenden Brief von seinem Tod nach Hause.

Im Fresko von St. Anton hat Holzer über dem Kirchenoval einen einheitlichen Illusionsraum geschaffen. Über der Mittelachse aufschwebend erscheint dem hl. Antonius das Jesuskind, auf die Weltkugel gestützt, unter einer lichten Kuppellaterne. Darunter wölbt sich eine – gemalte – Kuppelschale über bewegtem Gebälk und einer umlaufenden, weit offenen Säulengalerie. So wird perspektivisch geschickt gezeichnet die ziemlich niedrige Decke optisch erhöht und durch die lichten Räume hinter den Säulen aufgehellt. Realistisch dargestellte Illusionsarchitektur wird durchsetzt mit phantasievollem Geschehen in der Kirchenkuppel. Das gläubig staunende Volk wird sich dann nicht verwundert haben, wenn dort oben hinter den Säulen wilde Meereswogen mit schaukelnden Schiffsmasten erscheinen: Dies alles gehört zu der Kette der Wunder, die Heilung- und Hilfesuchende erflehen und erhalten durch Fürsprache des Heiligen.

Inhaltlich stützt sich das ganze Deckenbild auf ein aus der ersten Hälfte des 13. Jahrhunderts stammendes Responsorium auf den hl. Antonius von

St. Anton, Inneres mit Blick zur Orgel

Padua. Hier werden 13 Fälle aufgezählt, bei denen der Heilige helfen soll. Man nennt sie die Privilegien des hl. Antonius, die der Heilige durch Fürsprache beim Jesuskind an seine zu ihm flehenden Gläubigen weitergeben kann. Die Stuckmedaillons am Rand des Deckengewölbes bezeichnen die wichtigsten dieser Privilegien: *Mors, Error* = Tod, Irrtum. Ein hammerbewaffneter Engel vertreibt den Tod, ein auf Wolken herniederschwebender Engel streut Blumen auf flehende Kranke hernieder. Drastisch zeigt Holzer das fliehende Gerippe und die ausgezehrten Pilger und Kranken, die nach all den Kriegen und Verwüstungen der Zeit der Kurfürsten Max Emanuel und Karl Albrecht auf genügend realistischen Erfahrungen des Malers beruhen dürften. *Calamitas* = Elend; *AEgri/Surgunt Sani* = Die Kranken stehen gesund auf; *Membra/Resque Perditas* = Verlorene Glieder und Sachen; *Cedunt/Mare Vincula* = Die Gewalten des Meeres und die Fesseln weichen; *Daemon/Lepra Fugiunt* = Dämon, Lepra fliehen; *Petunt / et Accipiunt* = Sie bitten und erlangen; *Juvenes / et Cani* = Junge und Alte; das sind die weiteren Titel, unter denen die Szenen am Rand des Gewölbes stehen.

Die Bittenden und Hilfe-Erlangenden sind im Mittelpunkt über der Arkade zum Altarraum dargestellt. Ein Fürst mit Szepter und großer Geste gehört ebenso dazu wie eine auf die Stufen gekauerte Mutter mit ihrem Kind oder ein an den Sockel des Obelisken gelehnter Kranker. Die Mutter hält einen Schnuller für ihr Kind bereit, am Obelisken aber turnt ein junger Mann in luftiger Höhe und etwas prekärer Lage auf einer Leiter herum, um eine Votivgabe daran zu heften. Im Hintergrund steht ein Kaufmannsgehilfe mit einem großen Warenballen, der die Initialen des Stifters dieses Deckengemäldes zeigt.

Alle diese dort am Rand zwischen Realraum und Himmelsraum angesiedelten Szenen schwanken in geradezu genialer Art und Weise zwischen realistischer Beobachtungsgabe, die die Szenen echt und lebendig werden läßt, und einer dem Wunderbaren verhafteten Atmosphäre, die den Weg über Vermittlung des Heiligen zum Himmel öffnet.

Dieser wahrhaft volkstümliche Heilige, dessen Kirche in Padua mit ihren schon fast orientalisch anmutenden Kuppeln sicher viel größere Scharen von Wallfahrern anzieht, hat hier im Gebirg nördlich der Alpen eine zwar kleine, aber unendlich anrührende Verehrungsstätte gefunden. Etwas von der Atmosphäre der venezianischen Kunstlandschaft, zu der die Gelehrtenstadt Padua gehört, haben die Fresken Holzers aber doch eingefangen und an die kalten und schneereichen Hänge des Wank übertragen. Seine souveräne Maltechnik ermöglichte es dem Künstler, die steilen Lichteinfälle und Ausdrucksgesten etwa eines Giovanni Battista Piazzetta in die Freskotechnik zu übertragen. Durch das Ausnutzen verschiedener Grade des Trockenwerdens beim Malgrund, wobei er mehrere Töne übereinander auftragen konnte, erreichte er ein Schimmern und Verschweben der Farben und Konturen, das den goldwarmen Glanz der Kuppeln Venedigs einzufangen scheint, auch das sogenannte *sfumato,* dem die Maler der lichtflimmernden Lagunenstadt gerne huldigten, hat Holzer hier wiederzugeben verstanden. Dazu kommt aber ein ebenfalls von der Ölmalerei abgeleiteter und zum kühlen, kalkigen Freskoton der meisten anderen Rokokomaler abstechender warmer Glanz der Farben, der fast an Rembrandt erinnert. So bewahrt das Kirchlein von St. Anton ein einmaliges Zeugnis großer Malkunst, die das Können von Nord und Süd vereinigt. (GR)

Eine viel längere Vorgeschichte hat die nächste Rundkirche auf unserem Weg, nun schon mitten im Pfaffenwinkel. War die Bauform mit ovalem oder dem Rund angenähertem Grundriß bei Wallfahrtskirchen im 18. Jahrhundert schon nichts Außergewöhnliches mehr, so ist sie bei der Klosterkirche **Ettal** doch etwas Besonderes: Die Mauern der Rotunde gehen auf einen hochgotischen Bau (zwischen 1330 und 1370 bzw. 1476 und 1491) zurück. Wenn wir auch sonst keine umgebauten oder nur barockisierten Kirchen hier aufgenommen haben, wo lediglich älteren Mauern ein modisches Gewand übergestreift wurde, so ist doch Ettal in unsere Rundfahrt eingefügt, weil der in der Gotik unvergleichliche Grundriß sich mit dem barocken Umbau so nahtlos zusammenfügt, daß das Ganze nicht nur für Unvorbereitete, sondern selbst für Fachleute kaum preisgibt, wo die Grenzen zwischen gotischem und barockem Bau zu ziehen wären. Die Kirche von Ettal ist in jedem Fall einmalig.

Die Gründung des Benediktinerklosters geht auf ein Gelöbnis am 28. April 1330 Kaiser Ludwigs des Bayern zurück. »Ze unser frawen etal« nannte man die fromme Stiftung (Etal: Ehe-=Gelöbnis – Tal in dem ehemals

St. Anton, Detail des Freskos von Johann Evangelist Holzer: Vertreibung des Todes

37

Ampferang genannten Tal, zwischen Loisach und den Ammergauer Bergen). Damit folgte eine relativ späte wittelsbachische Gründung den vielen schon bestehenden Klöstern gerade in dieser Gegend, die sich meist auf das 11./12. Jahrhundert zurückdatieren lassen, wenn nicht gar in das 8. des Herzogs Tassilo.

Wir wollen hier nicht den Spekulationen nachgehen, wie der Kirchenbau der Gotik zu seiner »unerhörten« Form kam, ob das mit dem Kloster gleichzeitig gegründete Ritterstift durch Anspielungen auf den Gralssagenkreis oder durch den Templerorden dazu die Anregung gab. Die Wallfahrt, wie später so oft, wird es damals noch nicht gewesen sein, obwohl diese im späten 15. Jahrhundert sich entwickelte und Ettal seit Kurfürst Maximilian I. zu den bevorzugten Zielen der Wittelsbacher gehörte.

Es ranken sich viele Legenden um Kirche und Kloster, nicht nur den Gral betreffend, sondern auch um die Gründung und das Gnadenbild. Wir werden im Inneren der Kirche noch darauf stoßen.

Was sich heute dem Besucher bietet, wenn er sich der Rotunde der Ettaler Klosterkirche nähert, ist verschiedenen Bauphasen zu verdanken. Wenn sie sich auch nicht so präsentiert, wie sie der Münchener Hofbaumeister Enrico Zuccalli 1710 geplant hatte, so macht sie trotzdem einen sehr einheitlichen Eindruck. Am Ende eines symmetrischen Hofes als Abschluß gelegen, mit konvex vorgewölbter Fassade, nach den Seiten zu als Schauseite gefaßt von zwei Türmen, die durch einschwingende Mauerteile mit der Rotunde verbunden sind, darüber die mächtige Kuppel: eine typische barok-

Ettal, Klosterkirche

Ettal, Blick durch die Chorarkade zum Eingang

ke Schaufront, wie man sie an römischen Kirchen kennt, an S. Agnese in Piazza Navona beispielsweise. Auch Johann Bernhard Fischer von Erlach liebte Fassaden dieser Art (Kollegienkirche, Dreifaltigkeitskirche in Salzburg). Nur wer sehr genau hinsieht, wird bemerken, daß die Gestaltung der Kuppel nicht ganz dazu paßt. Zuccalli wollte die Strebepfeiler zu Pilastern machen, eine Balustrade sollte zwischen unterem Fassadenteil und Kuppel vermitteln, Stufen und weiter in den Hof einschwingende Rampen samt Mäuerchen und Brunnenbassin das davorliegende Gelände gestalten. Heute verstellen »gefällig« verteilte Koniferen nach Vorgartenmanier die strenge Symmetrie. Auch der von hier nicht sichtbare querovale Chor, bis 1718 vollendet, stammt von Zuccalli. Die Kuppel hat nach einem Brand im Jahre 1744 Joseph Schmuzer errichtet. 1747 konnte der Dachstuhl aufgesetzt werden. Bis dahin hatte noch das sehr viel niedrigere gotische Sterngewölbe, gestützt von einer 20 Meter hohen Mittelsäule, den Raum abgeschlossen und sogar dem Brand standgehalten. Betritt man nun den Kirchenraum, passiert man den alten gotischen Umgang, der im Zwölfeck um den Kernbau herumgelegt ist. Auch die Innenmauern folgen dem Zwölfeck, sie wirken aber ganz rund verschliffen und überhaupt wie ein originärer barocker Bau. Hat man einmal den kleinen, für eine Kirche dieser Größe fast unscheinbaren Eingang durchschritten, steht man überwältigt in einer Fülle von Licht. Ettal ist ein grandioses Beispiel für eine Erfahrung, die man gerade in barocken Kirchen immer wieder macht: wie das Licht eigentlich erst in seiner durch Mauern gefaßten oder gar gelenkten Form den Menschen in seiner vollen Kraft bewußt wird. Selten wird man in der freien Natur ein solches Erlebnis haben. In seiner konzentrierten und zur Gestaltung des Raumes bewußt eingesetzten Erscheinung entfaltet es Möglichkei-

ten, macht es einem klar, daß Licht und Glaube an Überirdisches unbedingt zusammengehören. Andere Kirchen mögen dies vielleicht sogar noch dramatischer veranschaulichen, aber nirgends sonst wird einem die Fülle mit solcher Macht verdeutlicht.

Dazu beitragen mag der über seiner Grundform eigentlich sehr einfach gestaltete Raum. Keine Pfeiler, Umgänge, Emporen, Durchblicke, kein Auflösen der Raumschale lenken ab. Immer ist man sich der abgrenzenden Mauer mit den großen Fenstern rundum im Kuppelring bewußt. Das gotische Zwölfeck ist durch doppelt hintereinandergelegte Pilaster zum Rund verschliffen, das stark verkröpfte Gebälk trennt den Grundmauerring von der Kuppel. Diese bringt im Zentrum ihrer Schale noch einmal eine neue Lichtquelle ins Spiel, die Fenster der kleinen aufgesetzten Laterne. Der Wessobrunner Meister Joseph Schmuzer hat hier eine große Leistung vollbracht, hat doch die Kuppel immerhin eine Spannweite von über 26 Metern. In der Hauptachse, getrennt durch eine hohe, sich über das Gebälk hinaufwölbende Arkade, schließt sich das Queroval des Chores von Enrico Zuccalli an. Für Schmuzer muß es ein Problem gewesen sein, wie er den (auch später von der Ausstattung her) viel dunkler gehaltenen Chorraum an die Rotunde anbinden sollte. War hier doch nicht nur die durch die Statik bedingte Abschnürung mit nur einachsigem Durchbruch gegeben, es lag auch noch der Zwischenraum, der durch den umlaufenden Umgang entstand, dazwischen. So ist eine Raumfolge erwachsen, die den Chor und damit den Hauptaltar zwar in distanzierte Ferne rücken läßt, dafür aber auch einen reizvollen Kontrast zu der Lichtquelle des Hauptraumes schafft.

An gut sichtbarer Stelle, genau über dem Durchbruch zum Chor, werden wir wieder an die sagenumwobene Gründung des Klosters Ettal erinnert.

Das hier angebrachte Bild zeigt in einer Kapelle Kaiser Ludwig den Bayern. Er kniet in schimmernder Rüstung und mit wallendem, hermelinbesetztem Mantel vor dem Kruzifix. Ein Mönch mit Engelsflügeln zeigt ihm die kleine Statue einer sitzenden Madonna mit Kind. Das Ganze spielt sich in einem barock gestalteten Raum mit qualmender Weihrauchpfanne und schön geschlungenen Draperien ab. Eine kleine Kartusche darunter zeigt noch einmal die Madonnenfigur und ein davor niedergehendes Pferd. Kaiser Ludwig lag im Kampf mit dem Papst, der ihn gebannt hatte, was aber unabhängig davon war, daß der Kaiser etwas für sein Seelenheil tun wollte. Eine Klosterstiftung war dafür immer gut. Darüber hinaus konnte man sich mit dem frommen Werk in einem ehemals den Welfen gehörigen Gebiet festsetzen und auch noch den Handelsweg nach Italien im Auge behalten. Mittelpunkt der Stiftung war von Anfang an auch die heute noch hier verehrte Madonna, die Ludwig wohl von der kaisertreuen Stadt Pisa geschenkt bekommen hatte. Sie wurde sogar als »Frau Stifterin« bezeichnet. Schon bald hat sich die Legende darum gerankt: Ein grauer Mönch, aus dem dann ein Engel wurde – das Bild kombiniert beide Gestalten –, soll dem Kaiser das Marienbild übergeben haben. Der Kaiser sei mit der Statue über die Alpen geritten, und hier im Ampferang sei sein Pferd an einer Tanne dreimal in die Knie gebrochen. Damit war der Ort zur Gründung einer frommen Stiftung angegeben. Im Mittelalter muß Ettal sehr einsam gelegen haben. Erst Anfang des 17. Jahrhunderts wurde die Bergstraße ausgebaut. Das Ungewöhnliche eines solchen Baues inmitten der Wälder mit einer pisanischen Marmormadonna in

Ettal, Fresko in der Kuppel von Johann Jakob Zeiller, 1748–1750

ihrem Besitz mag die Legendenbildung sicher gefördert haben.

Heute steht das Bild mit der Darstellung der Legende inmitten eines gewaltigen Ausstattungsprogramms, das von verschiedenen Meistern zu verschiedenen Zeiten bewältigt wurde. Unser Wandbild stammt vom Maler des gewaltigen Kuppelfreskos mit dem benediktinischen Klosterhimmel: Der hl. Benedikt verehrt Gnadenbild und Hl. Dreifaltigkeit und mit ihm unzählige Engel, Ordensangehörige, Heilige und Förderer der Benediktiner. Da sieht man ganze Scharen von Päpsten, Kardinälen, Bischöfen, den hl. Magnus von Füssen, den hl. Bernhard von Clairvaux, die hl. Scholastika. Geschaffen hat diese Figurenfülle der Tiroler Johann Jakob Zeiller mit Gehilfen in den drei Sommern von 1748 bis 1750. Das Wandbild ist 1752 datiert, als die Stuckierung der Kirche durch Johann Georg Üblhör und Franz Xaver Schmuzer, des Baumeisters Sohn, erfolgte. 1753 wurde die Orgel aufgestellt. 1757 begann Johann Baptist Straub mit den Seitenaltären. Bis 1762 entstanden die je drei aufeinander abgestimmten Aufbauten mit ihren Rahmungen und Figuren, die den Gemälden großen Raum lassen. Vor der sparsamen Stuckierung sind sie ein wichtiger Akzent.

Den Zuccallischen Chor malte Martin Knoller erst 1769 mit seinem das Ende der Freskomalerei ankündigenden Deckenbild aus, das Altarbild über der Pisano-Madonna gar erst 1786. Die Wände sind mit klassizistisch kühl anmutenden Stuckverkleidungen überzogen, die den distanzierten Eindruck noch verstärken.

Wendet man sich wieder zurück, so bildet die kleine Orgelempore mit den züngelnden Rocaillen des Stukkateurs Franz Xaver Schmuzer einen letzten Blickfang, bevor man aus der gefaßten Lichtfülle wieder entlassen wird in das frei strömende Element der Natur. (GR)

42

Im Herzen des Pfaffenwinkels befinden wir uns, wenn wir die heute weltberühmte **Wieskirche** besuchen. Das war nicht immer so, daß Besucher von überallher mit Bussen und Autos in hellen Scharen herkommen, um das Kirchenjuwel Oberbayerns zu bestaunen. Lange war diese Kirche genauso mißachtet wie der Barock als Stilrichtung überhaupt. Erst seit der Mitte des 19. Jahrhunderts begannen einige unbefangene Geister, wieder einen Blick für die Schönheiten der Werke dieser Epoche zu bekommen. Die Wies wurde gar erst zu Anfang unseres Jahrhunderts wieder »entdeckt« – Josef Hofmiller sei es gedankt. Nur die Bauern und das Volk, die die meisten dieser Kirchen ja erst hervorgebracht hatten, hielten an ihrer Liebe zu ihnen fest. Als die Wieskirche nach der Säkularisation versteigert und abgerissen werden sollte, verhinderten sie dies.

Wie sie den Bau gerade dieser Kirche ja überhaupt erst ermöglicht haben, auch wenn das Stift Steingaden sich dafür eingesetzt und auch verschuldet hatte. Die Wiesenhofbäuerin Maria Lory war die eigentliche Begründerin der Wallfahrt, denn um eine solche handelt es sich hier wieder einmal.

Der Hergang der Gründung ist schnell erzählt und ähnelt vielen anderen Gründungsgeschichten von vielen anderen Wallfahrten. Und doch wurde es hier anders. Der Abt des Klosters Steingaden wollte im Jahre 1730 eine besonders anschauliche Darstellung vom Leiden des Herrn und Heilandes zum Karfreitag schaffen. So ließ er von Bruder Lukas Schweiger eine Figur herstellen, die die Geißelung vorstellen sollte. Die Figur wurde auch wirklich 1732 bis 1734 bei Prozessionen in der Karwoche herumgetragen. Da der Laienbruder aber kein großer Künstler und die Figur arg dürftig zusammengeschustert war, wurde sie

Die Wies, 1745–1754, Blick von Norden

43

bald »ausgemustert«. Man warf sie aber nicht weg. Erst bewahrte sie der Steingadener Gastwirt Rehle auf, von dem sie sich Maria Lory dann ausbat. Die Lorys hatten einen Hof, eine Stunde Weg von Steingaden entfernt, »in der Wies«. Dorthin nahm sie die fromme Bäuerin mit. Schon wenige Wochen später soll die Figur Tränen geweint haben: ein Wunder! Der Vorgang wurde protokolliert, der Abt von Steingaden informiert. Man wollte eine Kapelle bauen, doch der Abt zögerte noch. Schließlich gab er die Erlaubnis zu einer offenen Feldkapelle gegenüber dem Lory-Hof. Und nun geht es wie so oft: Die Leute strömen herzu, erhalten vom gegeißelten Heiland Hilfe, es werden immer mehr, in der Kapelle liest man nun auch die Messe, es muß erweitert werden. Ein hölzerner Anbau reicht auch nicht, man plant eine richtige Kirche. Das Kloster Steingaden gibt das Baumaterial, die Bauern stellen die Fuhrwerke.

Dazu hat man das Glück, einen Architekten zu finden, der den Bau dieser Kirche nicht nur als einen interessanten und einträglichen Auftrag ansieht, sondern der mit ganzer Seele dabei ist und für den diese Kirche in dieser Landschaft die Krönung und der Ruhe- und Endpunkt seines Lebens und Schaffens wird. Dominikus Zimmermann, dessen Familie aus Birkland nördlich von Schongau stammt, der in Wessobrunn geboren und in der dortigen Stukkatur- und Bauschule groß geworden ist, schließlich Bürgermeister in Landsberg am Lech war, beschließt sein Leben hier in einem Haus neben der Wieskirche (1766). »Auf diesem Erdenfleck wohnt Glück, hier findet Ruh das Herz«, hat Abt Marian von Steingaden in die Fensterscheibe des Prälatensaales geritzt. So muß es auch Dominikus Zimmermann empfunden haben.

Und in der Tat, wessen Herz ginge nicht auf, wenn er sich der Kirche nähert, die, ringsum vom Wald eingeschlossen, auf eben der Wiese steht, die ihr den Namen gegeben hat. Nur ein paar Bauernhöfe teilen sich mit ihr in den Raum. Sonst nichts wie der schöne weite Blick nach Süden, wo sich die Kirche in ihrer ganzen Länge zeigt. Ihre Dachsilhouette zeichnet die Kammlinie der dahinterliegenden Trauchberge nach. Im Südwesten geht der Blick auf die Gipfel der Lechtaler Alpen: Bayern wie es im Bilderbuch steht. Heutzutage muß man allerdings Glück haben, um einen Tag zu finden, an dem der Betrieb der Besuchermassen den Eindruck nicht allzusehr stört. Denn die Wies ist ja eigentlich eine »einsame« Wallfahrt, schon von ihrer Lage her.

Schön ist es besonders, wenn die Sonne schon tief steht, sich durch die Baumgruppe vor der Fassade im Westen tastet und das Gelb und Weiß des kirchweihfarbigen Verputzes leuchten läßt vor dem dunkel werdenden Grün. Schon von außen sieht man, wie sich die Kirche dehnt und wölbt, der Grundriß ist schon hier abzulesen. Auch ist es selten, daß man um eine Kirche ganz herumgehen kann, daß sie keine Seite zu verbergen hat. Der Umriß erhält Akzent und Form durch die säulenbestückte vorgewölbte Fassade im Westen, der der Turm am Chorende antwortet, dazwischen das ausgebuchtete Kirchenschiff und der »Hals« des Chores. Die Wandgestaltung wird vorwiegend von der Form der Fenster bestimmt: die vielfach gebogten Oberlichter sind mit den länglichen Hauptfenstern durch kurvige Gesimsbänder verbunden und bilden so zusammen ein Ornament, das die Wandfelder zwischen den ziemlich unauffälligen Pilastern schmückt. Wenn man dann ins Innere tritt, läßt die tiefstehende Sonne den Raum in fast magischem Licht erscheinen. Durch die völlig freistehende Lage der Kirche und die Fenster ringsum an allen Seiten – nur der schmale Chorabschluß hat wegen des angrenzenden Turmes keinen Durchbruch –, strömt es herein zu allen Tageszeiten. Wenn man sich einmal die Zeit nimmt und länger in diesem Raum verweilt, kann man das Licht wandern und den Raum immer wieder verwandelt sehen. Es streift von Pfeilerpaar zu Pfeilerpaar, setzt hier einen Akzent, läßt dort einen Durchblick aufleuchten, den farbigen Stuckmarmor oder das blendende Weiß der Pfeilerfiguren: immer wieder wird man etwas Neues entdecken. Dieses Erfassen des Lichtes in Dynamik und Bewegung ist mit das Schönste, was die Wieskirche bietet. Nötig war dazu die Dynamisierung der Raumschale. Zentralräume waren bei Wallfahrtskirchen schon früher gern verwendet worden, auch Umgänge, um den Pilgerstrom zu dem verehrten Gnadenbild zu führen. Hier aber ist es gelungen, dem ovalen Kirchenraum und dem angesetzten langen Chor, der aus liturgischen Gründen immer wieder gefordert war, durch die Säulen und Pfeiler rhythmisch zu gliedern und ihn so zu barockem Leben zu erwecken. Hier ist nichts mehr statisch klar, eindeutig als Stütze und Last zu sehen, wie es die klassischen Bauregeln erfordert hätten.

Einen nicht wegzudenkenden Beitrag zu dieser Leistung bildet die Ausstattung durch Stuck und Malerei. Da hier der ältere Johann Baptist Zimmermann seinem Bruder zur Hand ging, wurde durch die Familienleistung größte Einheitlichkeit erzielt: Ein echtes Gesamtkunstwerk ist so entstanden, bei dem das eine ohne das andere nicht denkbar wäre und keinen Wert hätte. Nur im Miteinander kann alles seine Wirkung erreichen. Vielleicht ist es diese Geschlossenheit, wo keine Konkurrenz, kein Auffassungsunterschied der beteiligten Künstler das Bild beeinträchtigt, die die Faszination dieses Raumes ausmacht. Auch zeitlich ist alles aus einem Guß, keine lang auseinanderliegenden Bauphasen

Die Wies, Inneres mit Blick zum Chor

oder Stilbrüche in später erfolgten Dekorationsteilen stören hier.

Dabei ist die Raumform durch verhältnismäßig einfache Mittel so dynamisch geworden. Gekuppelte Pfeilerpaare sind in rhythmischem Abstand vor die Außenmauern gestellt, im Chor sind es Säulenfolgen auf einem Erdgeschoßsockel aus Mauerarkaden. Es entsteht so zwar eine doppelte Raumschale – das Licht muß sich immer erst einen Weg von den Fenstern der Außenmauern durch die Bögen und Pfeiler und Durchbrüche suchen –, aber kein Vergleich zu den komplizierten Raumfolgen der großen fränkischen Barockbaumeister ist möglich, haben die Dientzenhofer (siehe S. 136) oder Neumann (siehe S. 138) einen Raum bei aller Durchdringung und Verschleifung der Bauformen doch immer von der Statik und der Solidität der gemauerten Wölbungen her berechnet. Hier hat Dominikus Zimmermann ein Holzlattengewölbe verwendet, das statisch keine Probleme von Schub und Last stellte. Zimmermann kam aus der Stukkatorentradition, war im letzten doch mehr Dekorateur als Architekt. Die Wies könnte man nur schwer ihres Dekors entkleiden, ohne daß Wesentliches verloren ginge. Kann man doch schon die Form der Fenster, Durchbrüche, Gebälke kaum von ihrem ornamentalen Wert trennen. Ein sonst gut gestalteter Raum wie der von Zimmermanns Günzburger Frauenkirche verdeutlicht das sofort durch die hier fehlende stimmige Ausstattung. Die Kirche von Kitzingen-Etwashausen Balthasar Neumanns dagegen steht auch als karger, fast schmuckloser Raummantel noch heute beeindruckend da als pure Architektur.

Doch ist der Wert des Dekorativen gerade im Barock aufs höchste gestiegen und eine spezifische Leistung dieser Epoche. Wie weit die Zuweisung der Ausstattung an die beiden Brüder Zimmermann hier zu trennen ist, sei dahingestellt. Der Stuck des über siebzigjährigen Johann Baptist ist schon etwas grob geraten. (Im fast gleichzeitig ausgestatteten Steinernen Saal des Nymphenburger Schlosses hat François Cuvilliés noch korrigierend eingegriffen.) Die Deckenfresken mit der Wiederkunft des Herrn in Herrlichkeit im Hauptraum und der Darbringung der Leidenswerkzeuge im Chor, wo der gegeißelte Heiland als Gnadenbild steht, sind aber eine großartige Leistung des Malers Zimmermann. Komplizierte theologische Themen sind hier sinnfällig Bild geworden. Farblich ist das große Hauptfresko eine Antwort auf den Stuckmarmor der Säulen im Chor, während im Ovalraum sonst das Stuckweiß mit Gold vorherrscht. Auch die wichtigen Figuren der vier Kirchenväter vor den Pfeilern seitlich der beiden Nebenaltäre sind in Weiß-Gold gehalten. Ihr Meister war Anton Sturm aus Füssen, der schon die Statuenfolge im Ottobeurer Kaisersaal geschaffen hat.

Füssen und Ottobeuren liefern die Stichworte für den künstlerischen Hintergrund, aus dem die Zimmermanns und die Wies erwachsen sind. Wir haben schon von der Herkunft und den Anfängen in Wessobrunn gehört. Von hier wanderten jeden Sommer die Stukkateure in die Welt. Dominikus, der jüngere der beiden Brüder, lernte zunächst das Marmorieren und Scagliolaarbeiten (Steinmosaiken). Darin glänzte er, aber es genügte ihm nicht. 1708 heiratete er nach Füssen und lernte beim Baumeister des dortigen Benediktiner-Stifts Johann Jakob Herkomer. Vor allem seine Liebe zu ausgefallenen Fensterformen verbindet ihn mit Herkomer, die dieser wiederum, wenn auch noch nicht so ornamental gestaltet, von Italien hergeleitet hat. 1716 bewirbt sich

Dominikus in Landsberg am Lech um das Bürgerrecht, bekommt dort bald den Auftrag, das Rathaus zu stuckieren, und wird schließlich 1749 sogar Bürgermeister. Seine größten Bauaufgaben vor der Wies waren die Wallfahrtskirche in Steinhausen bei Schussenried (Württ.) von 1727 bis 1733 und ab 1736 die Frauenkirche in Günzburg, das damals zu Vorderösterreich gehörte und somit habsburgisch war. Steinhausen ist ein reiner Ovalbau mit kurzen angehängten Rechtecken an den Schmalseiten für Turm und Chor. Ein regelmäßiger Pfeilerumgang ist schon hier zu finden. Aber der Raum wirkt strenger, fast gotischer, wäre nicht der Stuck mit seinen betörenden Putten, Blumenranken, Vögeln, Käfern, Widderköpfen. Diese Stuckgeschöpfe hat wohl Dominikus selbst geschaffen. 1736 folgte der Bau der Frauenkirche in Günzburg. Das Kirchenschiff fügt sich in einen rechteckigen Mauermantel, die Säulen bleiben der Wand verhaftet, nur der Chor hat nun schon die typische zweigeschossige, doppelschalige Gestalt. Johann Schmuzer mit seiner Chorlösung in Vilgertshofen mag der Anreger gewesen sein. 1732 liefert Zimmermann Pläne für die Abteikirche in Ottobeuren, die beide Grundrisse weiterführen. Doch in Ottobeuren ist man mit dem Bauen noch nicht so weit. Dann 1745 die Wies. Schon 1743 machte er erste Pläne, aber zuvor mußte der Österreichische Erbfolgekrieg zu Ende gehen. Dominikus war nun 60 Jahre alt. Hier faßt er seine Baugedanken zusammen, Oval und Langchor, Umgang, alles verschmilzt miteinander. 1749 war der Chor fertig, 1754 erfolgte die Weihe der Kirche. 1752 war seine Frau gestorben, bald danach baute er sich neben der Wieskirche ein Haus (das noch steht) und lebte dort, im Schatten seines Werkes, bis 1766. Sein Sohn Franz Dominikus hatte schon 1750 die verwitwete Maria Lory, die Begründerin der Wallfahrt, geheiratet.

Die Wies, Fresko von Johann Baptist Zimmermann

So schloß sich der Kreis wie zwangsläufig, und so wurde aus der »Wallfahrt zum gegeißelten Heiland in der Wies« doch etwas Besonderes, das sie von vielen anderen Wallfahrten unterscheidet. Religiöses und künstlerisches Empfinden der Stifter und Erbauer haben sich völlig zusammengeschlossen zu einer unlösbaren Einheit, die in völliger Harmonie miteinander stehen und darüber hinaus auch noch mit der sie umgebenden Landschaft. Dadurch wird ein Besuch der Wies immer wieder zu einem einmaligen Erlebnis, auch wenn im Detail manch andere Kirche Großartigeres und künstlerisch Wertvolleres zu bieten hat als die luftige Stuckkonstruktion hier auf der Wiese vor den Trauchbergen und den Lechtaler Alpen. (GR)

Ganz anders ist die Lage der Gnadenkapelle auf dem **Hohenpeißenberg,** aber kaum minder schön, was die Aussicht betrifft. Von dem fast 1000 Meter hohen Berg zwischen Schongau und Polling, um etliches nördlich von der Wies gelegen, hat man einen herrlichen Rundblick auf die Alpenkette und das ganze Alpenvorland zwischen Lech und Starnberger See. Der Kirchenbau tritt dagegen äußerlich ganz zurück. Wir sind eigentlich hier auch wieder hauptsächlich wegen eines Malers und seines bezaubernden Werkes heraufgekommen.

Die Gnadenstätte gibt es seit 1514, als der Pfleger Georg von Pienzenau den Grundstein zu einer Kapelle legte und dazu ein Marienbild aus seiner Schloßkapelle stiftete. Die etwas unbeholfen wirkende Figur gewann rasch Verehrung als Gnadenbild, und noch vor dem Dreißigjährigen Krieg mußte man eine größere Kapelle bauen (1615–1619). Sie trägt in ihrem Stuck, der sich streng an die eleganten Perlstabbögen hält, und in Teilen der Altäre noch deutlich die Züge der Maximilianeischen Kunstepoche.

Uns interessiert mehr die westlich davon gelegene zweite Wallfahrtskapelle. 1747/48 wurde sie völlig umgestaltet und neu ausgestattet. Das Langhaus zeigt eine längsovale Kuppel, auch die Raumecken sind durch Altäre und tiefgezogene Gewölbezwickel verschliffen. Der Baumeister Joseph Schmuzer und sein Sohn Franz Xaver haben hier im Kleinen wie schon in Ettal eine sehr gelungene Baulösung gefunden. Franz Xaver hat die farbig sehr sensibel gefaßten Nebenaltäre beigesteuert. Die Krönung des Ganzen sind aber die Fresken, für die die Ovalkuppel und das verschliffene Gewölbefeld im Chor dominierenden Platz geschaffen haben. Ihr Schöpfer ist der 1705 in Tritschenkreit am Nordhang eben dieses Berges geborene Matthäus Günther. Er gehört zu den begabtesten bayerischen Rokokomalern. 1748, am Höhepunkt seiner Schaffenskraft, hat er nahe seinem väterlichen Hof diese Gewölbe bemalt, aus denen persönliche Anteilnahme spricht, wie sie sonst selten ist bei den routinierten Großfreskanten. Cosmas Damian Asam und Bergmüller waren seine Lehrer. Die Kirchen von Rottenbuch, Mittenwald, Oberammergau, Neustift bei Brixen und Amorbach hatte er schon geschmückt. Hier nun beschreibt er Geschichte und Wunder der heimatlichen Gnadenkapelle. Die Gründung steht im Zentrum der Blickachse, gegenüber aber soll sich Günther selbst dargestellt haben, mit betend erhobenen Händen vor den Pferden, die sein Vater Jakob führt. Die ganze heimatliche Landschaft samt Berg und Kapelle hat er noch einmal hier an die Decke gezaubert, nicht einen Heiligenhimmel aufgerissen oder mit gemalter Architektur den Raum erweitert. Entgegen allen logischen Gesetzen, die selbst den illusionistischen Deckenbildern des Barock zugrunde lagen, wird im Rokoko hier das Paradoxe so weit getrieben, daß nicht einmal mehr eine Phantasielandschaft dort oben erscheint, sondern die heimatliche Szene. Das Fresko gewinnt dadurch bei aller Ge-

konntheit eine Naivität – wie bei Votivbildern –, die uns nicht mehr losläßt.

Schon nördlich von Tölz befinden wir uns, wenn wir **Dietramszell,** das Anfang des 12. Jahrhunderts gegründete ehemalige Kloster der Augustiner-Chorherren besuchen. Hier geht der Blick zu Brauneck, Benediktenwand und Herzogstand: wir sind bereits östlich der Isar.

Dem Kloster erwuchs, wie vielen anderen im 18. Jahrhundert, ein zweiter Gründer. 1729 bis 1741 konnte nach wirtschaftlicher Gesundung eine neue Kirche gebaut und ausgestattet werden. Der Baumeister der Kirche ist unbekannt, möglicherweise ein Weilheimer. Von dort kam auch der Bildhauer Franz Xaver Schmädl, dem wir schon in Hohenpeißenberg begegnet sind. Aus Wessobrunn ist Johann Baptist Zimmermann als Maler und Stukkateur dazugestoßen. Zimmermann war aber 1729 »Hof-Stuccateur« in München geworden, zur Zeit der Dietramszeller Ausstattung arbeitete er schon mit großer Werkstatt. Das Hauptfresko ist 1741 datiert.

Die Kirche als Bau ist einfach und mag vom Grundriß nichts Aufregendes bieten. Sie steht als Wandpfeilerkirche mit Emporen über den Seitenkapellen noch immer in der Nachfolge der Münchener St.-Michaels-Kirche und ist damit eine ausgeprägte Predigerkirche, wie sie die Jesuiten ausgebildet haben. Aber in dem lichten, weiß gekalkten Raum heben sich Stuck, Altäre, Statuenschmuck und Fresken in Gold und frischem, aber nicht lautem Farbenglanz ab. Das Ganze macht einen zwar noch dem Ländlichen verhafteten, aber festlichen und durchaus nicht dilettantischen Eindruck. Am schönsten ist der Hochaltar von Zimmermann, der auch die (hier im Foto sichtbaren) Altarblätter mit dem hl. Augustinus und der hl. Monika schuf. Auch der Stuck ist mehr als nur gekonnt. Er hält sich

noch an symmetrische Gesetze und verrät in seiner Leichtigkeit und zarten Färbung den Einfluß von Cuvilliés, den Zimmermann in München erfahren hat.

Wenn man das Miteinander und die Harmonie, die in der Ausstattung hier vorherrschen, auch eigentlich nicht auseinanderdividieren sollte, so haften aber doch wohl am meisten im Gedächtnis die großartigen Figuren Schmädls an den Chorwangen: sie haben diesen prominenten Platz wirklich verdient. Vor blau-gold gefaßten Draperien, die das Motiv des brokatierten Hintergrundvorhanges vom Hochaltar wieder aufnehmen, knien der 1729 heiliggesprochene Johann Nepomuk und der 1730 seliggesprochene Augustiner Petrus Fourier. Die entrückten,

Hohenpeißenberg, Wallfahrtskapelle mit Fresken von Matthäus Günther, 1747/48

anbetenden Heiligen gehören zur besten bayerischen Plastik zwischen Egid Quirin Asam und Ignaz Günther.

Auch die heutige Pfarrkirche von **Weyarn** war früher eine Stiftskirche der Augustiner-Chorherren; 1133 ist hier die Stiftungsurkunde datiert. Wir befinden uns jetzt noch weiter östlich im Voralpenland, nördlich von Miesbach. Die äußerlich einfache Kirche mit dem nicht sehr dominierenden, südlich an die Kirche angebauten Turm ist schon von weitem sichtbar. Schön zeichnet sie sich, in Bäume und Hügel eingebettet, vor der Alpenkette ab. Ein richtiges Wanderziel.

Und der Wanderer und Besucher wird hier auch belohnt mit Spitzenleistungen nicht nur der bayerischen, sondern der Weltkunst schlechthin. Neben der Gründungszeit und den Ordensgenossen bieten sich noch mehr Parallelen zu der zuletzt besuchten Kirche von Dietramszell. Auch hier stehen wir nach dem Betreten des schlichten verputzten Baues mit dem durchgehenden Dach und dem Turm aus Haustein in einer Wandpfeilerkirche. Stuckausstattung und Deckenfresken stammen vom selben Meister, von Johann Baptist Zimmermann. Selbst die schmalen Stirnwände am Triumphbogen des etwas eingezogenen Chores sind Standort großartiger Schnitzfiguren. Aber doch ist alles anders.

Die Wandpfeilerkirche datiert schon von 1687 bis 1693. Architekt war der Graubündner Lorenzo Sciasca. Er gehört noch der Generation der welschen Baumeister an, die man in das vom Dreißigjährigen Krieg ausgeblutete Land holen mußte, da die einheimische Bautradition praktisch aufgehört hatte. Diese Oberitaliener und Graubündner schlossen gerne an die großen römischen Ordenskirchen an, an Il Gesù und an S. Andrea della Valle. Sciasca ist hier aber noch einen Schritt weitergegangen als die römischen Architekten und hat die hohen, zum Kirchenschiff ganz offenen Pfeilerarkaden bis in die Wölbung hinaufgezogen. Der Kirchenraum gewinnt dadurch Lichte und Weite.

Der Hochaltar von 1693 und die kaum späteren Seitenaltäre können sich dagegen nicht so leicht durchsetzen. Der etwas schwerfällige Hochaltar zeigt die Schlüsselübergabe an Petrus, den Kirchenpatron, sowie die Figuren der beiden Kirchenväter Augustinus und Ambrosius. 1763 kam der Tabernakel hinzu, über dessen Meister noch mehr zu sagen sein wird. Der Blick zurück zum Orgelprospekt, der auch noch aus der Erbauungszeit der Kirche stammt, erfrischt neben seiner Pracht durch die herzliche Naivität der geschnitzten Putten.

Die restliche Ausstattung ist später. Mehr als drei Jahrzehnte vergingen,

Dietramszell, Inneres der ehem. Augustiner-Chorherrenkirche, 1729–1741

Weyarn, Blick auf die Kirche vor der Alpenkette

bevor Johann Baptist Zimmermann 1729 seine Fresken hier ausführen konnte und seine Stukkaturen. Nun mußte sich der frischgebackene »Hof-Stuccateur« aber an die relativ kleinen Deckenfelder halten, die zwischen den sich von Pfeiler zu Pfeiler ziehenden Gurtbogen liegen. Die Gewölbe waren eben noch etwas altmodischer als die von Dietramszell, wo man ein paar Joche zu einem Gemäldefeld zusammenziehen konnte. So bleibt in den Zwickeln und Restfeldern der Tonne verhältnismäßig viel Platz für den Stuck. Zimmermann hat ihn hier teilweise auf farbig gefaßten Grund gesetzt und so weitere Akzente geschaffen.

Die Deckenbilder des Langhauses sind dem hl. Augustinus und der Klostergründung gewidmet. Vom Eingang her gezählt wird die Berufung des Heiligen gezeigt, dann wie Augustinus die Dreifaltigkeit zu ergründen sucht, die Gründung des Urklosters von Hippo und die Gründung des Klosters Weyarn selbst. Im Chor nehmen die Szenen mit der Enthauptung des hl. Paulus und die Kreuzigung Petri auf die Kirchenpatrone Bezug. Auffallend sind bei den meisten Szenen das höfische Arrangement und die Betonung parkähnlicher Szenerien. Besonders bei den ersten beiden Bildern wird man mehr an eine Schäferidylle des Rokoko erinnert als an Heiligengeschichten. Der Einfluß des Münchener Hofes, verbunden mit seiner Vorliebe für natürliche Schauplätze, läßt Zimmermann zu einem Vorläufer der späteren Rokokoidyllen werden.

Weyarn, Detail der Tragegruppe »Mariä Verkündigung« von Ignaz Günther, 1764

Warum man aber unbedingt nach Weyarn fahren muß, hat seinen Grund in den noch sehr viel später entstandenen Schnitzwerken, die diese Kirche birgt. Ihr Schöpfer ist Ignaz Günther, der größte Meister der bayerischen Rokokoskulptur. Von ihm stammt der 1763 aufgestellte Tabernakel am Hochaltar, die »Maria vom Siege« aus demselben Jahr im Chor, die Verkündigungsgruppe links am Chorbogen, die Pietà rechts am Chorbogen, beide 1764, und schließlich die »Mater dolorosa« und der hl. Sebastian sowie der hl. Leonhard in der einzeln stehenden Jakobskapelle (die Marienfigur z. Zt. in der Sakristei).

Die drei Figurengruppen in der Kirche sind als Figuren angeschafft worden, die bei Prozessionen mitgetragen wurden, wovon urkundlich die Pietà und die Verkündigung von der Rosenkranzbruderschaft am Ort in Auftrag gegeben worden sind. 124 Gulden bekam Günther dafür, ein wahrhaft geringer Preis für diese einmaligen Figurengruppen, zu denen heute die Kunstfreunde pilgern. Alle drei Gruppen sind zugleich volkstümlich und höfisch elegant. Der Freudenreiche, der Schmerzensreiche und der Glorreiche Rosenkranz, die bei diesen Umzügen gebetet wurden, sind dergestalt Bild geworden. Vergeistigung und Verfeinerung, die in Körperbildung und Gesten unvergleichlichen Ausdruck finden, verhindern doch nicht tiefe, fromme Ergriffenheit, die sich bei der Betrachtung der Figurengruppen einstellt. Man sehe nur die für sich sprechenden Hände, das demütige In-sich-Versunkensein der Verkündigungsmaria, das ergreifende Antlitz des toten Christus. Wirken die Heiligen, die etwa gleichzeitig für Rott am Inn entstanden, oft etwas blasiert, hier findet Günther den Weg über die höfische Verfeinerung hinaus zu höchster Andachtssublimierung. Und das eigentlich für ganz bescheidene »angewandte Kunst«.

Ignaz Günther war 1725 in der Ober-

Weyarn, Inneres der ehem. Augustiner-Chorherrenkirche, 1687–1693

pfalz geboren worden, kam 1743 zum Münchener Hofbildhauer Johann Baptist Straub. Schon bald sollte er über den doch mehr im Handwerklichen befangenen Meister hinauswachsen. Er bildete sich weiter, war in Salzburg, Mannheim, Wien, wo er von der Akademie ausgezeichnet wurde. 1754 ließ er sich in München nieder, wurde aber nie vom Hof als Bildhauer offiziell anerkannt oder gar bestallt – ausgerechnet dieser wie fürs Höfische prädestinierte Bildhauer. So mußte er eben aus den Heiligenfiguren, die ihm die Kirchen im Land als Auftrag gaben, Adlige und verfeinerte Lebewesen machen. 1761 konnte er das noch bestehende Haus am Oberanger Nr. 11 erwerben. Dort starb er 1775 kurz nach seiner Frau an einem Brustleiden. Schon bald wurde er vergessen, der Zeitgeist und der Geschmack schlugen um. Ende des vorigen, Anfang dieses Jahrhunderts begann man sich wieder auf Günther zu besinnen, und nun gehören seine Werke unangefochten zum Schönsten, was bayerische Kunst der Welt geschenkt hat.

Wenn man auf der Autobahn nach Salzburg von Weyarn aus noch weiter auf den Chiemsee zu fährt, kommt man zu einer ganz singulären Kirche, die jeden Besucher schon von weitem durch ihr interessantes Äußeres neugierig macht. Gemeint ist die Kirche von **Westerndorf** bei Pang, unweit von Bad Aibling und Rosenheim. Inmitten einer kleinen Gemeinde gelegen, zwischen schmucken Bauernhäusern, die in dem freundlichen hügeligen Gelände verstreut sind, überragt es sie mit seinem einmaligen Kirchendach: einer riesigen Zwiebelhaube, die die gesamte Kirche bekrönt. Zusammen mit dem noch darüber hinausragenden Turm bildet sie eine ganz eigene Baugruppe, die an Östliches erinnert und dann doch wieder ganz bayerisch erscheint in ihrer prallen Lebendigkeit. Die Kirche ist in ihrem Äußeren völlig rund. Dem Kreis ist lediglich am Eingang ein Quadrat vorgelegt, sonst schließen sich die Mauern lückenlos,

Westerndorf bei Pang, Kirche zum Hl. Kreuz, 1668–1671

Westerndorf bei Pang, Inneres der Kreuzkirche mit Stuckarbeiten von Georg Zwerger

ohne jegliche Anbauten, nicht einmal am Chor. Gegliedert wird das Ganze von flachen Pilastern, die in ihrer weißen Färbung zusammen mit dem Gebälk die Fläche in Felder teilen. Fenstergruppen sind ihnen eingegliedert. Und darüber, ebenfalls kreisrund, geschwellt und immer wieder überraschend, die Zwiebel des Kuppeldaches. Das macht neugierig auf das Innere.

Hier nun treten wir in einen kleinen, perfekt durchgestalteten und auch darin wieder überraschenden Raum: die äußere Kreismauer tritt gar nicht in Erscheinung, ist nicht wie in Ettal äußere und innere Raumhülle zugleich. In die Außenmauer ist ein zweites Raumgebilde eingeschrieben: Vom Eingang ab völlig symmetrisch in allen vier Himmelsrichtungen bilden vier Dreiviertelkreise Vorraum, Altarraum und zwei Seitenkapellen. Die Pfeiler, die die End- und Knotenpunkte dieser aneinanderstoßenden Kreisräume bilden, treten weit in den Gesamtraum hinein. Von ihnen aus kreuzen sich zwei Gurtbögen, diagonal über die Mitte gelegt, und bilden so ein Zwickelgewölbe. Eine Kuppel, wie man sie von der großen Zwiebelbekrönung von außen her eigentlich erwartet, gibt es nicht. So entsteht ein kreuzförmiger Raum mit den Akzenten in den hellen Altarapsiden.

Man mag verwundert sein, wie ein solch ungewöhnlicher Bau in einer so kleinen Gemeinde – es handelt sich ja letzten Endes um eine Dorfkirche – entstanden sein wird. Und in der Tat, wenn man nachliest, so erfährt man, daß damals Schwierigkeiten bei der Planung auftraten, und es gibt noch heute Fragen, die nicht ganz gelöst sind.

Westerndorf gehörte schon im Mittelalter zur Pfarrei Pang, hatte aber auch damals bereits eine eigene Filialkirche zum hl. Kreuz. Diese war nun schließlich zu Anfang des 17. Jahrhunderts so baufällig, daß man sie vielfach abstützen mußte. Die herrschenden Kriegs-

zeiten werden ihren Zustand sicher auch nicht gerade gebessert haben. So entschloß sich der Pfarrherr von Pang schon in den sechziger Jahren des 17. Jahrhunderts als einer der ersten Geistlichen im Lande zu einem Neubau der Kirche. Das Patrozinium des hl. Kreuzes scheint die Anregung zu einem bildhaft symbolischen Grundriß gegeben zu haben, nachdem die Kirche »in forma Crucis erpauet werden« sollte. Ob diese Idee auf den Pfarrherrn oder auf einen möglicherweise schon hinzugezogenen Architekten zurückgeht, ist nicht bekannt. Denn auch der Name des Baumeisters selbst ist urkundlich nicht überliefert. Jedenfalls aber wurde diese Bauform wohl damals schon als so ungewöhnlich angesehen, daß man Schwierigkeiten mit der Baugenehmigung bekam. 1666 wurde das erste Gesuch gestellt. Der Erzbischof von Freising war zwar einverstanden, nicht aber der Geistliche Rat in München. Nach Bildung einer Baukommission und einer Ortsbesichtigung, einem Gutachten, einem neuen Plan und der Herstellung eines Modells mußten schließlich noch verschiedene Maurermeister ihr Urteil abgeben, ob der Bau überhaupt ausführbar sei. (Man sieht, die Baubürokratie hat eine lange Tradition!) Schließlich konnte man aber doch anfangen. Da die Kirche von Westerndorf bedeutenden Grundbesitz hatte, traute man sich offenbar diesen extravaganten Bau einer »Dorfkirche« zu. 1668 stand der Rohbau, auch die Stuckarbeiten hatten schon begonnen. Ausführender Baumeister war der Schlierseer Georg Zwerger. Als führender Kopf der sogenannten Miesbacher Stukkatorenschule war er auch für die Stuckarbeiten verantwortlich. Im August 1671 konnte die Kirche bereits geweiht werden. Da man sich finanziell aber doch wohl etwas übernommen hatte, folgte die Einrichtung der Kirche erst zwischen 1673 und 1691. Sie stammt im Entwurf von dem Maler Andreas Leisperger aus Strau-

bing, der dann über Bad Aibling nach München ging.

Die Altäre, obwohl noch in altbarocker Art schwarz/gold, sind doch leicht und fast zierlich im Aufbau. Die seitlichen Säulen rahmen die Fenster in den Apsiden, nehmen die Lichtquelle in die Komposition des Altares mit auf. Davor stehen freiplastische Heiligenfiguren, im Hochaltar die beiden Johannes, der Täufer und der Evangelist. Sie waren neben dem hl. Kreuz, das zum symbolträchtigen Grundriß Anregung gab, die anderen Patrone der Westerndorfer Kirche und sind in der Konsekrationsurkunde sogar allein genannt. Die Kanzel ist verhältnismäßig schlicht. Sie zeigt die vier Evangelisten einmal nicht in ihren Symbolen wie sonst meist, sondern in vier Brustbildern.

Höchst interessant sind auch die Stukkaturen, die trotz ihrer verhältnismäßig frühen Entstehungszeit nicht so schwerplastisch ausfielen wie die der welschen Stukkatoren und auch nicht so ausladend kraus wie die der Wessobrunner. Zwerger hielt sich noch mehr an das symmetrische Feldersystem, wie es die St.-Michaels-Kirche in München so vorbildlich ins Land gebracht hatte. Die licht gefärbten Lorbeerstäbe sind zwar schon etwas üppiger in ihrer plastischen Durchbildung, die figürlichen Teile volkstümlicher, aber die Disziplin der Gliederungen fängt sie ein. Thematisch wird auch hier auf das Hl. Kreuz Bezug genommen. Die (nach Schablonen gegossenen) Engel in den Kartuschen und Zwickeln tragen die Leidenswerkzeuge der Passion.

Bei der Frage nach dem Architekten dieses schon seinerzeit ungewöhnlichen Baues hat man auch den Namen Georg Dientzenhofer ins Spiel ge-

Rott am Inn, Inneres der ehem. Benediktiner-Klosterkirche von Johann Michael Fischer, 1759–1763

bracht. Dessen Wallfahrtskirche Kappel bei Waldsassen ist aber etwas später entstanden, Westerndorf, ähnlich wie Maria Birnbaum, ist für diese wohl eher ein Vorbild gewesen. So dürfte der Baumeister von Maria Birnbaum (1661–1668) vielleicht auch hier den Entwurf geliefert haben: Konstantin Pader. Er hatte Beziehungen zum Geistlichen Rat in München. Der seit 1634 in München ansässige Bildhauer tritt erst nach dem großen Krieg als Baumeister in Erscheinung. Sein Vater hatte schon dort gearbeitet, an St. Michael und an der Residenz. Pader mit seinen von der Plastik bestimmten Baugedanken ist es zuzutrauen, daß er hier aus einer Dorfkirche mit Anregungen aus Symbolik und italienischen Kuppelerinnerungen dieses unverwechselbare Monument gemacht hat. (GR)

Mit einer Kirche ganz anderer Größenordnung haben wir es zu tun, wenn wir nun innabwärts nach **Rott am Inn** kommen. Keine Dorfkirche, sondern eine Klosterkirche der Benediktiner, kein unbekannter Baumeister, sondern einer der profiliertesten altbayerischen Architekten, kein einmaliger Versuch als Grundfigur, sondern hohe Verfeinerung und Krönung vieler Vorstufen der Raumbeherrschung erwarten uns hier.

Bauherr war Abt Benedikt Lutz, der die alte romanische Basilika zunächst nur erneuern und im modernen Stil ausschmücken wollte. Man riet ihm aber, die baufällige Kirche ganz abreißen zu lassen und neu zu bauen. Johann Michael Fischer gelang es nun in kurzer Bauzeit (1759–1763), eine der bedeutendsten Rokokokirchen zu gestalten, obwohl er in der Raumausdehnung gezwungen war, sich an den vorgegebenen alten Platz zu halten, da die Trakte des bestehenden Klosters den Bau einschlossen. Obwohl der Baugrund lang und nicht sehr breit war, brachte es Fischer zuwege, einen seiner gelungensten Zentralräume darin einzubetten. Von außen ahnt man – im Gegensatz zur Wies etwa – nichts davon. Im Inneren erst öffnet sich eine Raumfolge, die im mittleren Kuppelraum kulminiert. Nur im Grundriß, nicht im Raumerlebnis selbst, gehören eine Sakristei im Osten und der Eingangsraum im Westen zu dieser Raumfolge. In der Längsrichtung schließen sich an die zentrale Kuppelräumlichkeit kleinere Kuppelräume an, im Osten als Chor ausgebildet. So durchzieht eine Längsströmung den Bau, aber erst unter der Zentralkuppel kommt der Betrachter zur Ruhe. Hier sammelt sich der Bewegungsdrang.

Die herumgelegten Nebenräume, besonders die Kapellen in den Diagonalen des Oktogons, schaffen eine doppelte Raumhülle. Obwohl die Kuppel selbst unbelichtet ist und durch die Nebenräume das Licht nur indirekt einfällt, stellt sich der Eindruck großer Helligkeit ein. Der ganze Baukörper ist denn auch in hellem Weiß gehalten, nur ganz zart ist der Stuck getönt, die Fresken geben einen etwas kräftigeren, aber kühlen Ton hinzu. Die Diagonalkapellen, die seitlichen Altarnischen, Chor und Vorraum sind zu diesem Kuppelzentrum des Raumes in hohen Bögen geöffnet. Rhythmisch wechselnd von schmal zu breit tragen sie den Kuppelring. Von einem breiten vergoldeten Karnies abgetrennt scheint die Kuppel über dem lichtdurchströmten Raum zu schweben. Fischer hat hier den Traum eines barocken Architekten verwirklicht, aus einem langen Gemeinderaum durch die zentrierende Kraft des mittleren Kuppelraumes ein in sich ruhendes und doch bewegtes Raumgebilde zu schaffen.

Vorangegangen waren dieser Kirche die Bemühungen Fischers in derselben Richtung bei den Bauten von St. Anna im Lehel (München), bei der Wallfahrtskirche Maria-Schnee in Aufhausen, bei der Franziskanerkirche in Ingolstadt (im Krieg zerstört) und dem

Rott am Inn, Putto mit Kardinalshut des hl. Petrus Damianus von Ignaz Günther

Entwurf für die St.-Michaels-Kirche in München-Berg am Laim. Bei all diesen Raumkonzeptionen überwog der Zentralraum, dem lediglich ein ausgeprägter Chor angehängt wird. Immer finden sich interessante Ecklösungen in den Diagonalen. Die Längenausdehnung der genannten Kirchen ist aber nicht annähernd vergleichbar mit der von Rott. Durch die eher behindernden äußeren Gegebenheiten des Baugrundes scheint sich Fischer geradezu angestachelt gefühlt zu haben, und es ist ihm trotz dieser Einschränkungen eine seiner reifsten Lösungen gelungen.

Aber nicht nur architektonisch ist hier Meisterliches zu bewundern. Die Fresken von Matthäus Günther sind es ebenso. Hier gibt es nicht wie in Hohenpeißenberg ein ländliches Panorama, sondern einen veritablen Heiligenhimmel, dramatisch durchzuckt von heftiger Gestik, einschließlich des Sturzes des höllischen Drachens. Der Glorie des Benediktinerordens mit der Hl. Dreifaltigkeit und Maria als »Immaculata im Sternenkranz« in der Hauptkuppel schließen sich im Osten und Westen Szenen aus dem Leben der Patronatsheiligen an: St. Marinus und Anianus, iroschottische Wandermönche des 7. Jahrhunderts, werden hier verehrt. Bischof Marinus soll in Wilparting als Priester und Einsiedler gelebt haben, sein Neffe, der Diakon Anianus, in Alb. (Beide Orte, nahe Irschenberg [s. S. 166 f.], haben die Legenden dieser beiden Vorkämpfer der Christianisierung in Bayern ebenfalls in Fresken festgehalten. Die Kapelle in Alb ist übrigens vom Kloster Rott errichtet.) Hier in der großen Klosterkirche wird der beiden Heiligen bildlich mit dem Martyrium des hl. Marinus und des Todes des hl. Anianus, begleitet von den drei göttlichen Tugenden, gedacht.

Aber auch für Freunde der Rokokoplastik ist Rott ein Pilgerziel, stammen doch die Altäre von Ignaz Günther. Der Hochaltar von 1760 zeigt vier Heilige in Polierweiß, höfisch elegant. Die Figuren der Nebenaltäre sind volkstümlicher und bunt gefaßt. Einige sind von Joseph Götsch nach Günthers Entwürfen entstanden; sie sind kaum weniger bemerkenswert. (Auch Kanzel und Beichtstühle sind von Götsch.) Viele dieser preziösen und doch volkstümlichen Heiligen in ihren herrlich gestalteten Gewändern sind begleitet von den originellsten Puttenfiguren des ganzen Zeitalters. Es sind kleine, ausdrucksstarke Persönchen und doch kindlich verspielt. Sie geben der fast streng anmutenden Architektur Johann Michael Fischers die Note des verspielten Rokoko, die ihr rein vom Bau her fehlen mochte. Der Entwurf Fischers hatte zwar ausdrücklich auch schon die »Einrichtung« mit eingezeichnet, aber ob die ausstattenden Künstler sich nach seinen Vorstellungen orientiert haben, ist an manchen Stellen fraglich. (GR)

Nun führt uns unsere Kirchenfahrt wieder weit in den Westen Bayerns, in die ziemlich flache Ebene des oberen Lechtales. Südlich von Landsberg steht die Wallfahrtskirche »Mariä Schmerzen« in **Vilgertshofen.** Von weit her grüßt der auf einer kleinen Bodenwelle stehende schöne Bau in die sanfte bäuerliche Landschaft. Chor und Seitenarme treten schwellend hervor, runden sich ausbuchtend, darüber kreuzförmig das Dach, im Südwesten überragt von dem schlank aufschießenden Turm mit seiner länglichen Zwiebel. Die kräftigen Pilaster, die die Wände gliedern, heben sich in rostroter Farbe stark vom Weißge-

Rott am Inn, Figur des hl. Ambrosius von Joseph Götsch nach Entwurf Ignaz Günthers

Vilgertshofen, Wallfahrtskirche Mariä Himmelfahrt von Johann Schmuzer, 1686–1692

kalkten ab. Interessante Fensterformen weisen darauf hin, daß hier wohl wieder ein Stukkatoren-Baumeister am Werk war.

Und tatsächlich gehörte Vilgertshofen mit seinen wenigen, aber stattlichen Bauernhöfen (im Gasthof gibt es sogar Fresken von Johann Bader, gen. Lechhansl) und seiner schon im 10. Jahrhundert bezeugten Kirche seit 1460 zu Wessobrunn. Ein altes Vesperbild kam gegen Ende des 17. Jahrhunderts zu großer Verehrung, es begann eine ungewöhnlich rasch zunehmende Wallfahrt. Daraufhin entschloß sich Abt Leonhard Weiß von Wessobrunn, eine Wallfahrtskirche zu bauen. Ein Wessobrunner Baumeister, Johann Schmuzer, sorgte auch für Plan und Bau. Und dieser Plan ist ehrgeizig. Die Form des Kreuzes war ideeller Ausgangspunkt; die halbrund geschlossenen Kreuzarme drängen im Plan zur Mitte, zur Zentralisierung, wie das in Italien die Architekten seit der Renaissance, angeregt von Bauten der Antike, immer wieder versucht haben. Im Plan sieht das Vorhaben denn auch fast wie eine klassische Anlage aus. Vermittelnde Eindrücke dürften auf den Chor der Münchener Peterskirche und auf den Salzburger Dom zurückgehen.

Im Inneren allerdings erweist es sich, daß man in Bayern noch am Anfang der Bestrebungen zum Zentralbau stand, daß der traditionelle, längsgerichtete Raumzug doch noch dominiert. Der von einem schönen Gitter abgeschlossene Eingangsarm mit Arkaden im Erdgeschoß und der ebenfalls doppelgeschossige Chorarm mit zweimal aufgestocktem hohem Hochaltar bewirken ein Übergewicht gegenüber den flacheren Querarmen, auch wenn von dort die größte Helligkeit hereinströmt. Die dekorativen Fenstergruppen zu Seiten der Nebenaltäre bewirken dies. Und hier in den Seitenkonchen sind auch die Emporen im Obergeschoß aufgegeben. Ähnlich wie in Westerndorf ist zudem der eigentliche Kreuzungs- und Zentralraum, dem man nach dem Grundriß das Hauptgewicht zumißt, dunkel und nur einfach überwölbt. Eine Kuppel haben sich die einheimischen Baumeister damals offenbar noch nicht zugetraut, sie dürften auch kaum praktische Erfahrungen in dieser Kunst gehabt haben.

1686 hat man mit dem Bau begonnen, 1692 wurde die Kirche geweiht. Der Südturm ließ noch bis 1732 auf sich warten, der Nordturm kam nie über die Höhe des Daches hinaus.

Wenn Johann Schmuzer mit seinem Vilgertshofener Kirchenplan auch nicht mehr so unbefangen umging wie Konstantin Pader in Westerndorf und in Maria Birnbaum, so hat er mit seinen sichtbaren Anregungen aus dem Italienischen doch auch Impulse für

Vilgertshofen, Blick in den Chor mit doppelstöckigem Gnadenaltar und Emporen

spätere Baumeister gegeben. Nicht zuletzt mag seine Chorlösung Ausgangspunkt für Dominikus Zimmermann gewesen sein, als er die Chorräume von Günzburg und für die Wies plante.

Schmuzer müßte kein Wessobrunner gewesen sein, wenn nicht der Stuckausstattung eine dominierende Rolle zugefallen wäre. Italienische Elemente bilden auch hier das Gerüst. Schön proportionierte klassische Pilaster, stark verkröpfte Gebälke mit Konsolen und Rosetten, Blattstäbe und deutlich von welschen Vorbildern geprägte Engel in hartem Stuckweiß leuchten von Wänden und Decken. In schmalen Wandfeldern dazwischen sind außer Emporen-Balkönchen hohe Nischen angebracht mit Muschelabschluß. Sie bilden den Standort für vollplastische Stuckfiguren. Diese Figuren nun wirken fast zu gewaltig in der doch nicht sehr großen Kirche – man hat es schließlich nicht mit einem Raum von den Dimensionen der Münchener Theatiner-Kirche oder des Passauer Domes zu tun. Auch die Engel sind stark plastisch und fast wild bewegt: welch ein Unterschied zu den einfachen, nach der Schablone gegossenen Engeln in Westerndorf. Und dann erst die Akanthusranken! Riesige Zweige überziehen die Schildbögen und Zwickel, man meint fast das Rauschen der Blätter zu hören. Wessobrunner Stuck in vollstem Saft ist hier zu bewundern.

Dießen, Fassade der ehem. Stiftskirche von Johann Michael Fischer

Die Altäre sind später und schon zierlicher, besonders schön der prächtige Stephanusaltar von 1751. Das Hauptfresko im Chor von Johann Baptist Zimmermann (1725/30) ist mit Bezug auf das Gnadenbild gemalt. Im rechten Seitenarm steht jene Tragefigurengruppe, die jährlich am Sonntag nach Maria Himmelfahrt in der »Stummen Prozession« durch die Flur getragen wird, Zeichen einer noch heute lebendigen Verbundenheit der Bevölkerung, die schon 1803 die Kirche vor dem Abriß bewahrte.

Über dem Ufer des Ammersees liegt die ehemalige Augustiner-Chorherren-Stiftskirche von **Dießen.** Der hübsche kleine Ort, der auch gerne wegen seines Töpfermarktes und seiner Zinngießereien besucht wird, zieht sich den Hügel vom See her bis hier herauf, wo das mächtige Kirchenschiff hinübergrüßt zum heiligen Berg Andechs am anderen Ufer. Dießen war im Mittelalter Herrschaftszentrum der Grafen von Andechs; 1132 entstand hier das erste Kloster. Im 18. Jahrhundert sollte der dritte Kirchenbau seit der Gründung entstehen. 1722 begann man den Bau nach dem Plan eines heute nicht bekannten Baumeisters. Inzwischen kam aber 1728 ein neuer Propst zu Amt und Würden, der offenbar großen Kunstverstand besaß und dem das Angefangene nicht genügte. Er sah sich nach einem neuen Architekten um. Der Propst, Herkulan Karg, fand ihn in seinem Generationsgenossen Johann Michael Fischer in München. Fischer war seit 1718/19 dort ansässig, seit 1723 Meister. Er wurde mit Vorliebe von den Prälaten des Landes beschäftigt und zu einem der gesuchtesten Kirchenbaumeister. Fischer erklärte sich dazu bereit, weiterzubauen: bei bereits begonnenen, vertrackten und scheinbar verpfuschten Bausituationen bewährte sich sein Einfallsreichtum oft erst in vollem Umfang. Der kunstbeflissene Augustinerpropst reiste weiter, um andere

Kirchenbauten zu besichtigen. Auch nach dem Neubeginn Fischers im Frühling 1732 fuhr er noch hierhin und dorthin, um Künstler und Anregungen für die Ausstattung zu gewinnen. 1736 waren die Stuckarbeiten abgeschlossen, 1739 fand die Weihe statt. Die Kirchenfassade präsentiert sich eingebettet in die Reste der ehemaligen Klosteranlage. Der Turm wurde im vorigen Jahrhundert durch Blitzschlag in den oberen Geschossen zerstört und bekam 1846/48 eine neue – unpassende – Bekrönung. Diese soll nun abgetragen und durch eine Rekonstruktion der originalen Fischerschen Bekrönung ersetzt werden. Die Giebel-Kirchenfassade selbst ist durch subtile Schwingungen lebendig geworden und wirkt durch die geschickt mit hohen Sockeln und Gebälkstücken versehenen Pilaster zierlicher, als sie ihren Maßen nach eigentlich ist.

Dieses Meisterstück stimmt uns schon richtig ein auf die Wirkung, die das Innere ausstrahlt. Fischer hatte ja die Fundamente übernommen und damit die Form einer traditionellen Wandpfeilerkirche mit hier allerdings – durch die kurzen Pfeiler bedingt – nur seichten Seitenkapellen. Der Chor ist durch drei Stufenfolgen erhöht, ein Querschiff gibt es nicht. Und doch, wie versteht es Fischer, diesen an sich höchst konventionellen Langhaustyp interessant zu machen. Die ersten drei Joche werden zumindest in der Deckenfläche zusammengefaßt, das vierte Joch wird, für sich abgetrennt, zu einem Querschiffersatz mit der ersten Bodenerhöhung. Dann folgt ein am Kreis orientiertes, etwas eingezogenes Kuppeljoch, das bereits wie ein erhöhender Baldachin für den Hochaltar wirkt, obwohl dieser eigentlich in dem halbrunden Konchenraum dahinter steht. Durch die abgeschrägten Ecken der Kuppeleckpfeiler und die raffinierte Einbindung durch die genau in ihrer Bewegung darauf ausgerichteten Plastiken des Altares zieht das Auge beide Chorräume zusammen.

Dazu kommt noch Leben und Bewegung in der Gewölbezone, wo das gestelzt angesetzte Gewölbe von den seitlichen Tonnen sphärisch angeschnitten wird. Damit gerät die schwere Steinkonstruktion ins Schwingen und gewinnt optisch große Leichtigkeit. Kurzum, Dießen hat einen der lebendigsten und festlichsten Kirchenräume.

Propst Herkulan sorgte auch bei der Ausstattung für das Beste: Die Deckenfresken stammen vom Augsburger Akademiedirektor Johann Georg Bergmüller, die Stukkaturen von

Dießen, Inneres der Stiftskirche

Franz Xaver und Johann Michael Feichtmayr sowie von Johann Georg Üblhör, einige Altarfiguren und besonders die Kanzel von Johann Baptist Straub aus München.

Der dortigen Hofkunst ist der Hochaltar zu verdanken, der eine so raumbestimmende Kraft ausstrahlt. Nach dreimaligem Stufenanlauf steht er da, das Mittelbild mit Mariä Himmelfahrt flankiert von den großartigen Kir-

63

Schäftlarn, Isartal mit Kloster

chenväterfiguren. Der Entwurf geht auf François Cuvilliés d. Ä. zurück, die Figuren sind von Joachim Dietrich. Das Altarblatt kann im Lauf des Kirchenjahres – beispielsweise zu Weihnachten durch eine Krippe – ersetzt werden. Dann ist der Altar noch mehr Bühne als sonst, auf die der ganze Raum zuläuft. Zwei der Seitenaltarblätter sind übrigens von niemand Geringerem als von den Venezianern Pittoni und Tiepolo. (GR)

In schönster Lage im Isartal begegnen wir dem Kloster **Schäftlarn:** weit genug entfernt vom Fluß, um nicht ständiger Überschwemmungsgefahr ausgesetzt gewesen zu sein, und hart unter dem Hochufer des Urstromtales gelegen und in dessen Schutz. Im Mittelalter muß das Stift weltabgeschieden gewesen sein und zur Einkehr eingeladen haben. Aber selbst heute noch liegt es für sich inmitten der Wälder der Isarhänge und bildet dort ein klösterliches »Inselreich«. Schon 762 wurde hier ein erstes Benediktiner-Stift gegründet, das sich aber über die Ungarnstürme hinweg nicht halten konnte. 1140 mußte es neu gegründet werden und wurde von Otto von Freising diesmal den Prämonstratensern übergeben. Nach der Säkularisation tritt eine Zwangspause im Klosterleben ein, bis das Stift vom bayerischen Königshaus den Benediktinern zurückgegeben wird.

Anfang des 18. Jahrhunderts erwacht auch hier die Baulust. Man errichtet zunächst von 1702 bis 1707 ein neues Klostergebäude, das in einem großen Rechteck die Kirche einschließt. Diese tritt nur mit der Fassade innerhalb dieses Komplexes nach außen in Erscheinung. Die Kirche selbst wird 1733 begonnen, nachdem schon 1712 der eingestürzte Turm wieder aufgebaut worden war. Man begann mit Chor und Mönchschor, für die der Münchener Hofbaumeister François Cuvilliés d. Ä. den Entwurf geliefert hat. Dann stockte der Bau. Erst nach Beendigung des Österreichischen Erbfolgekrieges und einer finanziellen Erholung konnte man 1751 weiterbauen. Baumeister war nun Johann Baptist Gunetzrhainer, die Bauausführung hatte Johann Michael Fischer. Man sieht, wir sind hier schon im unmittelbaren Ausstrahlungsbereich der kurfürstlichen Haupt- und Residenzstadt, die alle Künstler stellt, auch die ausstattenden. Gunetzrhainer war Oberhofbaumeister und mit Fischer verschwägert. Wie weit dessen Einfluß beim Bau über das rein Ausführende hinausgeht, ist schwer auszumachen. In Weiterführung des Cuvilliés'schen Chores hat man wohl dem Oberhofbaumeister den Vorzug gegeben, kraft seines Amtes.

Wenn man nach der flächigen Fassade urteilt und beim Eintreten in den Innenraum eine ebenso glatte Kirche erwartet, ist man in jedem Fall überrascht. Zunächst einmal von der großen Helligkeit, mit der einen dieser Raum empfängt, obwohl man keine einzige Lichtquelle direkt sieht. Auch von einem Planwechsel und dem langen Zeitraum, über den hinweg gebaut wurde, ist nichts zu spüren. Eine gewisse Kühle herrscht allerdings, die manchmal als höfisch-klassizistisch eingestuft wurde. Das liegt sicher an dem deutlich und von Einrichtung unverstellten Hervortreten der architektonischen Gliederungen und größerer Wandflächen. Die glatten weißen Pilaster der mächtigen Wölbungspfeiler werden nicht von Altären, die glatten Gebälkstreifen nicht von Stuckkartuschen und Rocaillen verdeckt, die Gewölbe lassen viel freie Flächen übrig, und die Altäre in den Seitenkapellen sind zurückhaltend mit ihren polierweißen Stuckfiguren in den blaßmarmorierten Nischen. Alles ist aber im Detail so fein durchgearbeitet und so in das fließende Licht eingebettet, daß sich ein ganz eigener Reiz einstellt.

Erst beim Durchschreiten des zunächst wie eine einfache Wandpfeilerkirche anmutenden Raumes nimmt man die verschiedenartige Gestaltung der einzelnen Raumkompartimente wahr. Im Langhaus wird ein kuppeliger Zentralteil von schmaleren, tonnengewölbten Raumstreifen nach Westen und Osten hin eingefaßt. Danach folgt wieder ein Kuppelraum mit dem Mönchschor, an den sich der eigentliche Chor mit dem Hochaltar anschließt. Dieser ist fast dreiviertelkreisförmig in den Mauerkern eingebettet. Optisch wird diese Raumfolge aber wieder verschliffen und zusammengezogen durch möglichste Angleichung der Pfeilergestaltung, die, im Langhaus etwas flacher, zum Chor hin weiter vorgezogen, den Blick dorthin

Schäftlarn, Inneres der Kirche

führt und lenkt. Auch die langsam niedriger werdenden Gewölbescheitel führen zum Chor hin.

Interessant sind die Fensterlösungen, die für das breit einströmende Licht sorgen und die man ebenfalls erst beim Durchschreiten entdeckt. Cuvilliés hatte im Chor große Rundfenster eingesetzt, die fast bis zur Wölbzone hinaufstoßen. Gunetzrhainer nun nahm dieses Motiv später wieder auf und wiederholte es in den »Querarmen« des Langhauskuppelraumes. Wie eine aufgehende Sonne stehen diese Rundfenster über Altären, Emporen und Portalen der jeweiligen Wandzonen. Jedes dieser Wandfelder wird so für sich eine schöne geschlossene Komposition.

Auch für die Ausstattung sorgten Münchener Hofkünstler. Stuck und Freskomalerei lagen in den Händen Johann Baptist Zimmermanns, Altäre, Kanzel und Orgelprospekt schufen Johann Baptist Straub und seine Werkstatt. Die Kuppelräume werden durch große, die Fläche füllende Fresken bekrönt, die Tonnen haben kleinere Freskofelder mit Stuck, der zum Rand hin in reine Rahmen ausgreift, die weiße Fläche fassen. Die Fresken zeigen einen frischen Ton mit sandsteinfarbigem Rot, mit Grün und Blau als Akzenten, die Stukkaturen sind zart getönt. Die heute gelben Partien dürften ursprünglich vergoldet gewesen sein, korrespondierend zum Gold in den Altären Straubs. Diese fügen sich in idealer Weise dem Raum ein und sind doch eigenwertig für sich zu sehen und nicht unbedingt »anlehnungsbedürftig«. Die Ausstattung ist Mitte der fünfziger Jahre entstanden. Gerade bei der Leistung Zimmermanns zeigt sich, wie anpassungsfähig dieser war. Etwa gleichzeitig arbeitete er in der Wies und in Nymphenburg: Dort überquellendes Rokoko, hier noble Zurückhaltung. (GR)

Wenn wir an den Anfang der **Münchener** Barockkirchen ausgerechnet einen der kleinsten Bauten stellen, so hat das mehrere Gründe. Zum einen ist seit den Wiederherstellungsarbeiten an der ST.-JOHANN-NEPOMUK-KIRCHE in der Sendlinger Straße eine langanhaltende und die Gemüter bewegende Diskussion um die »richtige« Rekonstruktion der Chorwand entbrannt, die zeigt, auf wie breites Interesse selbst heute noch eine kleine Kirche stoßen kann. Zum anderen, weil die Asamkirche künstlerisch zum Allerbesten gehört, was Bayern zu bieten hat. Und obwohl sie eigentlich mehr eine Kapelle als eine Kirche ist, auf alle Fälle sehr privaten Charakters, überragt sie in ihrer Qualität noch die offizielleren Gründungen und Stiftungen. Egid Quirin Asam, der jüngere Bruder des Cosmas Damian, der sich seit dem Studienaufenthalt der beiden in Rom ab 1711 auf Stuck- und plastische Arbeiten spezialisiert hatte, gibt mit dieser Kirche ein typisches Beispiel barocker Frömmigkeitshaltung. Die meisten Kirchenstiftungen der Stadt im Barock, sofern sie nicht Ordenskirchen waren, gehen auf Gelübde, Laien-Bruderschaften oder Zuwendungen zu verehrten Gnadenbildern zurück. Sie schlingen sich wie ein Blütenkranz um die altehrwürdigen Pfarrkirchen. Und die St.-Johann-Nepomuk-Kirche stellt eine ganz besonders köstliche Blüte dar, hat der Künstler sie doch aus ganz eigener Initiative geschaffen.

Cosmas Damian hatte schon 1730 bei seinem Wohnhaus draußen in Thalkirchen eine Kapelle, um »der jungen pursch an Sonn- und Feurtagen den mueßigang in etwas zuverhuetten« errichtet. Egid Quirin war ledig und kaufte 1729 in der Sendlinger Straße drei Häuser. 1737 erbat er beim Bischof in Freising und der kurfürstlichen Regierung die Baugenehmigung für eine Kirche. Nachdem er diese im Jahr darauf erhielt, kaufte er noch ein viertes Grundstück dazu, und beide

Brüder begannen den Bau zu Ehren des im Jahr des ersten Grunderwerbs heiliggesprochenen Johann Nepomuk. 1739 kommt eine Bruderschaft zur Verehrung der Dreifaltigkeit, der ein Bündnis zu Ehren des Namenspatrons der Kirche angeschlossen ist, dazu.

Wenn die Asamkirche auch eine Privatkirche ist, so finden die Künstler doch hohe Unterstützung. Der Kurfürst selbst schenkt Baumaterial, Kurprinz Max Joseph legt den Grundstein, der Freisinger Fürstbischof verschafft Reliquienpartikel des Patrons aus Prag, die Kurfürstin Maria Amalia schenkt der Kirche noch zusätzlich Reliquien des hl. Viktor, ein Geschenk von Papst Benedikt XIV. an Karl Albrecht bei seiner Kaiserkrönung in Frankfurt. 1739 stirbt Cosmas Damian, aber Egid Quirin bringt den Bau auch allein zu Ende. Am 1. Mai 1746 ist die Weihe. So kam eine Kirche zustande, die eigentlich eine Kapelle sein sollte, aber doch mehr wurde, und selbst in einer Zeit großer Frömmigkeitsbezeugungen von Privatpersonen etwas Einzigartiges darstellt. Immerhin waren die Asams »nur« Künstler, selbst die Adeligen hatten keine »Hauskirchen« solcher Art. 1750 starb Egid Quirin in Mannheim und hinterließ sein Erbe testamentarisch seiner Kirche.

Die Asamkirche in der Sendlinger Straße ist eine echte Stadtkirche. Nur die Fassade ist im Stadtbild von Gewicht, eingerahmt vom »Asamhaus«, dem Wohnhaus des Künstlers, links, und dem ehemaligen Priesterhaus rechts innerhalb einer langen Häuserzeile. Die Lage bedingte es auch, daß die Kirche nicht gewestet ist, der Chor weist nach Norden.

Das Grundstück, auf dem die Kirche steht, ist nur neun Meter breit, die

München, St. Johann Nepomuk, Fassade der Kirche in der Sendlinger Straße von Egid Quirin Asam

Höhe des Baues mußte im Verhältnis dazu beträchtlich sein, wollte er die umliegenden Häuser auch nur um ein geringes überragen. Egid Quirin macht aus den Gegebenheiten das Beste und vollbringt ein malerisch-bewegtes Kunststück. Vielleicht konnte er gerade wegen der Gefaßtheit der Fassade in die umgebenden Häuserblöcke freier verfahren, als wenn die Kirche für sich gestanden hätte. Hohe, kräftige, leicht nach innen gedrehte Pilaster bilden den äußeren Rahmen, darüber ein kräftig profilierter, gebogener und nach oben gewölbter Giebel, der von einem kleinen Glockentürmchen überragt wird. Die Mitte der Front wird ganz leicht nach vorne gewölbt, gerade so viel, daß ein sanft schwingender Eindruck entsteht. Die über Portal und Fenster vorgewölbten Rundgiebel unterstreichen diese Bewegung noch. Im übrigen ist die Mitte, so weit es möglich war, aufgebrochen: über dem säulenflankierten Portal ein riesiges Fenster mit diesmal in die äußere Rahmung eingestellten Säulen. Noch einmal darüber, im Giebel, ein großes Rundfenster. Dazu üppiger plastischer Schmuck, der so überzeugend und organisch mit der Fassade verschmolzen ist wie selten sonst. Nichts wirkt hingestellt oder aufgesetzt. Die ganze Fassade wächst aus einem schräg von unten aufgetürmten »natürlichen« Felsfundament. Über dem Portal kniet, schon von außen deutlich das Patrozinium verkündend, der hl. Johann Nepomuk. Umgeben von Engeln bildet er vor der Folie des Mittelfensters eine Dreiecksgruppe und setzt damit die Diagonale des Felsfundamentes fort, optisch den Höhendrang der schmalen Fassade mildernd. Über dem Fenster setzen die Figuren von Glaube und Hoffnung und das große vergoldete, brennende und geflügelte Herz der Liebe noch einmal einen Akzent.

Im Inneren erwartet uns ein typisch Asamscher Kirchenraum, trotz des langen schmalen Rechtecks, das nur zur Verfügung stand. Auch die Beleuchtung stellte Probleme – deshalb die großen Fenster der Fassade, denn seitlich konnte man nur ganz oben, über den Häuserdächern, etwas Licht gewinnen.

Fast zur selben Zeit wie die ersten Pläne für die Asamkirche ist die Würzburger Hofkirche (siehe S. 142) entstanden – auf ähnlich langem schmalem Grund. Balthasar Neumann dort wie Asam hier versuchen, dem Rechteck Bewegung durch Wandeinzüge und vorgezogene Gliederungen

München, St. Johann Nepomuk, Gnadenstuhl über dem Emporenaltar

zu geben. Beide sind auch zweigeschossig. Bei einem Vergleich wird man feststellen, um wieviel architektonischer die Würzburger Kirche einerseits und wieviel malerischer die Asamkirche andererseits gestaltet ist. Hier ist ein querovales Eingangsvestibül vom Raum abgetrennt, dahinter sind die Wandgliederungen nur flach, die Empore wird aus der Wand her-

68

München, St. Johann Nepomuk, Figur des hl. Johannes d. Ev. in der rechten Seitennische neben dem Emporenaltar

ausgemuldet – wahrscheinlich wollte Asam den Raum durch Säulen und stärkere Einzüge nicht noch schmaler wirken lassen. Zum Chor hin werden die Wände etwas eingerundet, um dann im Altarraum wieder ein Queroval zu bilden.

Das Erdgeschoß wirkt eigentlich mehr wie ein Sockel – es ist ja auch das dunkelste für das bewegtere und strahlendere Emporengeschoß. Hier sind dem St.-Johann-Nepomuk-Altar gedrehte Säulen vorgesetzt, ein prächtiges Würdemotiv; hier bekrönt die auf die Dreifaltigkeitsbruderschaft bezogene Gnadenstuhlgruppe oben die Komposition. In den Ecknischen neben dem Altar stehen die beiden schönen weißen Stuckfiguren von Johannes dem Täufer und Johannes dem Evangelisten, malerisch hinterfaßt mit roten Stuckdraperien. Hier nun auch befinden sich auf der rechten Seite Fenster, weil das Priesterhaus nicht so tief ist, und nicht zuletzt sind hier seitlich zu den Emporen die Zugänge vom Asam- und vom Priesterhaus her: Egid Quirin konnte direkt von seinen Wohnräumen aus die Kirche betreten, wie ein Fürst seine Kapelle zu privater Andacht.

Das den Raum überspannende Fresko, das Cosmas Damian Asam noch vor seinem Tod malte, ist 1944/45 stark in Mitleidenschaft gezogen worden und heute in seiner originalen Aussage nicht mehr voll einschätzbar. Die plastische Ausstattung kulminiert in der Gruppe der von versilberten Engeln umrauschten Dreifaltigkeitsgruppe. Zahllose Putten, Engel, Schmuckvasen, Girlanden, die schönen Johannesfiguren und nicht zuletzt die köstlich malerisch-farbige Stuckmarmorausstattung, die alle Wände überzieht, erstrahlen heute wieder in frischem Glanz.

Trotzdem sollte man zum Besuch der Asamkirche einen sonnigen Tag wählen, wenn durch die Fassadenfenster genügend Licht fällt, sonst wirkt der Raum leicht düster, zumal dem normalen Besucher von der Straße her nur das Sockelgeschoß zugänglich ist. Einen ganz anderen Eindruck macht der Raum von der Empore aus, wie ihn Asam selbst gesehen hat – wie auch immer er die Lösung des Chorabschlusses geplant hatte, durchfenstert oder nicht. Hier wird der privaten Andacht das Schönste an Kunstraum entgegengesetzt, barocke Pracht, Glanz, aber auch fast mystische Versenkung und Frömmigkeit gehen eine malerische Einheit ein. (GR)

Die Haupt- und Residenzstadt beherbergt in ihren Mauern eine ganze Anzahl von Barockkirchen, zumeist allerdings auffallend intimeren Charakters als die großen alten Stadtkirchen. Einige von ihnen haben zudem durch den Krieg sehr gelitten, so daß sie im Stadtbild weniger dominieren, als man das vom Zentrum des barocken

Bayernlandes erwarten würde. Die DREIFALTIGKEITSKIRCHE in der heutigen Pacellistraße gehört unter diesen verhältnismäßig kleinen Sakralbauten zu den kostbarsten und köstlichsten. Ihre Entstehungsgeschichte ist eng verbunden mit einer im Volksandenken zutiefst verwurzelten Zeit: dem Spanischen Erbfolgekrieg, der Besetzung Münchens durch die kaiserlichen Truppen und dem Versuch der Befreiung, der in der »Sendlinger Mordweihnacht« (1705) gipfelte.

Die Mystikerin und Ordenstertiarin Anna Maria Lindmayr hatte 1704 Visionen, nach denen sie die bayerischen Landstände und die Münchener Bürgerschaft beschwor, zur Errettung aus Kriegsgefahr eine Votivkirche zu Ehren der Hl. Dreifaltigkeit zu errichten. »Ich bin ermahnt worden, inzwischen ein Gelübde zu machen, nach Kräften beizutragen, daß eine Kirche zu Ehren der Allerheiligsten Dreifaltigkeit erbaut werde... Ich wurde gleichsam vergewissert und versichert, wenn von der Stadt dieses Gelübde gemacht werde, solle sie verschont bleiben...« Und wirklich – das Kriegsglück des Kurfürsten hatte sich allerdings schon gewendet – brachten die drei Stände, Adel, Geistlichkeit und Bürger, am 17. Juli 1704 ihr Gelübde dar. Die Besetzung der Stadt durch die Kaiserlichen konnte nun zwar nicht mehr verhindert werden, aber schlimmere Verwüstungen blieben doch aus, und das Gelübde wurde eingelöst.

Zunächst gab es Schwierigkeiten, auf welchem Grund die neue Kirche errichtet werden sollte. Bei den Salesianerinnen, bei den Augustinern, in der Sendlinger Straße, schließlich sogar anstelle der Hl.-Geist-Kirche wollte man bauen. Letztendlich kam der Bau dahin, wo die Lindmayrin selbst schon ein Haus für ihr angestrebtes Karmelitinnenkloster erworben hatte. 1711 konnte der Hofarchitekt Giovanni Antonio Viscardi nach immer wieder erneuerten Situationsplänen endlich am 21. Oktober mit dem Bau begin-

nen. Sein Baumeister wurde der Stadtmaurermeister Johann Georg Ettenhofer, der den Bau nach Viscardis Tod 1713 unter Enrico Zuccalli weiterführt. 1714 haben die Stuck- und Freskoarbeiten im Inneren begonnen, am 29. Mai 1718 war die Weihe durch den Freisinger Fürstbischof.

Auch die Dreifaltigkeitskirche ist eine echte Stadtkirche, eingefügt in eine Häuserzeile, das heißt, was im Außenbau allein zählt (wie auch bei der Asamkirche in ähnlicher Situation), ist die Fassade. Und hier ist Viscardi ein großer Wurf gelungen, noch dazu auf so beengtem Raum: ursprünglich wirkte dieser eher noch enger, da gleich hinter der Rochusgasse der Kühbogen als Verbindung zwischen Maxburg und gegenüberliegendem Ballhaus die heutige Pacellistraße fast abriegelte. Der Architekt mag sich an römische Barockkirchen erinnert haben, die oft mit ähnlichen Bausituationen fertig werden mußten. Vor allem Pietro da Cortona mit seinen dynamischen Lösungen (S. Luca e Martina am Forum in Rom) dürfte ihm Vorbild gewesen sein. So führt er zum erstenmal nicht eine flächige Schaufront als Fassade auf, sondern läßt den Bau sich über die Häuserflucht vorwölben, als ob die dahinterliegende Kirche einem Raumdruck gehorchend die Straßenseite aufbrechen wollte. Obwohl in ihrer Gliederung der späteren, aber wohl wegen ihrer Größe wieder flächigen Fassade der Klosterkirche Fürstenfeld ähnlich, bekommt sie durch das trapezförmige Vorziehen der drei Mittelachsen eine ganz neue Kraft. Durch das Vor- und Zurücktreten der Gliederungen, dadurch sich ergebende optische Überschneidungen und Lichtbrechungen, entsteht die für den Barock so typische Dynamik, die auch den umliegenden Raum erfaßt.

Das Innere basiert auf einem Zentralraumgrundriß. Trotz der relativ geringen Dimensionen hat man einen Kuppelraum – architektonisch immer an-

spruchsvoll – gewählt. Auf vier Seiten sind flache Kreuzarme angefügt, die in der Hauptachse durch den vorgewölbten Eingangsbereich und den verlängerten Chor eine Betonung erfahren. Die Ecken zur Rotunde sind abgeschrägt, die geraden Außenwände behalten aber eindeutig ihre vorzüglich raumbildende Kraft. Als Wandgliederungen treten wie am Außenbau Säulen hervor, durch Basis und Gebälk dem aufgehenden Mauerwerk verbunden, im übrigen aber bis auf die im Chor vollplastisch gestaltet. Die hinterfangenden Wandausschnitte und die Kannelluren bilden Licht- und Schattenzonen. Auch die sonstigen Profile der Wandfelder, Gesimse, Gebälk und Gurtbögen rufen eine häufige Brechung des nur von oben einfallenden Lichtes hervor und bewirken auch hier eine echt barocke Dynamik. Sie entsteht bei diesem Bau aus dem beginnenden 18. Jahrhundert also nicht so sehr durch Raumverschleifungen, denn der Grundriß ist auch im Inneren klar ablesbar. Das Licht übernimmt hier diese Rolle und die sich ihm klug disponiert entgegenstellenden Gliederungen.

Verstärkt wird dieser Eindruck noch durch die aus der Erbauungszeit stammende Innenausstattung. Dabei spielt die bewegliche Ausstattung hier eine eher untergeordnete Rolle. Der Eindruck barocken Reichtums wird vor allem der Stuckierung und den Fresken verdankt. Johann Georg Bader war der Stukkateur; er mußte sich mit seiner Zier den ihm zugewiesenen Feldern anpassen: ziemlich flache Akanthusranken, Fruchtgirlanden und Laubbänder überziehen Gurte, Gebälk und ausgesparte Wandfelder. Der warm getönte Grund und das Spiel des Lichtes auf dem wie leicht gekräuselt wirkenden Stucküberzug geben eine lebendige Stimmung.

Die Fresken stammen von Cosmas Damian Asam. Dieser war gerade erst aus Rom zurückgekehrt, wohin ihn nach seines Vaters Tod der Abt von

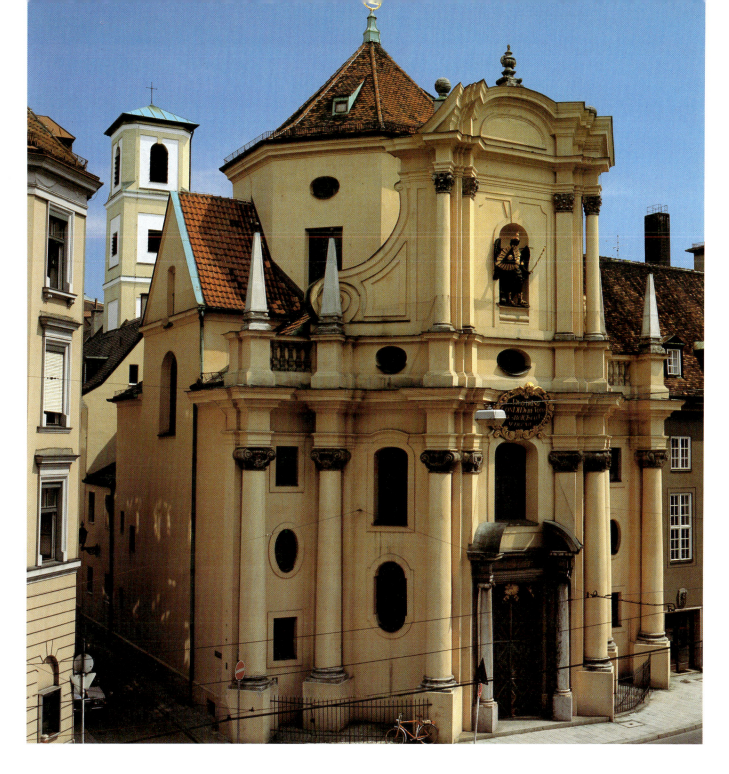

Tegernsee 1711 geschickt hatte und wo er im Mai 1713 einen Preis von der Akademie erhielt. Zurückgekehrt malte er ein Fresko in der Benediktinerkirche von Ensdorf in der Oberpfalz. Gleich danach bekam er den ehrenvollen Auftrag in der Dreifaltigkeitskirche. Sein Großvater mütterlicherseits war der Hofmaler Nikolaus Prugger gewesen, Viscardi kannte Cosmas wohl von Freystadt her – das und die Ausbildung in Rom mögen bei der Vergabe des Auftrags eine Rolle gespielt haben. Jedenfalls ein schöner Start für einen jungen und doch noch recht unerfahrenen Künstler. Allerdings bekam er für die mehr als dreißig Freskofelder und die Kuppel nur

München, Dreifaltigkeitskirche, Fassade zur Pacellistraße von Giovanni Antonio Viscardi

600 Gulden. – Das Programm für die Bilder steht ganz im Zeichen der Dreifaltigkeit. Die Glorie der Trinität ist in die oberste Kuppelzone entrückt, dar-

unter ein quirlender Heiligenhimmel der irdischen Sphäre angenähert. Die vier Evangelisten in den Kuppelzwickeln erinnern an michelangeleske Gestalten. Über dem Chor ist der Besuch der drei Engel bei Abraham dargestellt, am Gurtbogen davor eine der schönsten barocken Allegorien: zwei Engel tragen auf einer Muschelschale drei miteinander verschmolzene brennende Herzen als Sinnbild für das Patrozinium der Kirche.

Diesem ist auch das Hochaltarbild vom Hofmaler Johann Andreas Wolff gewidmet, das zu stiften sich der aus dem Exil zurückgekehrte Kurfürst Max Emanuel nicht nehmen ließ. Er schloß sich damit nach dem Frieden von 1713/14 dem Ex voto der bayerischen Stände an.

Auch der Zentralgrundriß war bei Dreifaltigkeitskirchen üblich und beliebt. Viscardi selbst hatte schon zuvor in Freystadt in der Oberpfalz eine Kirche dieses Typs gebaut. Bei seiner ersten Tätigkeit in Bayern an der nicht ausgeführten neuen Wallfahrtskirche in Altötting war er mit diesen Ideen in Berührung gekommen. Enrico Zuccalli hatte dort Anregungen Gianlorenzo Berninis übernommen und diese vielleicht Viscardi vermittelt. Hier fanden sie jedenfalls ihre gelungenste Ausführung, wiederum als Erfüllung eines typisch barocken Gelübdes. (GR)

München, Dreifaltigkeitskirche, Inneres mit Blick zum Chor

Unter allen Barockkirchen Münchens ist die THEATINER-KIRCHE ST. KAJETAN sicher die das Stadtbild am stärksten prägende. Sie war die einzige unter ihnen, die schon von ihren Dimensionen her einen hohen Anspruch erhob und darüber hinaus durch ihre hohe Tambourkuppel und die bizarren Voluntentürme, die an S. Maria della Salute in Venedig erinnern, die Häuser weit überragte. Noch heute strahlt ihr Äußeres eine dominierende Kraft aus und macht jedem Münchner und jedem Besucher deutlich, daß Italien nicht mehr weit ist – besonders wenn sich ein seidigblauer Himmel über Hofgarten und Odeonsplatz spannt.

Auch die Theatiner-Kirche verdankt ihre Entstehung einem Gelübde. Die aus Turin stammende Henriette Adelaide, Gemahlin Kurfürst Ferdinand Marias, wartete noch immer auf den Thronerben – neun Jahre nach der Prokura-Hochzeit, sieben Jahre nach ihrer Ankunft in München. Sie gelobte 1659 eine Kirche zu dessen Geburt. Im Juni 1662 schließlich wurde der Erbprinz Max Emanuel geboren, schon im Oktober lagen erste Entwürfe für die neue Hofkirche vor. Henriette Adelaide, Enkelin König Heinrich IV. von Frankreich, war ehrgeizig. Sie wollte den Bayern zeigen, wie eine auf der Höhe der Zeit stehende Kirche nach italienischen Vorstellungen auszusehen hätte. So berief sie auch nur italienische Architekten. In

Bayern war gegen Ende des Dreißigjährigen Krieges allerdings auch jede Bautätigkeit zum Erliegen gekommen, und es fehlte tatsächlich noch überall an geeigneten Leuten, die ihr Handwerk verstanden. So mußte man auch anderenorts auf Graubündner, Vorarlberger und Oberitaliener zurückgreifen.

Entwerfender Architekt war zunächst Agostino Barelli. Er hatte schon von Bologna her Beziehungen zum Theatinerorden, dem die Kirchenstiftung übergeben worden war. »Die Kirche muß ihres Ordens würdig sein, welcher der erste der Welt ist, und schließlich muß man auch bedenken wer sie baut«, forderte die Kurfürstin. Immerhin war die Mutterkirche der Theatiner in Rom – S. Andrea della Valle – die zweitgrößte Kuppelkirche nach St. Peter. Etwas von dem Glanz des barocken kuppelbeherrschten Rom wollte die Kurfürstin auch nach München verbringen. Um die Schaufront der Residenz zuwenden zu können, wurde St. Kajetan gewestet.

Don Antonio Spinelli, ein Ordensangehöriger und der Beichtvater Henriette Adelaides, wies Barelli bald Baufehler nach und erhielt 1665 die gesamte Bauleitung. Später folgten Enrico Zuccalli, der die Kuppel und 1690 die Türme vollenden konnte, und Giovanni Antonio Viscardi. Die Fassade jedoch blieb, obwohl Entwürfe Barellis und Zuccallis vorlagen, unvollendet. Sie wurde erst unter Kurfürst Max III. Joseph von François Cuvilliés d. Ä. 1765–1768 hinzugefügt. Die interessant gestaltete Mittelachse – eingetieft, mit vollplastischen Säulen und grandioser Bekrönung durch eine Wappenkartusche – fügt sich zu den beherrschenden Türmen und der Kuppel Zuccallis kongenial.

So begeisternd mit südlicher Wärme die Theatiner-Kirche im Äußeren erscheint, so kühl wirkt sie im Inneren. Das hohe Mittelschiff mit den begleitenden Oratorien, die Kreuzarme, der Chor und die in der Vierung alles

überhöhende Kuppel erstrahlen in reinstem Stuckweiß. Da die Seitenaltäre in den Oratorien dem Eintretenden unsichtbar bleiben, bietet nur das weit zurückliegende Hochaltarblatt Farbe. Die Stuckierung, die in krausen, stark plastischen, hinterschnittenen Blüten- und Rankenformen fast alle freien Flächen überzieht, ist 1672 von Carlo Brentano Moretti begonnen worden. Dazu kamen große vollplastische Stuckfiguren, die 1674/75 schon ein Einheimischer lieferte, Wolfgang Leutner; 1685–1688 wird

München, Theatiner-Kirche St. Kajetan, Fassade zum Odeonsplatz von François Cuvilliés d. Ä., Türme von Enrico Zuccalli

die Stuckierung in den Kapellen durch Giovanni Nicolo Perti fortgeführt. Straff den Raum gliedernd stehen dazwischen die korinthischen Halbsäulen der Wandgliederungen. Neben dem Hochaltarblatt wird die Form noch einmal gesteigert durch gedrehte, mit Girlanden umwundene Säulen, die einen deutlichen Anklang an die Baldachinsäulen Gianlorenzo Berninis in St. Peter in Rom haben. Nur – Berninis Säulen sind aus Bronze, hinter der Cattedra Petri erstrahlt durch goldfarbenes Glas das Licht. Das alles fehlt hier, der kühle, fast frostige Eindruck überwiegt. Dabei besitzt St. Kajetan berühmte Altarbilder. Das Hochaltarblatt des Venezianers Antonio Zanchi mit Henriette Adelaide und Ferdinand Maria als Stifterfiguren ist im Krieg verbrannt und heute durch eines des Flamen Caspar de Crayer ersetzt. Andere Gemälde stammen von Joachim von Sandrart, Carlo Cignani, Francesco Vanni, Karl Loth.

Die Theatiner-Hofkirche, deren vorläufiger Einweihung 1675 Henriette Adelaide als »leibeigene Dienerin Mariä« in weißem Habit und eisernem Kettchen mit Totenkopf beiwohnte, die Kurfürst Max Emanuel an allen hohen Festtagen aufsuchte, blieb als Kirchenraum doch ein Fremdkörper unter den bayerischen Barockkirchen. Die Stukkateure gaben ihren Zunftbrüdern, etwa aus Wessobrunn, sicher viele Anregungen; im übrigen war St. Kajetan aber doch eine wenig volkstümliche Hofkirche, die genauso wenig populär wurde wie die Theatinerpatres, die »Dons«, die mit weißen Seidenstrümpfen herumliefen. (GR)

Auch die hier als letzte genannte Kirche aus dem Münchener Stadtbereich, ST. MICHAEL IN BERG AM LAIM, geht auf eine Stiftung samt Bruderschaft zurück. Diesmal war der Initiator der Bruder des Kurfürsten Max Emanuel und spätere Erzbischof von Köln, Joseph Clemens. Ihm kam im Mai 1693 beim Besuch der St.-Michaels-Kirche in der Neuhauser Straße die Eingebung, eine Bruderschaft zu Ehren des Kirchenpatrons zu gründen. Sitz dieser Stiftung sollte bei seinem Lusthaus in Berg am Laim sein, wo er schon eine Kapelle errichtet hatte. Noch im Laufe des Monats wurde die Bruderschaft vom Papst bestätigt. St. Michael wurde vor allem um Schutz beim Jüngsten Gericht angerufen und verehrt, die Bruderschaftsmedaille sollte auch Trost im Todeskampf verleihen. Die Bruderschaft hatte sofort großen

München, Theatiner-Kirche, Inneres mit Blick zum Chor

München-Berg am Laim, St.-Michaels-Kirche, Fassade von Philipp Jakob Köglsperger

Zulauf. Nach dem Tod von Kurfürst-Erzbischof Joseph Clemens im Jahr 1723 in Bonn wurde sie 1725 zur »Kurkölnischen Hof- und Erzbruderschaft des heiligen Michael« erhoben.

Die kleine Kapelle in dem Lustschloß Josephsburg reichte für ihre Zwecke längst nicht mehr, und so beschloß der Neffe und Nachfolger auf dem Kurfürstenstuhl in Köln, das Werk seines Onkels zu vollenden: Clemens August entschied sich 1723 für den Bau einer größeren Kirche in Berg am Laim; die Gelder kamen durch eine Sammelaktion der Bruderschaft zusammen. Den Bauauftrag bekam 1735 Johann Michael Fischer, 1737 wurde ein Vertrag mit ihm geschlossen, 1738 jedoch auch einer mit dem Palier Philipp Jakob Köglsperger. Nun begann ein Intrigieren des ehrgeizigen Köglsperger, der den Bau offenbar an sich reißen wollte, gegen Fischer. So sind die Anteile der beiden Baumeister an der gebauten Kirche teilweise schwer auszumachen. Schließlich mußte François Cuvilliés d. Ä., der das Vertrauen des Kölner Kurfürsten Clemens August besaß, den Bau inspizieren. Fischer bekam den Auftrag wieder und hat die Kirche bis zur Weihe im September 1751 vollendet. Damals fehlten nur noch die großen Altäre. Schon 1743 hatte Johann Baptist Zimmermann mit der Stuckierung und den Fresken begonnen.

Die Michaelskirche in Berg am Laim war zur Zeit ihrer Errichtung keine Stadtkirche. Die Hofmark mit dem Lusthaus lag östlich außerhalb und war mit der Stadt durch einen von der alten Isarbrücke ausgehenden Straßenzug verbunden. Die neue Kirche sollte sich hier als point de vue erheben, seitlich eingefaßt von Gebäudeflügeln für die Bruderschaft. Insofern läßt sich das Projekt leicht mit einer Klosterkirche wie etwa der von Dießen vergleichen, nicht aber mit einer Kirche, die sich dem engen Stadtgefüge einpassen muß. So hat der ominöse Köglsperger den Bau auch als »Land-

maurermeister« übernommen. Auf ihn dürfte wohl in Grundzügen die doppeltürmige Fassade zurückgehen, die St. Michael vor allem den Eindruck einer behäbigen Landkirche gibt. Johann Michael Fischer hatte hier ursprünglich eine sehr viel feiner organisierte, um ein Joch vorgewölbte Front vorgesehen. Sie war doppelgeschossig geplant, mit schmalen, bewegten Fensterfronten, und wurde in der Mittelachse über Portal und St.-Michaels-Nische von einem zierlichen Turm bekrönt. Die ausgeführte Fassade hat überhaupt keine Fenster mehr, die Gliederungen heben sich von glatt verputzter Wand ab, lediglich die Michaelsfigur in der Nische über dem Portal – sie ist eigentlich etwas zu klein – setzt einen schmückenden Akzent.

Auch der Innenraum hat entscheidende Veränderungen erfahren. Man muß sich hier aber wohl eher vorstellen, daß Köglsperger mit seinen Eingriffen nur den Anstoß für Fischer gab, selbst seine ursprünglichen Ideen zu modifizieren. So wie die Fassade im ersten Entwurf sehr viel zierlicher und städtischer gewirkt hatte, macht auch die erste Grundrißzeichnung eher den Eindruck einer kleingliedrigen Kapelle. Einem fast runden Zentralraum schließt sich ein oblonger Chor an, der für den Betrachter keine räumliche Verlängerung bedeutet hätte, da er den Chorraum ja nicht betreten konnte. Um den Innenraum herum führt ein Umgang; wahrscheinlich hat Fischer dabei an Bruderschaftsprozessionen gedacht. Der Bau, so wie er sich heute darbietet, ist sehr viel komplexer. Aus dem einfachen Zentralraum wird eine Raumfolge, bei der sich Zentralraum und in der Längsachse angefügte zusätzliche Räume zu einem für die Zeit typischen Baugefüge zusammenschließen. Der Tiefendrang entsteht durch ein vorgelagertes Vestibül und ein dem Hauptaltarraum vorgelagertes Presbyterium. Trotzdem bewahrt der Hauptraum seine

zentrierende Kraft. Dafür aber ist der Umgang aufgegeben worden.

Beim Eintreten überwiegt zunächst der Eindruck der kulissenartigen Tiefenstaffelung: die Eckpfeiler des sich einbiegenden Hauptraumes und Presbyteriums liegen optisch hintereinander, die beiden Seitenaltäre im Hauptraum, die nahe an die Eckpfeiler gerückt sind, und der Hochaltar fügen sich zu einem Bild zusammen, die dazwischenliegende Raumerstreckung nimmt man nicht wahr. Erst wenn man den Gemeinderaum betritt, weitet sich alles. Die großen Altäre in den Quernischen ziehen den Blick auf sich, im Presbyterium jedoch die in den Diagonalen angebrachten Stuckfiguren unter dem Gewölbe.

Die Ausstattung ist prächtig und einer fürstlichen Stiftung würdig. Hier haben sich um Fischer wieder einmal die besten bayerischen Künstler geschart, die dem wittelsbachischen Hof in München auch sonst verbunden waren. Clemens August hat in sicherem Instinkt diese Kirche bayerischer Frömmigkeit Künstlern anvertraut, die sich auch sonst schon bei ähnlichen Aufgaben bewährten, hat eben Johann Michael Fischer dafür gewählt und nicht François Cuvilliés, den er für seine höfischen Aufträge in Brühl heranzog.

An erster Stelle bei den Ausstattungskünstlern ist Johann Baptist Zimmermann zu nennen. Ihm fiel die Aufgabe zu, die Raumfolge mit seiner Stuckierung und seinen Fresken lebendig werden zu lassen. Rhythmisch umspielt der Stuck die Gewölbegrate, nicht zu üppig und nicht zu sparsam. Brokatmuster überziehen flächig die sphärischen Bogengewölbe am Rande der großen Flachkuppel. So bleiben relativ kleine weiße Mauerfelder übrig, ebenso bei den Wänden neben Altären, Stuckpilastern und -säulen. Dadurch wird das ganze Raumgefüge sehr farbig.

Die Deckenfresken in den drei hintereinander gestaffelten Flachkuppeln

München-Berg am Laim, St.-Michaels-Kirche, Blick in das Innere mit Fresken von Johann Baptist Zimmermann, 1743/44

beanspruchen so viel Fläche wie nur gerade eben möglich. Sie sind ganz bis zum Gewölbeansatz heruntergezogen, ihre Randzonen werden beim Eintreten in die Kirche hintereinander sichtbar, verlocken zum Weitergehen und Sich-Umschauen. Zimmermann hat deshalb auch immer den Schwerpunkt des Geschehens an den Rand der Hauptblickrichtung gelegt, die Flächen zum Gewölbescheitel hin und zur Eingangsseite sind dünn bevölkert und hauptsächlich himmlischem Gewölk überlassen. Farblich wirken sie reich und anziehend. Ihre Thematik bezieht sich auf den Patron: Im Gemeinderaum erscheint der hl. Michael über dem Monte Gargano, zu dem sich eine Prozession begibt. Die Teilnehmer präsentieren sich in höfischer Kleidung, unter ihnen der junge Kurfürst und Erzbischof von Köln, Clemens August, höchstpersönlich. Über dem Presbyterium befreit der Heilige im Kampf vor den Stadtmauern die Siponter vor Odoaker. Über dem Hochaltar noch einmal St. Michael auf dem Monte Gargano, wo die Grotte mit Altar geweiht wird.

Die Altäre stammen von Johann Baptist Straub. Aus der alten Kapelle des Kurfürsten Joseph Clemens wurde das Hochaltarblatt von Johann Andreas Wolff (um 1693/94, auch das Altarblatt der Dreifaltigkeitskirche war ja von ihm) übernommen. Es war zu klein und mußte für den neuen Hochaltar vom Hofmaler Franz Ignaz Öfele vergrößert werden. Es zeigt St. Michael im Triumph über die gestürzten Engel. Der Altar war erst 1767 vollendet. Eine Wachsfigur des anbetenden Joseph Clemens aus der alten Kapelle ist leider nicht mehr erhalten.

Heute ist die Michaelskirche in Berg am Laim umstellt von bedrückend wirkenden Bauten. Sie ist nur noch Pfarrkirche. In ihrem Inneren hat sie aber trotz Kriegsbeschädigungen ihren höfisch-frommen Glanz bewahrt, den Fürsten und Volk gemeinsam getragen haben. (GR)

Zum Sitz des für Altbayern besonders wichtigen Erzbistums führt uns unser nächster Kirchenbesuch. **Neustift** bei Freising war freilich noch bis 1905 selbständig und wurde damals erst eingemeindet. Hier bestand schon zur Zeit der iroschottischen Wandermönche eine Klause, später ein Pilgerhospital. Bischof Otto I. von Freising berief nun Mönche des noch jungen Prämonstratenserordens, die sich besonders der Betreuung Kranker, Pilger und Reisender annahmen. 1141 wurde das Kloster gegründet. Das Schicksal wollte es, daß Neustift immer wieder von großen Bränden

Freising-Neustift, ehem. Prämonstratenserkirche St. Peter und Paul

heimgesucht wurde: schon 1160 zum erstenmal, dann im 15. Jahrhundert, schließlich irreparabel 1634 durch die Schweden im Dreißigjährigen Krieg und noch einmal 1751 im Österreichischen Erbfolgekrieg.
Im Jahr 1700 sollte der Graubündner Giovanni Antonio Viscardi, der in München bei der Theatiner-Kirche beschäftigt war und gleichzeitig mit Neustift dort die Dreifaltigkeitskirche baute, die Reste der Kirche abreißen und neu bauen. Unter seiner Leitung arbeitete der Freisinger Hof- und Stadtmaurermeister Giovanni Giacomo Maffioli, der wohl die örtliche Bauleitung hatte. 1704 begann man die Gewölbe; um 1715 dürfte die Kirche im wesentlichen fertig gewesen sein. Der Brand von 1751 hat wohl vor allem die Gewölbe zerstört sowie große Teile der Innenausstattung. So sehen wir heute doch noch weitgehend den Kirchenraum Viscardis.

Die Kirche liegt in einer Senke, und so grüßt den Besucher zuerst der Turm neben dem Chor und der hohe Giebel der Westfassade. Die Gliederungen sind einfach, der ganze Bau ein glattes Rechteck mit eingezogenem angehängtem Chor im Osten. Auch der Raumaufriß im Inneren ist einfach. Der Gemeinderaum umfaßt nur drei Joche, eingezogene Wandpfeiler teilen seitlich je drei Kapellen vom Langhaus ab, der Chor liegt in der Flucht der Pfeiler. Diese schließen mit jeweils drei Säulen kleeblattförmig ab, in hellmarmoriertem Stuckmarmor großzügig und prächtig den Raum gliedernd. Die Gewölbe der Seitenkapellen hat man beim Wiederaufbau nach 1751 etwas niedriger gehalten und dadurch den großen Gewölben in Schiff und Chor mehr Gewicht gegeben. Die Tonne wird im ursprünglichen Bau, der Zeit gemäß, durch quergezogene Gurtbänder unterteilt gewesen sein; nun hat man sie zu großen Freskofeldern zusammengezogen. Dieser einfache, aber sicher und schön proportionierte Raum ist heute vor allem Rahmen und Träger einer superben Ausstattung aus der Blütezeit des Rokoko. Große Namen begegnen uns hier wieder: Der Stuck stammt vom Wessobrunner Franz Xaver Feichtmayr, die Fresken von Johann Baptist Zimmermann und der Hochaltar sowie einige andere Figuren von Ignaz Günther. Die Stuckierung ist sparsam, gibt aber für das Raumbild wichtige Akzente. Brokatierte Gurtbögen und Stichkappen setzen die Seitenkapellen deutlich ab, ein kräftig blauer, schön drapierter Vorhang am Choransatz bringt eine festliche Zäsur. Über den Seitenpfeilern balancieren Putten mit Spruchschildern und Girlanden, die Freskofelder bekommen einen Rahmen und werden doch mit der noch freien Fläche verzahnt. Die Deckenfresken von 1756 gehören zu den besten Leistungen Johann Baptist Zimmermanns. Wieder staunt man über die Variationsbreite und Schaffenskraft des damals bereits Sechsundsiebzigjährigen. (Im selben Jahr entstand übrigens das große Fresko im Steinernen Saal von Schloß Nymphenburg.) Das große Rechteckfeld über dem Gemeinderaum zeigt die Gründung des Klosters Neustift und die Entstehung des Mutterklosters in Prémontré, das dem Orden den Namen gab. Die Bildseite zum Chor hin zeigt den hl. Norbert, wie er bei einem dürftigen Verschlag die Stelle für das neue Kloster bestimmt. Die landschaftliche Szenerie wirkt wie eine rokokohaft »natürliche« Parklandschaft und erinnert an die ganz ähnliche Komposition mit der Göttin Flora im Nymphenburger Schloß. Zum rechten Kapellenkranz hin ist die zweite Hauptszene orientiert, die die Vision eines Gefährten des Heiligen illustriert. Er hatte am Ort der Kirche von Prémontré ein Kreuz gesehen, umgeben von sieben leuchtenden Strahlen, dazuströmend Pilger, die das Kreuz verehrten. Gleichzeitig sieht man rechts den Bischof von Laon mit einem Plan der Kirche auf den Fundamenten stehend. Auch in Neustift wurde ein spätmittelalterliches Kreuz verehrt (auf dem Kreuzaltar), und eine Bruderschaft nahm sich seiner Verehrung besonders an. Auch war das Kloster von einem Bischof gegründet worden. Die Szene nimmt also in echt barocker Doppeldeutigkeit auch auf die Gründung von Kloster Neustift Bezug. Die anderen beiden Seiten des Freskos füllt das Himmelsfeld mit Engeln, das Bildfeld ist damit eigentümlich diagonallastig.

Über dem Chor zeigt Zimmermann den perspektivisch aufgerissenen Raum einer Rundkapelle. Rechts ist ein Altar mit Johannes dem Täufer zu sehen, vor dem der hl. Norbert gebetet haben muß, als auf Wolken in hellem Strahlenglanz, begleitet von Engeln, die Muttergottes im Raum erscheint, um dem Heiligen das weiße Ordensgewand der Prämonstratenser zu übergeben. Die Farbigkeit der Fresken wird vor einer fast gobelinartigen Landschafts- und Architekturkulisse von starkfarbigen Gewändern bestimmt, bei denen vor allem Rot und Blau dominieren.

Im Gegensatz zu der festlichen Farbigkeit von Stuck und Fresken steht die polierweiße Fassung der Altarfiguren. Der Hochaltar stammt zur Gänze von Ignaz Günther (bis auf das Gemälde von 1913/15). Eine schöne, räumlich konzipierte Säulenarchitektur trägt als Bekrönung eine Gruppe der Dreifaltigkeit vor goldenem Strahlenkranz.

Freising-Neustift, Gewölbe des Kirchenschiffes mit Fresko von Johann Baptist Zimmermann, 1756

Maria Thalheim oder Großthalheim, Wallfahrtskirche St. Mariä, Inneres von der Orgelempore aus gesehen

Zwischen den Säulen schaukeln Putten auf Girlanden, darunter stehen die Figuren von Petrus und Paulus, denen die Neustifter Kirche geweiht ist. Unten, zu Höhen des Sockels und weit am Rand dann noch einmal zwei Heilige, Augustinus und Norbert. Der Tabernakel in Silber und Gold zeigt ein Relief mit dem Emmausmahl, flankiert von den Personifikationen des Alten und Neuen Bundes.

Die Seitenaltäre befinden sich an den Langwänden und werden so erst beim Durchschreiten des Gemeinderaumes sichtbar: sonst hat man sie meist kulissenartig gestaffelt an den Ostwänden, in derselben Blickrichtung wie den Hochaltar, angebracht. Das erste Altarpaar zum Chor hin stammt von Ignaz Günther (1764). Neben dem vielverehrten Kruzifix des Kreuzaltares die hl. Helena, ganz hoheitsvoll abweisende Fürstin, und der gute Schächer St. Dismas. Die Figuren des Josephsaltares (Bild von Balthasar Albrecht) zeigen David und Zacharias. Das zweite Altarpaar ist einfacher, mit Figuren von Joseph Angerer, das dritte Paar wird von Figuren des Landshuters Christian Jorhan d. Ä. geschmückt. Besonders die Erzengel Michael und vor allem Raphael mit dem Fisch können sich wohl neben den Schöpfungen Ignaz Günthers sehen lassen. Diese wirken in ihrer weißen Fassung distanzierter, auch höfischer als etwa die bunt, ja volkstümlich bemalten Statuen in Rott am Inn.

Sie sind dadurch aber vielleicht noch eindringlicher in ihren Physiognomien: man sehe sich nur den ganz nach innen gewandten Ausdruck auf dem Gesicht des hl. Paulus an.

Nun kommen wir auf unserer barokken Kirchenreise in das Land nördlich von München, wo besonders das Hügelland im Nordosten, um Erding, die schönsten Überraschungen bereithält. Fast alle dieser kleinen Dorfkirchen sind sehenswert und bergen köstliche Kunstwerke, ob es sich um Altenerding, Aufkirchen, Oppolding mit seiner ganz einmaligen Kanzel oder gar Hörgersdorf mit seinem wahrhaft bezaubernden Stuck handelt. Um wenigstens eines dieser Schmuckstücke hier aufzunehmen, gehen wir einmal von dem Prinzip ab, hier nur originale barocke Bauten vorzustellen.

Mallersdorf, ehem. Benediktiner-Klosterkirche St. Johannes, Inneres zum Chor hin mit Hochaltar von Ignaz Günther, 1768

Die Mauern der Wallfahrtskirche **Maria Thalheim** oder **Großthalheim** stammen wohl aus dem frühen 15. Jahrhundert und wurden 1736 lediglich um zwei Joche nach Westen verlängert. Trotzdem besitzt das Raumbild einen sehr einheitlichen Charakter. Man sieht hier einmal mehr, wie sich in Altbayern Spätgotik und Barock-Rokoko in ihren Ausdrucksmöglichkeiten annähern. Der Gemeinderaum mit seinen seitlichen Kapellen, dem verschliffenen Gewölbe und dem die Joche überspannenden Freskofeld macht auf den Betrachter keinen wesentlich anderen Eindruck als eine barocke Wandpfeilerkirche. Was vielleicht noch an »Unbarockem« übriggeblieben sein mag, haben Stuck und Ausstattung vollends überdeckt. 1764 ist die Stuckierung erfolgt; ihre Meister sind nicht bekannt, und doch ist sie von großer Qualität. Die Deckenfresken aus demselben Jahr werden dem Münchener Hofmaler und Zimmermann-Schüler Johann Martin Heigl zugeschrieben und zeigen die Verehrung des Gnadenbildes, Mariä Himmelfahrt und die Chöre der Engel. Am schönsten aber sind die Altäre. Der Aufbau des Hochaltares stammt von 1737. Im Jahr 1753 bekam er den prächtigen raumabschließenden Baldachin mit den hübschen Putten. Die Seitenaltäre sind etwas schräggestellt an den Kapellenstirnseiten und tragen so besonders zum einheitlichen Raumeindruck bei. Besonders ihr Statuenschmuck gehört zum Beseeltesten und Echtesten, was Rokokoplastik in Bayern zu leisten vermag; die beiden westlichsten sind für den Landshuter Michael Hiernle gesichert, der 1734 nach Erding zog. Vielleicht gehört dem Sohn Johann Nepomuk größerer Anteil an dieser Leistung, vielleicht auch dem ebenfalls hier weilenden Christian Jorhan d. Ä. Die Statuen der hl. Ursula und der hl. Katharina, des Johannes des Evangelisten oder des hl. Wendelin sind jedenfalls unvergeßlich.

Nicht unbekannt dagegen ist der Meister der Figuren am Hochaltar der ehemaligen Benediktiner-Stiftskirche in **Mallersdorf.** Auch hierher, weit nördlich über Landshut hinaus, an die kleine Laaber, fahren wir wegen der Innenausstattung der Kirche.

81

Der heutige Bau bewahrt noch Reste der 1265 geweihten zweiten Anlage der Kirche im doppeltürmigen Westteil, besonders in den Türmen und im Portal. 1614 erfolgte ein durchgreifender Umbau, nachdem das Kloster durch Zuzug mehrerer Mönche wieder einen Aufschwung erlebte. Damals entstand der großzügige Raum als Wandpfeilerkirche nach Vorbild von St. Michael in München. Trotz Verwüstungen durch die Schweden im Dreißigjährigen Krieg 1634 blieb dieser Raum weitgehend erhalten. Ab 1740 verlängerte und erhöhte man den Mönchschor und begann eine neue Innenausstattung. Diese zog sich noch bis 1792 hin. Zunächst (1747) entstand das Deckenfresko im Chor von Johann Adam Schöpf mit der Vision des hl. Johannes auf Patmos. Der Stuck nach 1748 wurde von Mathias Obermayr geschaffen. Die Altäre im Langhaus folgten 1750 bis 1770. 1768/70 kam der Hochaltar hinzu, das Fresko im Kirchenschiff schließlich 1776 von Matthias Schiffer. Hier ist nun schon das Ende des Rokokostils sichtbar: die Gewölbe wurden nicht mehr stuckiert, sondern mit Kassettierungen und Kartuschen vortäuschender Malerei überzogen in der etwas kühlen und geradlinigen Art des »Zopfstils«.

Glanzpunkt der Kirche aber ist zweifellos der Hochaltar von Ignaz Günther. Dem Patron der Kirche, dem Evangelisten Johannes, geweiht, erscheint nach seiner Vision (im Auszug) vor einer riesigen Strahlensonne Maria als apokalyptisches Weib mit St. Michael und dem vielköpfigen grünschillernden Drachen. Unten, zu Seiten des Altares, stehen die Heiligen: Kaiser Heinrich II. und Kaiserin Kunigunde außen, innen St. Benedikt und seine Schwester Scholastika als Ordensgründer. Alle Figuren zeigen sich in Polierweiß mit goldenen Verzierungen. Sie sind in inniger und ganz der Frömmigkeit offener Haltung erfaßt, wie in Seligkeit versunken. Dies war Günthers letzter großer Altar.

Wieder im Gebiet westlich von München nähern wir uns langsam Schwaben. Zunächst auf dem Weg nach Augsburg gelegen, in der Nähe der Autobahn, begegnet uns einer der frühesten und zugleich interessantesten Bauten unserer ganzen Reise – interessant wegen seines fast bizarren Äußeren, aber auch wegen seines Grundrisses. Es handelt sich wieder einmal um eine Wallfahrtskirche, **Maria Birnbaum,** südlich von Aichach. Bei Wallfahrtskirchen ist ja überall in Bayern eine sehr viel freiere und phantasievollere Baustruktur zu beobachten als bei Ordens- und Predigerkirchen, wo der Klerus Forderungen stellte, auch liturgische Gegebenheiten stärker das Bild bestimmen mußten. Bei Wallfahrtskirchen ließ man da den Vorstellungen von Bauherren und Baumeistern freieren Lauf. So bringen diese überall ein überraschendes Element ins Bild und geben der Entwicklungsgeschichte der bayerisch-barocken Kirchenbaukunst erst die richtige Farbigkeit. Hier in Maria Birnbaum tritt uns gar exotisch Anmutendes entgegen, man fühlt sich in östliche Länder versetzt, meint fast vor einem slawischen Kloster zu stehen, und das mitten zwischen bayerischen Wiesen und Äckern. Vor einem kleinen Hain erhebt sich eine dicht gedrängte Baugruppe, die sich schwer beschreiben und noch viel schwerer in ihrer äußeren Struktur nach inneren Raumgestaltungen zergliedern läßt. Das Bild von holzschindelgedeckten Kuppeln, Konchen, Türmchen ist malerisch, und so soll uns der Raum erst im Inneren interessieren. Diesem Bau an die Seite stellen läßt sich nur die wenige Jahre später entstandene Kirche in Westerndorf (siehe S. 53 f.) oder die Wallfahrtskirche der Kappel bei Waldsassen (siehe S. 123 f.). Hier in Maria Birnbaum ist der Bau, fast möchte man sagen das Konglomerat, aber am freiesten und malerischsten gruppiert.

Wahrscheinlich ist dieser »exotische«

Zug dem Bauherrn zu verdanken, Philipp Jakob von Kaltenthal, seit 1658 Komtur des Deutschen Ordens der Kommende in Blumenthal. Er hat gegen große Widerstände und unter Verwendung seines Privatvermögens die Errichtung der Kirche durchgesetzt. Im Dreißigjährigen Krieg war er Offizier in bayerischen Diensten und später bei der päpstlichen Leibwache in Rom. Im päpstlichen Auftrag war er auch im Türkenkrieg eingesetzt und kam dabei möglicherweise bis nach Kreta. Er wird also östliche Architektur gekannt und diese Eindrücke vielleicht seinem Architekten vermittelt haben.

Dieser Architekt war Konstantin Pader, dem auch der Bau der Pfarrkirche in Westerndorf zugeschrieben wird. Bis 1632 war Pader als Kistler und Bildhauer in Dachau tätig, seit 1634 in München, seit etwa 1650 ist er dort eine Art Bausachverständiger für die Behörde des Geistlichen Rates, die Kirchenpläne zu genehmigen hatte. Er scheint also über das Schreinerhandwerk, das heißt die Gestaltung von Altären und ähnlichen Ausstattungsstücken samt plastischem Schmuck zur Architektur gekommen zu sein. Das würde seinen ziemlich freien Umgang mit dieser Kunstausübung erklären. Einheimische Architekten waren nach den Verlusten des großen Krieges und der Dezimierung der Bevölkerung rar; so hatten auch auf Umwegen zum Bauen gekommene Künstler eine Chance beim Neubeginn in der zweiten Hälfte des 17. Jahrhunderts.

Anlaß zum Bau der Wallfahrtskirche waren Wunderheilungen durch ein in einem hohlen Birnbaum aufgestelltes Vesperbild. Bewohner des ehemaligen Schlosses Stuntzberg hatten es in einem Marterl angebracht, von schwe-

Maria Birnbaum, Wallfahrtskirche zu den Sieben Schmerzen Mariens von Konstantin Pader

dischen Soldaten war es ins Moos geworfen worden, aus dem es der Dorfhirte von Sielenbach halb verbrannt und vermodert herausholte und in den Birnbaum stellte. Als sich 1659 die erste Wunderheilung ereignete, begann bald großer Zulauf. Ein Bretterhäuschen wurde errichtet, aber Kaltenthal – zu seiner Kommende gehörte der Ort – wollte eine Kirche; 1661 wurde damit begonnen. Viele halfen durch unentgeltliche Arbeit oder durch Spenden, die Hauptlast trug aber der Komtur selbst. Das bischöfliche Ordinariat in Freising war der Wallfahrt nicht eben wohlgesonnen und ließ sich 1668 sogar die Weihe der Kirche bezahlen. Papst Alexander VII. gewährte jedoch schon 1663 einen Ablaß, und die Zahl der Pilger wuchs. Im 18. Jahrhundert ging die Wallfahrt zwar wieder zurück, als aber 1803 die Kirche aufgelöst werden sollte, waren es wieder die Bauern der Umgebung, die sich in alter Anhänglichkeit für sie einsetzten, bis sie die Gemeinde Sielenbach kaufte. Seit 1867/68 betreuen Kapuziner die Wallfahrt zu den Sieben Schmerzen Mariens.

Wenn wir durch das Seitenportal die Kirche betreten, stehen wir in einem ungewöhnlich hellen, weiten und überraschenderweise sehr klar gegliederten Raum – überraschend deshalb, weil das Äußere mit seinem malerischen Ineinandergreifen von Kuppeln und Türmchen dies gar nicht vermuten ließ. Der Raum ist rund, an der Ost- und Westseite schließen sich kleeblattförmig gebildete Verlängerungen an, die aber eindeutig vom Gemeinderaum abgetrennt sind. Im Osten befindet sich hier der Hochaltar, im Westen ist die äußere Rundung nach innen abgeschnitten durch eine eingezogene Wand mit hoher Mittelnische. Wo heute die Orgel angebracht ist, stand früher der Birnbaum mit dem Gnadenbild, das durch ein hohes Fenster auch von außen sichtbar war. Die Fenster der Rotunde waren ursprünglich sogar noch größer als heute, dazu kommen die Ochsenaugenfenster in den Gewölbeansätzen und das Licht, das im Scheitel der Kuppel durch die Fenster der aufgesetzten Laterne hereinfällt: ein überwältigend lichtdurchfluteter Raum. Die Rotunde steht eindeutig in der Tradition des römischen Pantheon, dessen Kenntnis vielleicht wieder der Bauherr vermittelt hat.

Diese Bauform des runden oder auch vieleckig gebrochenen Zentralraumes war auch im Mittelalter nie ganz vergessen worden und für Baptisterien oder sonstige sakrale Räume neben den üblichen Gemeindekirchen immer wieder einmal verwendet worden, wie beispielsweise in Aachen für die Krönungskirche Karls des Großen oder die Marienkapelle auf der Festung Würzburg. Besonders für Marienstätten wählte man gerne die zentrale Raumform, auch für andere Wallfahrtskirchen. In Bayern sind Altötting und Ettal altehrwürdige Vorbilder gewesen, 1603 hat Elias Holl aus Augsburg zu Unserer Lieben Frau Hilf auf dem Lechfeld eine Rundkapelle mit Laterne »nach dem Vorbild von St. Maria Rotunda«, das heißt dem Pantheon in Rom, errichtet. Auch die Gnadenkapelle in Weihenlinden zu Unserer Lieben Frau Hilf, die schon 1644/45 errichtet wurde, zeigt die Rundform. Ein paar Jahre nach Maria Birnbaum wird Enrico Zuccalli 1674 für das bayerische Kurfürstenpaar einen ebenfalls darauf zurückgehenden Entwurf für eine neue Gnadenkapelle in Altötting liefern.

Hier in Maria Birnbaum ist dem Architekten aber räumlich-architektonisch die großartigste Leistung geglückt. Auch technisch – mit den vielen Fensterdurchbrüchen und der großen oben geöffneten Kuppel – war das für einen sonst wenig bekannten einheimischen Architekten ein Meisterwerk, scheuten doch noch Jahrzehnte später viele Baumeister vor großen Kuppeln mit Laterne zurück. Die klaren architektonischen Strukturen werden noch betont durch die Stuckierung. Mathias II. Schmuzer aus Wessobrunn zeichnet mit seinen Blatt- und Schmuckstäben Grate und Kanten von Gewölbe und Gurten fein nach. Die übriggebliebenen Felder werden mit streng symmetrischen Schmuckgebilden gefüllt, wobei Baldachine, Engelsköpfe und Blumengebinde auffallen, die eher in der Tradition der strengen Münchener Schule als in der stark plastischen der Oberitaliener stehen und die bald auch die Wessobrunner »anstecken«. Die ebenfalls von der Münchener-Maximilianeischen Tradition geprägten, schwarz gefaßten Altäre bilden einen starken Kontrast zu dem hellen Raum und tragen zu einem prächtigen Eindruck bei. Zuletzt aber sollte man seinen Blick nach oben richten, wo in der Laterne äußerst expressive Apostelfiguren von Interesse sind. Sie gehören, zusammen mit den Figuren neben der Orgel, zu einem Zyklus des schwäbischen Barockbildhauers Lorenz Luidl, der 1862 aus Eresing als Ersatz für die ursprünglichen zerstörten Figuren von 1664 hierher kam. (GR)

Unser Besuch in **Fürstenfeld** bringt uns noch einmal in den Ausstrahlungsbereich von München. Seine Gründung 1258 steht obendrein im Zeichen des Hauses Wittelsbach. Auch beim barocken Neubau der Zisterzienser-Abteikirche begegnen uns noch einmal Künstler, die vorwiegend aus dem Münchener Kulturraum kommen.
Die Entstehung des Klosters im Tal der Amper geht auf ein Sühnegelübde zurück, das der bayerische Herzog Ludwig der Strenge abgelegt hatte.

Maria Birnbaum, Inneres der Wallfahrtskirche

Maria Birnbaum, Blick in die Kuppel der Wallfahrtskirche mit Stuck von Mathias II. Schmuzer

Fürstenfeld, ehem. Zisterzienser-Stiftskirche, Blick in das Innere mit Seitenkapellen und Chor

Seine erste Gemahlin, Maria von Brabant, war 1256 im heutigen Donauwörth auf seinen Befehl hin enthauptet worden, aus Eifersucht, wie ein Mönch aus Altaich bemerkte. Als Sühne erteilte ihm Papst Alexander IV. den Auftrag, eine Kartause zu gründen. Da es Kartäuser in seinem Lande nicht gab, beauftragte der Herzog die Zisterzienser von Aldersbach damit, ein neues Kloster aufzubauen. Erst beim dritten Versuch fand man im Tal der Amper ein günstiges Gelände. Reichlich mit Grund und Privilegien versehen, gedieh die neue Stiftung gut.

Auch das Kloster in Fürstenfeld wurde im Dreißigjährigen Krieg nicht verschont. Dazu kam die Pest, und die wenigen übriggebliebenen Mönche hatten eine gewaltige Wiederaufbauarbeit vor sich. 1692 war man endlich so weit, daß man neue Klostergebäude errichten konnte. Die Planung übernahm Giovanni Antonio Viscardi, der uns nun schon öfter begegnet ist. Er kam aus München und dürfte vom Hof empfohlen worden sein. Die Gebäude gerieten gewaltig und verbrauchten alles Geld. Trotzdem wurde am 5. August 1701 der Grundstein für die neue Kirche gelegt. Auch hier zeichnete Viscardi den Plan. Der Spanische Erbfolgekrieg erzwang eine Unterbrechung. Inzwischen verstarb 1713 auch Viscardi. Als man weiterbauen konnte, bewarben sich die vor kurzem aus Italien zurückgekehrten Brüder Asam, die mit Viscardi an der Dreifaltigkeitskirche in München zusammengearbeitet hatten, um den Bau. Der Abt übertrug ihn aber lieber Viscardis erfahrenem Baumeister Johann Georg Ettenhofer. 1716 entstand der neue Chor auf den Fundamenten von 1700, 1728 war die Kirche im Rohbau vollendet. 1734 bekam Cosmas Damian Asam wenigstens den Auftrag für die Freskierung, 1741 fand die feierliche Weihe statt. 1803 sollte die Kirche mit Kanonen zusammengeschossen werden, um den Abriß zu vereinfachen, aber auch hier wieder konnten die Brucker Bürger dies verhindern. Man sollte ihnen noch heute dankbar sein.

Der Plan der jetzigen Kirche dürfte von Ettenhofer stammen. Er geht, wenn vielleicht auch nicht realiter, so aber sicher in seiner stilistischen Ausbildung auf Viscardi zurück. Ettenhofer hatte schon bei der Dreifaltigkeitskirche in München die Bauführung, war mit Viscardis Vorstellungen

Fürstenfeld, ehem. Zisterzienser-Stiftskirche, Figur des Zacharias vom Hochaltar, 1762 aufgestellt, Meister unbekannt

Fürstenfeld, ehem. Zisterzienser-Stiftskirche, Blick auf die Westempore mit Orgel von Johann Fux, 1736/37

Zunächst betreten wir den Raum unter der Orgelempore, ein schönes Gitter trennt uns noch vom Kirchenschiff. Dann aber wird der Eindruck, der uns hier erwartet, überwältigend. Die Größe und Weite des Raumes, das hereinströmende Licht, die schöne Farbigkeit von Stuckmarmor und Dekorationen, die Fresken – alles dies verbindet sich zu einem Erlebnis, das einen erst nach und nach Einzelheiten und Ausstattungsstücke für sich wahrnehmen läßt. Rahmen für diese Fülle ist eine relativ einfach angelegte Wandpfeilerkirche, ähnlich in der Aufteilung wie in Neustift, nur größer, kräftiger. Die Gewölbe sind höher, die Pfeiler zwischen den Kapellen breiter, weit oben sind Emporen unter die Gewölbe eingehängt, der Chor ist stärker durchfenstert. Ähnlich scheinen die Säulenstellungen vor den Pfeilern, der eingezogene Chor, der am Gewölbe mit einem kräftig getönten Stuckvorhang vom Schiff abgetrennt wird. Die Gewölbe sind hier noch durch Gurte, die sich von Pfeiler zu Pfeiler spannen, gegliedert. (GR)

also vertraut. Auch gewisse Ähnlichkeiten beim Kirchenbau von Neustift weisen darauf hin.
Von außen ist die Fassade in die Klostergebäude eingeschlossen. Riesig wächst sie vor uns auf, fünf Achsen breit, zwei Stockwerke hoch, darüber Attika und Giebel. Eine gleichmäßige Säulengliederung läßt sie, ganz frontal gesehen, etwas spannungslos erscheinen; seitlich gesehen und bei richtigem Licht gewinnt sie aber mächtig an Relief und fast römischer Wucht und macht neugierig auf das Innere.

Landsberg am Lech, St.-Johannes-Kirche am Vorderanger, Fassade von Dominikus Zimmermann

Die Ausstattung zog sich lange hin. Die Stukkaturen von Pietro Francesco Appiani sind im Chor 1718, im Langhaus von Jacopo Appiani nach 1729 entstanden. Altäre kamen noch in den vierziger Jahren hinzu, der Hochaltar in den fünfziger, die Apostelfiguren an den Pfeilern in den sechziger Jahren, die riesigen Stifterfiguren von Roman Anton Boos vor dem Chor 1765, das Westgitter um 1770. Und doch macht die Kirche einen so einheitlichen und harmonischen Eindruck. Jeder Künstler hat es verstanden, sich dem schon Vorhandenen anzupassen, ohne deshalb den eigenen Charakter aufzugeben: das war damals in der Kunst möglich! Man sehe als Beispiel das zweite Seitenaltarpaar mit den gedrehten Säulen von Egid Quirin Asam, eigen gestaltet und doch nicht herausfallend aus dem Ganzen. Sein Bruder Cosmas Damian aber hat hier wohl das Großartigste geleistet – neben Aldersbach sein größter Freskenzyklus in Altbayern. Die Gewölbegurte ließen ihm allerdings nur relativ begrenzte Einzelfelder, im Chor zu klein, um größere Wirkung zu erreichen, im Langhaus aber immerhin den Blick in die Höhe ziehend. Szenen aus dem Leben des hl. Bernhard, die in einer komplexen Darstellung gipfeln: Das Pfingstwunder verbindet sich mit dem Salve-Regina-Hymnus und den mystischen Visionen des Heiligen, wobei ihn gleichzeitig Blutstrahlen von Christus am Kreuz und Strahlen von der Brust der dahinter stehenden Madonna treffen. Die barocke Pracht der Farben und des Bildaufbaues überstrahlen den ganzen großen Kirchenraum und lassen die Worte der Festpredigt von 1741 gerechtfertigt erscheinen: »Die Herrlichkeit des Herrn erfüllte das Haus.«

Mit unserer nächsten Station kommen wir in **Landsberg am Lech** an die Grenze zwischen Oberbayern und Schwaben. Dort wollen wir zwei Kirchen besuchen, die beide auf ihre Art sehr originell sind: Zuerst am Vorderanger St. Johannes. Dies ist sicher eine der kleinsten Kirchen auf unserer ganzen Reise, und wenn wir von Fürstenfeld kommen, wirkt sie allenfalls wie eine Kapelle. Sie ist auch ganz auf private Initiative hin entstanden. An dieser Stelle stand ursprünglich eine spätgotische Friedhofskapelle, die 1740/41 abgerissen wurde. Damals lag auch bereits der Plan zu dem neuen Kirchlein, das auf Betreiben des Benefiziaten Simon Mayer entstehen sollte, vor. Doch der Ausbruch des Österreichischen Erbfolgekrieges ließ den Bau nicht vorankommen. Erst 1750 bis 1752 konnte die Kirche dann errichtet werden.

Baumeister war der in Landsberg seit 1716 ansässige und zeitweise dort das Bürgermeisteramt versehende Dominikus Zimmermann. Mit diesem kleinen, aber exquisiten Bau hat er der Stadt ein köstliches Denkmal seines so ganz besonderen Schaffens hinterlassen. Zwischen den Eindruck der Wallfahrtskirche in der Wies und den, der uns noch in Buxheim erwarten wird, sollte man unbedingt einen Besuch der Johanneskirche schieben.

Dominikus Zimmermann lebte, wie gesagt, schon seit 1716 in Landsberg. Damals hat er das dortige Bürgerrecht erworben. So war er zwar in einer Stadt ansässig, blieb aber zeitlebens dem umliegenden Land und seinen Klöstern und Pfarrherren verpflichtet, strebte nicht nach höfischen Aufträgen wie sein älterer Bruder Johann Baptist, der seit 1720 in der Münchener Residenzstadt arbeitete und 1734 dort ein Haus erwarb. In Landsberg selbst hat Dominikus 1717–1720 die Fassade des Rathauses am Markt stuckiert. Außer dem Johanneskirchlein, das kurz vor seinem Wegzug in die Wies fertig wurde, hat er noch 1720–1725 die Ursulinen-Klosterkirche gebaut (1764 umgebaut).

Der Baugrund für die Johanneskapelle war nicht groß, zudem eingezwängt in eine enge Straßenfront, in der der Bau nach außen nur bescheiden in Erscheinung treten kann. Eine einfache, fast schmucklose Fassade tritt neben die der umliegenden Bürgerhäuser. Hohe weiße Pilaster, das innere Paar neben dem Portal etwas nach innen gedreht, so daß sich die Wand an ihrer äußeren Kante mit »herausziehen« lassen muß. Mit diesem kleinen Effekt gelingt es bereits, Relief in die Fassade zu bekommen. Zwischen den Pilastern Fenster mit gebogten oberen Abschlüssen, das mittlere drückt das Gebälk etwas mit hinauf, so daß auch in der Vertikalen eine leichte Bewegung entsteht.

Im Inneren dann bemerkt man von den rechteckigen Abmessungen des Grundstückes gar nichts mehr. Lediglich als äußeren abstützenden Mauermantel mag ihn das aufmerksame Auge noch ahnen. Aus diesem Mauerkern hat Dominikus Zimmermann einen längsovalen Raum herausgeschnitten, der als Gemeinderaum dient, der Chor, unbetretbar, schließt sich wie ein eigenes kleines Spektakulum an, wie eine Bühne. (Der Chor geht nach Westen, die Kirche konnte wegen ihrer Lage an der Straße nicht geostet werden.) In die Wände des Ovals sind an den Schmalseiten vier halbrunde Nischen eingetieft. Trotz der Kleinheit des Raumes werden vor die Wände noch voll ausgebildete Säulen gestellt, die oben mit einem stark ausladenden und scharfkantig profilierten verkröpften Gebälk zum ovalen Kuppelfeld abschließen. Dieses trotz geringer Dimensionen ungeheuer prononciert einschwingende Gebälk und auch die Säulen hat Dominikus schon in seiner St.-Anna-Kapelle in Buxheim, die wir noch sehen werden, verwendet. Dadurch entstehen beim Aufblick ins Gewölbe eigentümliche Überschneidungen und Perspektiven, die den Raum spannungsvoll und interessant machen. (Buxheim ist kurz vor der Planung zu St. Johannes entstanden: so erklären sich die Ähnlichkeiten.)

Sehr viel schlichter und nicht so gekonnt wie in Buxheim ist die Ausstattung des kleinen harmonischen Raumes. Die Fresken stammen von Karl Joseph Thalheimer aus Ottobeuren, der ebenfalls hier in Landsberg ansässig war und erst 1799 starb. Dargestellt ist die Predigt Johannes des Täufers am Jordan und seine Ent-

Landsberg am Lech, St.-Johannes-Kirche, Hochaltar mit Taufe Christi am Jordan, plastische Stuckfiguren von Johann Luidl und Aufbau von Dominikus Zimmermann

89

hauptung im Kerker des Herodes. Beide Szenen sind an die Langseiten der ovalen Kuppel gesetzt. Die Schmalseiten nehmen Fensteröffnungen ein, von denen eine nur vorgetäuscht ist. Der Übergang zur Illusion des Bildfeldes wird durch eine gemalte Balustrade gebildet, über die sich ein paar Leute, unbeteiligt am übrigen Geschehen, zum Betrachter unten im Kirchenraum herunterbeugen. Dies war seit Entstehung des illusionistischen Decken- und Wandbildes ein immer wieder gern angewandter Trick, um Realität und Illusion in Spannung zu halten. Thalheimer macht es mit fast rührender Naivität, sonst ist dem Kuppelbild kein allzu hoher künstlerischer Rang einzuräumen.

Stimmungsvoller gelingt ihm die Landschaft im Chor, die als Hintergrundkulisse zu der plastischen Darstellung der Taufe Christi im Jordan dient. Dieser Chor mit seinem »Altar« nun ist das Originellste an der Johanneskirche. Er schließt sich als knapp angeschnittene Rundkapelle dem Ovalraum an, was man aber mehr ahnt als sieht, denn der kleine Raum ist ja für den Laien nicht betretbar. Höchstens aus dem kreisrunden Fresko darüber mit Gott Vater kann man es schließen. Die Chorkapelle hat seitlich Fenster, die die Szene beleuchten. Unweigerlich wird man an die Altarszene der Brüder Asam in Weltenburg erinnert, und doch – welch ein Unterschied: Dort bunt magisch leuchtendes Drama; hier heitere helle Idylle. Die Jordanlandschaft mit Palmen mahnt an Rokokoparks, der Stuckaufbau, der nur aus Schaumgekräusel zu bestehen scheint und fast unbegreiflicherweise doch aufrecht stehenbleibt, ist ein blumenberankter Rokokorahmen oder eine dreidimensionale Kartusche für die Figurenszene. Diese besteht aus Christus, Johannes dem Täufer, zwei flankierenden Engeln und unzähligen Putten, die in Polierweiß und sparsamen Goldverzierun-

gen ebenfalls leichte Gebilde zu sein scheinen. Sie sind von dem schwäbischen Bildhauer Johann Luidl geschaffen worden. Seinem Vater Lorenz Luidl waren wir übrigens in Maria Birnbaum begegnet: Konnte man dessen Figuren als expressiv beschreiben, so muß man die des Sohnes schon fast als maniriert geschraubt ansehen. Überreiches Gefältel und stark betonte Muskeln fallen auf. Alles zusammen macht aus dieser Taufszene aber ein unendlich künstliches und doch illusionistisches Gebilde, das in dieser Konzeption sicher auf Zimmermanns Vorstellungen basiert, die er möglicherweise aus dem Altar von Weltenburg abgeleitet hat. Nur ist inzwischen aus der geheimnisvollen und dramatischen Hochbarockszene ein idyllisches Rokokostuckgebilde geworden. (GR)

Die andere Kirche, die wir in Landsberg besuchen wollen, liegt oben auf der Höhe beim Schmalztor: die ehemalige JESUITENKIRCHE HL. KREUZ. An dieser Stelle war die erste Kirche dieses Ordens in Süddeutschland errichtet worden, noch vor St. Michael in München. Doch auch hier schon hatte der bayerische Herzog Wilhelm V., der die Jesuiten nach Bayern holte, den Bau unterstützt. 1580 wurde er nach den Plänen des Augsburger Baumeisters Johann Holl, des Vaters des berühmteren Elias Holl, aufgerichtet. Aus welchen Gründen diese erste Kirche nicht mehr genügte, ist unbekannt. Jedenfalls wurde sie 1752 abgerissen und mit einem Neubau begonnen. Schon nach zweieinhalb Jahren konnte man diesen weihen, 1756 war auch die Ausstattung im wesentlichen abgeschlossen.

Der Baumeister war ein Angehöriger der Societas Jesu selbst, der Laienbruder Ignatius Merani. Er stammte aus Prag und hatte sich Bauerfahrung am Jesuitenkollegium in Dillingen erworben. Man scheint auch für die Ausstattung, soweit das möglich war, auf Künstler zurückgegriffen zu haben,

die dem Orden nahestanden. Der Maler der Fresken, Christoph Thomas Scheffler, war zumindest zeitweise auch Jesuiten-Laienbruder. Wer für die Stukkaturen verantwortlich zeichnete, ist unbekannt. Entwürfe hatte Dominikus Zimmermann geliefert, man hat sie aber nicht verwendet und ihm zehn Gulden Entschädigung dafür bezahlt. Trotzdem kann man vermuten, daß Zimmermann auch sonst beim Bau beratende Funktionen gehabt haben mag. Wenn man sich den Chor, besonders die gebogten Fensterformen mit den darüberliegenden kleinen gequetschten Okuli und den Emporenbalkönchen, dazwischen die stark verkröpften Gebälkstücke über den Pilastern ansieht, kann man nicht umhin, gewisse Ähnlichkeiten mit seinen eigenen Bauten festzustellen.

Sonst jedoch ist die Kirche von ihrer Anlage her einfach und übersichtlich gegliedert und aufgebaut. Schon das Äußere ist schlicht, die Fassade bis auf das Portal fast schmucklos aus unverputztem Haustein. Die beiden Türme an ihren Seiten sind kurz und überragen kaum den Giebel. Am meisten beeindruckt in der Fernwirkung auf dem Berg der gedrungen, wie aufgehäuft wirkende Bau durch seine hohen Dächer und die auffälligen Fensterformen.

Im Inneren gibt die Hl.-Kreuz-Kirche den Eindruck einer gegenreformatorischen Predigerkirche so gut wieder wie kaum sonst eine. Der Raum wirkt völlig unberührt von Veränderungen und Restaurierungen noch heute wie ein missionarisches Monument im Dienst der katholischen Kirche. Der einfache Wandpfeilerbau mit eingezogenem Chor steht ganz im Zeichen der Liturgie und der Predigt. Die Altäre bieten nur noch selten anzutreffende Metallaufbauten, hier aus Messing, vergoldet, mit Filigran- und Steinbesatz, in die teilweise Büsten von Ordensheiligen aus Wachs gesetzt sind: typischer Ausdruck einer Frömmigkeitshaltung klösterlich bestimmter

Art, wie sie für den Barock unendlich wichtig war, aber heute so unverfälscht nur noch sehr selten anzutreffen ist.

Vortrefflich ergänzt wird dieser Eindruck durch die großen, in kräftigen Farben gehaltenen Deckenbilder von 1753/54. Im Gemeinderaum sehen wir die Auffindung der drei Kreuze in Jerusalem durch Kaiserin Helena und ihre Wundererprobung, um das wahre Kreuz Christi zu erkennen. Die Kulisse des Geschehens ist phantastisch, exotisch, mit Pyramiden, Palmen, einem »Pantheon«. Die Stimmung im Chorfresko mit der Schlacht an der Milvischen Brücke, wo Kaiser Konstantin im Zeichen des Kreuzes siegt,

Landsberg am Lech, ehem. Jesuitenkirche zum Hl. Kreuz, auf der Höhe beim Schmalztor gelegen. Blick in das Innere mit Chor, von Ignatius Merani, 1752–1754

ist dramatisch militant. Auch die kleineren Bilder stehen im Zeichen des Kreuzes, eindrucksvoll besonders die Kreuzigung der Jesuiten-Missionare in

Japan an der unteren Empore. Durch die Schauplätze der Szenen, auch die Missionsdarstellungen, herrscht ein weltoffener, siegessicherer Ton, wie er gerade für diesen weltumspannenden Orden typisch war.

Noch einmal begegnen wir Dominikus Zimmermann auf unserer weiteren Reise nach Schwaben: Die ehemals reichsfreie **Kartause Buxheim** ist unser Ziel. Das Kloster mit seiner eigenartigen, von der Ordensregel bestimmten Anlage ist noch sehr gut erhalten und gibt einen lebendigen Eindruck von dieser ganz spezifischen Form des Klosterlebens. Die Brüder bewohnten ganz selbständig einzelne Häuschen mit Garten, die um den Kreuzgang herum verteilt sind. Es herrschte absolute Schweigepflicht; beim Zusammentreffen zum Chorgebet mußte jeder der Brüder eine Glocke läuten, um seine Anwesenheit anzuzeigen. Deshalb läuft der Kreuzgang auch quer durch die Klosterkirche. Die Brüder Zimmermann waren vielfach hier tätig: Zuerst 1710–1712 bei der Barockisierung der Kartausenkirche (man beachte besonders die Marienkapelle!), bei der Dominikus mit seinen Stuckmarmoraltären glänzt; 1725 bis 1727 folgt die Pfarrkirche, einer der frühesten Kirchenbauten Dominikus Zimmermanns. An ihr fallen besonders die schon hier ausgebildeten ornamentalen Fensterformen auf, die die Wand dekorativ beleben. Auch die Stukkaturen mit ihren Gittern und Rosetten und Pflanzenmotiven sind von Dominikus, während in der Kartausenkirche noch der ältere Johann Baptist die Führung hatte. Das Schmuckstück des ganzen Klosters aber dürfte die ANNA-KAPELLE sein. Sie liegt in der Nordwestecke des Kreuzgangs, ein kleiner quadratischer Bau, der 1508 geweiht worden war und dessen Umfassungsmauern Zimmermann möglicherweise übernommen hat. Was er allerdings im Inneren 1738/40 aus diesem viereckigen Käst-

Buxheim, Pfarrkirche zu Unserer Lieben Frau, St. Peter und Paul, von Dominikus Zimmermann, 1725–1727 errichtet

Buxheim, St.-Anna-Kapelle am Kreuzgang der Kartause, in Umfassungsmauern von 1508 im Inneren völlig neugestaltet von Dominikus Zimmermann, 1738/40

chen gemacht hat, möchte man kaum für möglich halten: ein in vier Rundungen ausschwingender Raumkörper in Form eines vierblättrigen Kleeblattes umgibt uns, die Ecken noch einmal eingerundet und mit Nischen versehen, dazu Stuckmarmorsäulen, ein über dem Altar einschwingender Kronreif mit türkis-goldenem Stuckvorhang. Beim Blick nach oben zeichnet sich dieser vielfach einschwingende Grundriß im scharfkantigen Gebälk gegen die gewölbte Decke ab. Vier weibliche Heilige als plastische Figuren, ein ganzer Puttenreigen, natürlich geformte Rosengirlanden beleben die Gewölbezone. Der Stuck, auch der figürliche, ist sicher von Dominikus selbst. Seine erfrischende

Ottobeuren, Ansicht der Klosterkirche von der Hügelseite her, 1736 begonnen und ab 1748 von Johann Michael Fischer zu Ende geführt

Naivität verbindet sich mit der raffinierten Farbgebung und dem schwingenden Raum zu einem köstlichen Gebilde. Dies hat trotz aller Raffinesse der Gestaltung nichts von der Überfeinerung der Hofkunst, zu der Johann Baptist inzwischen gestoßen ist, sondern neigt eher zu Volkstümlichem: eine Verbindung, die in dieser Form nur Dominikus Zimmermann zustande gebracht hat.

Bei unserer nun anschließenden Fahrt durchs Schwäbische stoßen wir auf das größte und wohl auch grandioseste Bauvorhaben des Barock nicht nur dieser Gegend sondern ganz Südbayerns: die ehemals reichsunmittelbare Benediktiner-Abtei **Ottobeuren**. Dieses Kloster ist in seiner Bedeutung nur mit den großen Abteien der kaiserlichen Stammlande zu vergleichen, etwa Kremsmünster oder St. Florian. Eine karolingische Gründung (764 ist das Stiftungsjahr), konnte Ottobeuren im 18. Jahrhundert noch einmal eine Blüte ohnegleichen erleben. Initiator und Träger dieser Glanzzeit war vor allem Abt Rupert Neß. Er verstand es, nicht nur die politische Stellung zu sichern, sondern auch die wirtschaftliche Grundlage zu schaffen, auf der diese Blüte erwachsen konnte. 1710 gelang es, für 30000 Gulden das Schutzvogteirecht der Bischöfe von Augsburg abzulösen, und man war fortan politisch völlig selbständig. Sofort danach ging Abt Rupert daran, Kloster und Kirche von Grund auf neu zu planen und zu bauen. Es entsteht eine ganze Reihe von Plänen, die aus einer Art von Wettbewerb im Lauf der Jahre hervorgegangen sind. Die ersten kommen vom Benediktinerpater Christoph Vogt schon zur Frühzeit des Klosterbaues (1712–1720). Vogt hatte an der Benediktiner-Hochschule in Salzburg-St. Peter studiert und seine Eindrücke von der kürzlich dort erbauten Kollegienkirche Johann Bernhard Fischer von Erlachs auf Ottobeuren übertragen. Später kommen dann noch Pläne von Andrea Maini, dem oberitalienischen Stukkateur, der mit seinem Trupp im Kloster arbeitete, dazu, unter anderem auch 1732 von Dominikus Zimmermann, dessen Zeichnung wie eine erste Idee zu seiner Wallfahrtskirche in der Wies anmutet.

Zunächst begann man jedoch erst einmal mit dem Klosterbau. Am 5. Mai 1711 wurde der Grundstein gelegt. Viel Mühe kostete die Herrichtung des riesigen Baugeländes, 1712 beginnt man mit den Fundamenten. In den Konventtrakt kann man 1715 einziehen. Inzwischen ist Baumeister Simpert Kramer der Leiter des Ganzen. Ein riesiger Troß von Künstlern findet hier Arbeit. Nach zwanzigjähriger Bauzeit kommt man 1732 zu einem Ende.

Nun möchte der ungeduldige Abt Rupert gleich mit dem Kirchenbau beginnen. Er hat den Klosterbau nur als ein praktisch notwendiges Präludium empfunden, die Krönung seines gewaltigen Vorhabens steht noch aus, und er möchte das noch erleben. Die Pläne, auch die von Dominikus Zimmermann, müssen aber liegenbleiben, der Konvent sträubt sich gegen eine sofortige Weiterarbeit und möchte erst einmal eine Ruhepause einlegen. Abt Rupert muß sich fügen. Aber obwohl die Zeiten hart waren, gab er seinen Plan nicht auf: Simpert Kramer wurde 1736 wieder berufen und der Bau in Angriff genommen. Basierend auf Pater Vogts erstem Plan entwickelt er eine große kreuzförmige Kirche mit allseits abgerundeten Kreuzarmen. Dieser Plan liegt dem ausgeführten Bau zugrunde. Aber Abt Rupert erlebt diesen nicht einmal mehr im Rohbau. 1739 stirbt er, und sein Nachfolger im Amt, Abt Anselm Erb, ent-

Ottobeuren, Inneres der Benediktiner-Klosterkirche

läßt Kramer. Er wendet sich um Rat zunächst an Joseph Effner, den Münchener Oberhofbaudirektor, der einen geraden Chorschluß vorschlägt. 1748 dann beruft er Johann Michael Fischer. Wie so oft muß Fischer einen angefangenen Bau übernehmen, wie schon in Dießen gelingt es ihm auch hier, dem Bau doch noch seinen Stempel aufzudrücken und den aufgehenden Raum nach seinen Vorstellungen zu formen. Er überarbeitet Simpert Kramers Grundriß in den äußeren Linien gar nicht einmal sehr wesentlich und übernimmt den von Effner vorgeschlagenen geraden Chorabschluß. Entscheidend für den Raumeindruck sind seine Änderungen bei Fassade und Querarmabschlüssen, die er anders durchlichtet, die Fassade mit einer plastischen Säulengliederung belebt, vor allem aber bei der Vierungskuppel. Lange war bei den früheren Plänen noch unentschieden gewesen, ob die Vierung von einer hohen durchfensterten Kuppel oder von einer Flachkuppel abgeschlossen werden sollte. Nun, bei Fischer war es klar, es konnte nur eine flache Kuppelwölbung sein, die alle Raumteile miteinander verklammert und verschleifend wirkt, zudem Platz gab für ein großes Fresko, das um diese Zeit für eine Kirche unerläßlich schien, um den Himmel in das Haus Gottes bildlich herabzuholen. Fischer verstärkte zudem entscheidend die Eckpfeiler der Mittelwölbung, gab ihnen plastische Akzente durch seitliche Säulenabschlüsse. Durch ihre Schrägstellung zur Kuppelmitte hin aber setzte er einen zentrierenden Akzent, weitete Simpert Kramers Kreuzkirche in der Mitte zu einem Zentralraum, der alle auseinanderstrebenden Raumteile wieder zusammenfaßt. Trotz des übernommenen Grundfundamentes war es ihm wieder einmal gelungen, seine Zentralidee doch noch zur Verklammerung des Raumes durchzusetzen.

Wenn man sich dem Kloster nähert – am besten tut man es von der bewaldeten Hügelseite her, da hat man den ungestörtesten Blick –, »segelt« die Kirche wie ein Flaggschiff dem Klostertroß voran. Die zwischen den Türmen vordrängende Fassade, die abgerundeten Kreuzarme, die der Vierung aufgesetzte Dachspitze verraten eine Kraft und Dynamik, die die Umgebung bestimmen.

Tritt man dann ins Innere, erschließt sich vor unseren Augen ein grandioser Raum. Schon seine Dimensionen sind beeindruckend. Drei große Kuppelräume sehen wir nun hintereinander, begleitet von seitlichen Kapellen, dazu Altarraum und Eingangsbereich. Bei weiterem Durchschreiten öffnen sich die lichten Querarme, die Mittelkuppel erweist von hier aus ihre zentrale Kraft. Licht fällt seitlich herein, eine Fülle von Ausstattungsstücken beeindruckt nach und nach.

Diese zog sich noch lange hin. 1755 hatte man erst die Hauptkuppel geschlossen, stand der Rohbau fertig. Die Verträge mit den Stukkatoren und Bildhauern waren schon vorher gemacht worden und man hatte sich über ihre Entwürfe geeinigt. Allen voran waren mit der »inneren Verzierung« die Brüder Feichtmayr, besonders Johann Michael, beschäftigt, die den gesamten Stuckdekor in der Kirche schufen, dazu die Altäre und die zwölf großen Figurengruppen oben auf dem Gesims über den Stuckmarmorsäulen. Auch Taufstein und Kanzel gehören zu ihrem Werk. Die figürlichen Teile daran stammen von Josef Christian, der mit allen Materialien umzugehen verstand, ob es sich nun um die entzückenden Putten an den Altären, die großen Engel und Heiligenfiguren am Hochaltar, die Taufgruppe am linken westlichen Vierungspfeiler oder die Lindenholz-Reliefs am Chorgestühl im Presbyterium handelt. Mit ungeheurer Geschmeidigkeit und Leichtigkeit hat er diese Riesenaufgabe bewältigt. Bis 1767 wa-

Ottobeuren, Detail von einem der Altäre von Johann Michael Feichtmayr und Josef Christian

ren Feichtmayr und Christian hier tätig, seit den ersten Entwürfen und Verträgen waren mehr als zwölf Jahre vergangen. Arbeiten für die Chorschranke erfolgten sogar noch in den achtziger Jahren, das Eingangsgitter kam schließlich erst 1791/92 dazu. Gerühmt werden auch noch die beiden Chororgeln über dem Gestühl von Karl Riepp.

Die gewaltige Aufgabe der Freskierung der riesigen Kuppelflächen samt Nebenfeldern übernahmen 1763 Johann Jakob und Franz Anton Zeiller. Johann Jakob, der bedeutendste aus einer ganzen Malerfamilie, war 1708 in Reutte in Tirol geboren. Die Tiroler Freskomaler waren die ersten gewesen, die eine illusionistische Deckenmalerei römisch-bolognesischer Art in die Länder nördlich der Alpen getragen hatten. Auch Zeiller war einige Jahre in Rom gewesen, später dann in Wien. Wir sind ihm schon in Ettal begegnet, wo er 1747–1755 tätig war. Man merkt Zeiller die große klassische Schulung an, er war einer der Maler, der auch gegen Ausklang des Barockzeitalters noch mit großen Apparaten, figurenreichen Kompositionen und riesigen Dimensionen fertig wurde. Freskanten wie Johann Baptist Zimmermann, Matthäus Günther oder Gottfried Bernhard Göz bevorzugten schon seit langem lichte, lockere und weniger großartige Rokoko-Idyllen. Allein in einer Kirche von diesen Ausmaßen wäre man damit nicht zurecht gekommen, und so hat Abt Anselm Erb instinktsicher den traditionelleren Tiroler gewählt.

Die Hauptszene in der Vierungskuppel ist eine Darstellung des Pfingstwunders. Auch Zeiller läßt an der Kirchendecke nur noch selten Scheinarchitektur aufwachsen, die den realen Raum fortzusetzen scheint. Das Geschehen wickelt sich wie in einem runden Himmelsausschnitt um den Rand des Bildfeldes herum ab, darüber erscheinen Licht, Himmel, Engel. Nur in der Blickrichtung zum Chor sehen wir Maria und die zwölf Apostel mit den Feuerzungen des Hl. Geistes über ihren Häuptern vor einer monumentalen Architekturkulisse. Auf der gegenüberliegenden Seite, nach Westen, zeigt sich der katholische Glaube als Beherrscher der Welt über den exotischen Personifikationen der vier Erdteile; wahrlich auch vom Inhalt her ein anspruchsvolles Programm.

1766 – zwei Jahre hatte man das Gründungsjubiläum verschoben – erfolgte die feierliche Einweihung der Kirche, über deren Portal mit Fug und Recht steht: »Haus Gottes und Himmels Pforten.« (GR)

War das Kloster Ottobeuren ein großartiges Beispiel dafür, wie Abt und Konvent in patriarchalisch-sorgender Voraussicht einen Bau dieser Größenordnung aufziehen konnten, ohne die wirtschaftlichen Möglichkeiten ihres Herrschaftsbereiches zu überfordern, so bietet das ehemalige Fürststift **Kempten** ein negatives Exempel für die Beziehungen zwischen Abt und Untertanen. Zwar nötigt einem die ungeheure Energie, mit der der fürstäbtliche Landesherr die erste große Kirche nach dem Dreißigjährigen Krieg emporzog, Achtung ab, und das Ergebnis – die St.-Lorenz-Kirche – ist auch heute noch bewunderungswürdig, aber der Preis dafür war hoch.

Die Fürstabtei Kempten war reichsunmittelbar, ging auf eine karolingische Gründung von 752 zurück, war reichlich mit Besitz versehen und adeligen Mönchen vorbehalten. Sie gehörte zum Benediktinerorden. 1632 ist beim Schwedeneinfall kein Stein auf dem anderen geblieben, Kirche und Kloster, aber auch Pfarrkirche verwüstet zurückgelassen worden. Die vornehmen Stiftsherren, gewohnt zur Jagd zu

Kempten, St.-Lorenz-Kirche, Ansicht der ehem. Stiftskirche von Südosten, ab 1651 von Michael Beer und Johann Serro errichtet

Kempten, St.-Lorenz-Kirche, Blick nach oben in die dreigeschossige Chorkuppel mit Stuck von Johann Zuccalli, 1661–1665

gehen und mit Kutschen spazierenzufahren, waren geflohen. Als 1639 ihr Abt starb, kamen sie trotzdem von überallher, um in diesen Zeiten der Not einen neuen zu wählen. Roman Giel von Gielsberg war gerade 27 Jahre alt, als er zu dieser Würde gelangte. Sofort befiehlt er allen vor den Schweden geflohenen Untertanen des Stifts zurückzukehren. Ihre »Steuerkraft« wird registriert, der Fürstabt denkt bereits an den Wiederaufbau seines zerstörten Stiftes. Allein 1646 rücken Franzosen und Schweden erneut gegen Kempten, Stiftsherren und Abt müssen wieder fliehen, letzterer bis nach Rom. Und noch einmal, 1648, muß sich Abt Roman vor den Schweden verstecken, muß Darlehen aufnehmen und die letzten Reste des Kirchensilbers verpfänden, um die Kontributionen zahlen zu können. Die Not, auch im Land, ist grenzenlos. Aber der Abt denkt nur an den Wiederaufbau. Obwohl schon jetzt überall Klagen gegen ihn laut werden, das Kaiserhaus in Wien deshalb den Besitz gerne kassieren würde, geht man in Kempten an einen Neubau von Stift und Kirche. Allerdings sollen Kloster- und Pfarrkirche in einem Bau vereinigt werden, was ungewöhnlich war. 1651 schließt Roman Giel von Gielsberg einen Vertrag mit dem Vorarlberger Baumeister Michael Beer, 1652 wird der Grundstein zur Kirche gelegt. Die Kosten für die noch zu tilgenden riesigen Lasten an Kriegsschulden und die nun dazukommenden Baulasten werden auf die Untertanen abgewälzt, ohne Rücksicht darauf, ob sie daran zugrunde gehen. Die Bauern sollen für die schlimmen Jahre, wo alles verwüstet lag und geplündert, die dreifache Steuer nachzahlen, Frondienste und Strafen nehmen unmenschliche Härten an. Aber der Bau geht weiter. Zwar hat sich der Abt schon bald mit seinem Baumeister zerstritten, und nun führt der Graubündner Johann Serro den Bau fort, zwar bestätigen eine kaiserliche Kommission und ein juristisches Gutachten aus Ingolstadt die Beschwerden der Stiftsuntertanen als rechtens, aber erst 1669 bekommt der Abt einen amtlichen Mitregenten aufgenötigt, der die Verhältnisse wieder in Ordnung bringen soll: Es ist Kardinal Bernhard Gustav von Baden-Durlach, ein Konvertit und ehemaliger Soldat. »Der Fürstabt Roman tobet und wütet wie ein unsinniger Stier. Es kann niemand mit ihm zurecht kommen«, schreibt er über diesen. Schließlich ruft ihn der Papst nach Rom, wo er 1678 stirbt.

Was geblieben ist, der erste barocke Kirchenbau großen Stils nach der einschneidenden Zäsur des Dreißigjährigen Krieges, ist allerdings beeindruckend. Durch seine unnachgiebige Härte ist der Kemptener den meisten anderen Klostern um einige Jahrzehnte im Bau voraus, Jahre, die andere dazu brauchten, um sich wirtschaftlich wieder zu erholen. Der erste und für den Bau wohl entscheidende Baumeister, Michael Beer, kam aus Vorarlberg, hatte allerdings die meiste Zeit in Niederösterreich verbracht. Dort hat er das Maurerhandwerk gelernt. Erst nach Beendigung des Krieges macht er sich wieder auf den Weg nach Westen. Große Auswahl an Baumeistern dürfte damals nicht geherrscht haben, aber wie Beer und Abt Roman zusammenkamen, weiß man nicht. Er fing das Stiftsgebäude an und die Kirche, von der er 1652/53 das Langhaus, das Erdgeschoß der Türme und das Oktogon des Chores festlegt. Damit ist die entscheidende Form geprägt. Von Abt Roman hieß es, daß er ständig Teile des Baues wieder einreißen ließ, wenn sie ihm nicht zusagten. Johann Serro aus Roveredo erhöht das Langhaus, setzt neue Gewölbe, baut an den Türmen weiter. 1674 war der Bau so gut wie abgeschlossen, wenn auch noch nicht ganz in der Form, wie er heute steht. Das 18. Jahrhundert fügt die Seitenkapellen im Langhaus hinzu, 1704/05 die Rundkapellen vielleicht durch Johann Jakob Herkomer, 1748 die Erkerkapellen. Offizielle Weihe war erst 1748. Die Türme müssen noch bis zum Jahr 1900 warten, ehe sie ihre obersten Geschosse erhalten.

Der Bau, ganz am Beginn einer neuen heimischen Entwicklung stehend, ist ohne Frage höchst interessant und wichtig. Er hat noch nichts von der selbstverständlichen Glätte und Routiniertheit späterer Bauten, alles ist noch unerprobt und stößt in Neuland vor. Da das Bild des Raumes bestimmende Züge in späteren Bauten so nicht wiederaufgenommen und weitergeführt werden, bleibt ihm auch aus historischer Sicht der Zug des Besonderen, Einzigartigen. Er gehört in die Reihe von frühen Bauten, die jeder für sich gesehen sein wollen, Neues erproben, aber nicht unbedingt Begründer einer langen Reihe von Nachfolgebauten sein müssen.

Von außen erscheint St. Lorenz als verputzter Bau von einer gewissen Härte und Kantigkeit, streng, aber

Kempten, St.-Lorenz-Kirche, Blick in das Innere auf Vierung und Chor hin

101

schon durch die Lage auch auf Sicht von mehreren Seiten her berechnet und damit vielfältiger als manche andere. Die heute die Seitenfront zu einer eigenen Fassade machenden Rundkapellen mit dem geschwungenen Treppenaufgang stammen zwar erst aus dem 18. Jahrhundert, aber schon der interessante Chorbau muß im 17. Jahrhundert stark gewirkt haben. Mit seinem Verlängerungsstück schließt die Kirche an das Stiftsgebäude an, das hier zum erstenmal Kloster und Residenz zugleich und in seiner regelmäßigen Anlage dem Schloßbau verpflichtet ist.

Im Inneren öffnet sich ein basilikales Langhaus, dessen Mittelschiff über die Seitenschiffe hinausragt und durch Fenster oben eigenes Licht erhält. Beer und Serro greifen damit nicht den Wandpfeilerbau von St. Michael in München auf, der für die spätere Entwicklung so wichtig war. Zwischen Fensterzone und Arkaden öffnet sich die Wand in einem Emporengeschoß mit dem sogenannten Palladiomotiv, das dem venezianisch-paduanischen Kunstraum entstammt. Noch interessanter wird der Raum aber, wenn wir weiter zum Chor hin schreiten, zunächst fast verwirrend durch Überschneidungen und Durchblicke. Beer hat aus dem sich dem Langhaus anschließenden Chor ein Oktogon mit hoher Kuppel gemacht. Die Kuppel öffnet sich nur über dem inneren Geviert des Oktogons, dem Langhaus, auf Chor und Seitenaltäre zu werden relativ niedrige, breite Tonnengewölbe eingezogen, die wie Brücken zum restlichen Raum hin wirken. Besonders zum Mittelschiff hin erscheint der niedrigere Bogen mit dem Emporenriegel darüber abgrenzend, was aber sicher berechtigt war, denn das Langhaus diente als Pfarrkirche, der Chor für die Stiftsherren als Presbyterium. Überwältigend ist der Blick nach oben in die Kuppel, wo sich durch die drei Geschosse hindurch die interessantesten Einblicke ergeben. Der Hochal-

tar ist dann wieder Ziel aller Ansichten, ob von Langhaus=Pfarrkirche oder Chor=Mönchschor aus. In diesem Oktogon wirken vielleicht Eindrücke vom Salzburger Dom nach, auch in Weilheim und in der Jesuitenkirche in Innsbruck hatte man dieses gewählt. Als Übergang vom strengen, linearen Renaissancestil zum Barock mit seinen Rundkuppeln und Flachkuppeln sind sie wohl zu werten. Bezeichnenderweise ist die Kuppel aber hier über dem Chor angebracht und ihr ist eine gewisse abgrenzende Wirkung zugemessen. In einer Zeit, die noch um die Formung barocker Raumkörper überhaupt ringt, kann man nicht erwarten, daß sie bereits ein Bedürfnis nach Raumverschleifung zeigt. Die Kuppel ist hier nicht einzelne Raumteile integrierendes Raumglied wie die ja auffälligerweise in der Vierung, also an einer »Gelenkstelle« eingesetzten Kuppeln späterer Zeit, aber sie ist ein großartiges Kulminieren des Raumes vor dem Hochaltar, dem liturgischen Zentrum.

Von der Ausstattung sind die Stukkaturen hervorzuheben sowie die Fresken von Adrea Asper, die zu den frühesten illusionistischen Deckenbildern in unseren Landen überhaupt zählen. Auch die Scagliolaarbeiten (Stuckintarsien) an den Dorsalen des Chorgestühls und an den Seitenaltären sind selten und verdienen besondere Beachtung. Von den Plastiken soll das ergreifende Astkruzifix (um 1350), vielverehrtes Relikt aus der alten Kirche, und die Maria als Himmelskönigin vom Chorgestühl erwähnt werden. Alles zusammen trägt bei, um den Eindruck des Ungewöhnlichen, des viele spätere Bauten Überragenden zu bestärken. (GR)

Die Fahrt zur Pfarrkirche St. Petrus in **Sandizell** führt uns wieder nach Norden, nun schon in Richtung auf die Donau zu. Auf dem Grund und neben dem Schloß derer von Sandizell gelegen, ist sie erst seit 1685 Pfarre. Die

alte gotische Kirche war zwar im Dreißigjährigen Krieg von den Schweden schwer beschädigt worden, auch 1704 im Spanischen Erbfolgekrieg noch einmal von den Holländern und Engländern geplündert; sie wurde jedoch immer wieder hergerichtet und sogar verschönert. Nun aber führt wiederum nur ein privates Gelöbnis zu einem barocken Neubau: Freiherr Max Emanuel von Sandizell sollte eine Reise nach Malta antreten und schwört, nach glücklicher Rückkehr eine neue Kirche zu errichten. Nachdem er 1734 tatsächlich gesund wieder heimgekommen ist, beginnt schon 1735 der Neubau. Die wichtigsten Künstler hat Freiherr von Sandizell aus München geholt; 1734 »den Zimmer- und Maurermeister von Minchen«, wohl Michael Pröpstl, der nach Entwurf des Münchener Hofbauamtes, das heißt Johann Baptist Gunetzrhainers, arbeitet. Schon 1737 ist der Bau im wesentlichen fertig, es fehlen noch der Turm und größere Teile der Innenausstattung. Der Österreichische Erbfolgekrieg jedoch bringt nun Verzögerungen. Für die Altäre hat der Bauherr Egid Quirin Asam verpflichten können, von denen allerdings nur der Hochaltar vollendet wird. Noch in den fünfziger und sechziger Jahren kommt das eine oder andere Stück hinzu, und erst 1772 erfolgt die endgültige Weihe. Auch wenn der Baumeister der Kirche nicht archivalisch belegt ist – »modern« war sein Entwurf. Der Gemeinderaum ist ein Achteck, das auch im Außenbau in Erscheinung tritt. In der Hauptachse sind ihm im Westen eine Vorhalle als Fundament des Turmes vorgelagert, im Osten ein Chor mit halbrund abschließender Altarwand. Die beiden Seiten des Oktogons im Süden und Norden werden von gro-

Sandizell, Hochaltar der seit 1735 errichteten Pfarr- und Hofmarkskirche St. Petrus von Egid Quirin Asam

ßen Fenstern durchbrochen und mit Seitenaltären besetzt, die zum Teil noch seitlich die Fenster umrahmen. Die Schrägseiten im Osten sind ebenfalls mit Altären versehen, im Westen wurden hier Emporen für die fürstliche Familie eingebaut. Die Süd- und Nordseiten sind dabei etwas nach außen gerückt, zwar nicht tiefer als nischenartig, aber doch auf diese Weise eine leichte Kreuzform andeutend. Das Münchener Hofbauamt verfolgt damit im Grundriß und Raumbild ähnliche Ziele wie Johann Michael Fischer, dem der Bau gelegentlich auch zugeschrieben worden ist.

Der Besuch der Sandizeller Kirche lohnt sich aber vor allem wegen seines Hochaltars: Von Anfang Juni bis Anfang November 1747 ist Egid Quirin Asam hier gewesen, um ihn zu gestalten. Im folgenden Jahr wurde die Fassung nach Asams Angaben ausgeführt. Dieser Hochaltar ist zwar ein Einzelwerk Asams innerhalb einer sonst nicht von ihm beeinflußten Umgebung und damit in seinem Werk fast alleinstehend. Und doch ist es ihm gelungen, wieder eine seiner großen Inszenierungen zu verwirklichen. Das Zentrum bildet wie in Weltenburg und Rohr nicht das übliche Gemälde, sondern eine plastische Figurengruppe aus Stuck. Patroziniumsfest der Kirche war die Stuhlfeier Petri. Der hl. Petrus ist also hier als erster Papst und Apostelfürst dargestellt. Asam hat sich dabei noch einmal an Rom und seine Jugendeindrücke erinnert: die großen Grabmäler römischer Päpste von Berninis Urban VIII. bis zu Pater Grassis Gregor XV., letzteres in der Jesuitenkirche S. Ignazio, wirken hier nach, dazu Berninis strahlenbeglänzte Cathedra Petri in St. Peter. Alles zusammen ergibt eine Symbiose aus goldenem Licht, weißstrahlenden Figuren, lachsroten gewundenen Säulen – auch diese an St. Peter erinnernd –, Wolkenpuffs, Engeln und Putten, lichter und heiterer als alles Römische und damit trotz der hochbarocken In-

Aldersbach, Detail von der Orgelempore im Westen: Engel als Eck-Trägerfiguren von Egid Quirin Asam

Aldersbach, ehem. Zisterzienser-Klosterkirche, Blick in das Innere von 1720, Chor von 1619. Stuckierung von Egid Quirin Asam, Fresken von Cosmas Damian Asam

gredienzien der Inszenierung ein Schritt Asams in diesem seinem Spätwerk zum Rokoko.

Die ehemalige Zisterzienser-Klosterkirche in **Aldersbach** eröffnet den Reigen der zahlenmäßig kleinen, dafür qualitativ um so eindrucksvolleren Gruppe der niederbayerischen Barockkirchen. Einer der festlichsten und großräumigsten Sakralbauten erwartet uns hier. Das Kloster war zunächst 1120 von Augustiner-Chorherren gegründet worden, aber schon 1146 zogen Zisterzienser von Ebrach hier ein. Die Zisterze gedieh und konnte ihrerseits neue Abteien gründen und besiedeln, so Fürstenfeld, Fürstenzell, Walderbach. Das Kloster hat die Zeit der Reformation in guter Disziplin überstanden. Anfang des 17.

Jahrhunderts wurde an der noch mittelalterlichen Kirche ein neuer Chor errichtet, 1720 dann auch ein neues Langhaus, die Einturmfassade kam 1746 hinzu. Architekt des Hauptteils war der italienische Stadtbaumeister von Landau an der Isar, Domenico Magzin.

Der Bau empfängt uns mit seinem Turm, der in der Mitte der Fassade vortritt wie ein Ausrufezeichen und eine festliche Fanfare, im Inneren eine enge Vorhalle bildend. Tritt man unter der Orgelempore hervor, öffnet sich die »Bühne«. Der Kirchenraum ist ein reiner Wandpfeilerbau mit Altären an den Ostseiten, der frühbarocke Chor ist stärker eingezogen, und so stellt sich dem Blick kulissenartig eine Folge von Altären entgegen. Sogar als Abschirmung des Chorgestühls sind altarartige Abschlüsse mit vergoldeten Reliefs der Gemeinde zugedreht. Vom Grundriß her gesehen also eine typische Ordenskirche der Zeit, ohne Experimente raumverbindender Art. Der Raum ist aber glücklich proportioniert, und dank der Ausstattung durch die Brüder Asam gewinnt er noch an Festlichkeit und hochgestimmter Atmosphäre.

Die Asams hatten wohl schon von ihrem Vater Hans Georg her gute Beziehungen zu den Klöstern des Landes. Hier in Aldersbach hat Egid Quirin die Stuckierung, Cosmas Damian die Freskierung besorgt. Die Stuckauszier steht stilistisch auf der Schwelle vom Noch-Schweren barocker Fruchtgehänge und Ranken zum leichteren, flachen Bandelwerk des beginnenden Régencestils. Das hochbarocke Pathos scheint aber noch überall durch. Cosmas Damian hat in den Fresken des Langhauses einen ersten Schritt zur Vereinheitlichung der Malfläche gemacht: nun liegen nicht mehr nur Joch für Joch zwischen den Wandpfeilern kleine Freskofelder, wenigstens im Langhaus hat man nun drei Abschnitte zusammengefaßt zu einem größeren Feld. Dargestellt ist die Erlösung der Welt durch Christus, dadurch, daß Gottvater seinen Sohn Fleisch werden ließ und geopfert hat. So stellt es sich in einer Vision des Ordensheiligen Bernhard von Clairvaux dar. Dieser sitzt als junger Edelmann am Fuß des Bildes, darüber ein strahlender Engel, der die Hirten zur Geburtsszene im Stall verweist, wieder darüber auffliegende Engel mit dem Kreuz der Erlösung und der alles lenkende Gottvater. Über einer illusionistisch verkürzten und das Bild begrenzenden Balustrade türmt sich die Szene in blendenden Lichteffekten und rauschender Schönheit. Die Szene ist optisch-perspektivisch viel freier gestaltet, als es die Asam-Fresken noch in Weingarten waren. Cosmas Damian löst sich zunehmend von der starren Logik des strengen Illusionismus und schafft so ein berauschenderes Bild. Die Geburtsszene hat er öfter dargestellt, in Michelfeld 1717 befangener, in Einsiedeln 1725/26 inniger, nirgends aber mit so überwältigendem Glanz der Offenbarung wie hier in Aldersbach.

Zu den üppigen hochbarocken Ausstattungsstücken, zu denen auch die schönen Altäre des Passauers Josef Matthias Göz gehören, stehen die frühbarocken Werke des Chores von 1619 in reizvollem Kontrast: Die Madonna von Hans Degler und das Altarbild von Matthias Kager, beide noch dem strengeren Münchener Maximiliansstil des frühen 17. Jahrhunderts verbunden.

Wir werden jetzt den Brüdern Asam ständig begegnen, zumeist sogar in Werken, die sie allein gestalten konnten: hier in Niederbayern haben sie ihre großzügigsten Förderer gefunden.

Der erste dieser unvergeßlichen Eindrücke erwartet uns in **Rohr.** Die hiesige Abtei gehörte den Augustiner-Chorherren. Unter ihrer Obhut hat sich auch der Ort gut entwickelt und wurde im 14. Jahrhundert Markt. Bewegte Zeiten seit der Gründung 1133 gingen über Rohr hin, bis im Dreißigjährigen Krieg 1632 und 1648 kaum zu überwinden scheinende Verwüstungen alles niederwarfen. Aber auch hier, wie so oft, trat ein Retter auf in Gestalt des äußerst fähigen Propstes Patrizius von Haydon. Er führte die neue Kirche 1717–1725 auf und schuf somit ein Zeichen für die neuerstarkte Kraft des Klosters. Zugleich setzte er sich selbst ein Monument in der Wahl seines Künstlers. Leider sind nur sehr spärliche Nachrichten darüber erhalten, so daß man nicht weiß, wie Haydon auf Egid Quirin Asam kam. Denn Egid hat hier allem Anschein nach zum erstenmal auch als Architekt fungiert. Von dem »Edlen und Kunstreichen Herrn Aegidij Asam, der das gebäu füehrte« ist 1721 die Rede. Immerhin hatte er den einheimischen Maurermeister Joseph Bader als Bauführer, der das Werk während seiner Abwesenheit leitete. Von der alten romanischen Basilika ist der untere Teil des Turmes übernommen, der seitlich vor der Westfassade steht. Mit seinem bulligen, klotzigen Aufbau verstellt er den Blick und läßt eine Ausgestaltung der Fassade kaum zu.

Wie überhaupt das Äußere der kreuzförmigen Kirche äußerst karg und unbedeutend ist. Möglicherweise war der Anteil Baders am Bau doch größer, vielleicht hat sich auch die sicher nicht sehr große Erfahrung Asams ganz auf das Innere konzentriert. Dieses stellt sich als Langhausbau mit ausgeprägtem Querschiff dar. Die Vierung zeigt allerdings nicht wie bei römischen Kirchen dieses Typs eine Tambourkuppel, sondern eine flache Wölbung. An eine richtige Kuppel wagte man sich wohl nicht heran, auch hätte sie mit ihrem Lichteinfall vom Hochaltar abgelenkt. Und auf diesen ist der ganze Raum ausgerichtet. Das Kirchenschiff öffnet sich in Arkaden und Oberlichtfenstern basilikal, es verstellen also keine Altäre und Bilder den Blick. Die Vierung, die zudem kein richtiges Freskobild erhalten hat, bildet eine dunkle Zone, Kontrast zu dem nun in vollem Licht strahlenden Hochaltar. Trotz der fehlenden Kuppel verrät der Innenraum der Klosterkirche in Rohr, wie vertraut Egid Quirin Asam mit diesem römischen Bautyp war, den die Theatiner-Kirche in München in Bayern eingeführt hatte. Er fand hier aber wenig Nachfolger, man hat sich lieber an die Wandpfeilertypen in der Nachfolge der St.-Michaels-Kirche gehalten, sie waren offener, einem einheitlichen Raumbild dienlicher und auch unkomplizierter im Bau. Obwohl er im praktischen Bauen noch nicht viel Erfahrung haben konnte, hat sich Asam doch an das ambitioniertere römische Vorbild gehalten. Man kann annehmen, daß die Kirche auch in der malerischen Ausstattung noch mehr zeigen sollte, vielleicht von Cosmas Damian, aber dazu ist es nicht gekommen. So steuert der Raum ohne Ablenkung auf den Hochaltar zu.

Rohr, ehem. Augustiner-Chorherrenkirche, Blick in das Innere, von Egid Quirin Asam, 1717–1725

Rohr, Ausschnitt aus der plastischen Hochaltargruppe mit Mariä Himmelfahrt

Dieser hinwiederum ist im architektonischen Gerüst ganz auf den Kirchenraum bezogen. Zwischen den Langhausarkaden hat Asam als Gliederung Pilaster bevorzugt, um bei der Vierung an den Eckpfeilern zu einer Steigerung in Form von Halbsäulen zu gelangen. Das umlaufende Gebälk über allem ist vielfach profiliert und stark verkröpft. Diese Säulen und Gebälkformen nimmt Asam nun in der »Kulisse« des Altares wieder auf. Waren die Wandgliederungen allerdings weiß gekalkt, so sind diese im Chor nun farbig marmoriert. Das Wort »Kulisse« ist hier nicht ganz zu Unrecht gewählt, denn der Hochaltar in Rohr ist ähnlich wie in Weltenburg oder in Sandizell wie eine Bühne gestaltet mit vollplastischen Figuren, kein Altargemälde, das gerahmt wird, sondern ein »lebendes Bild«, dreidimensional.

Lebendig eindrucksvolle sakrale Szenen dieser Art hat Egid Quirin wiederum in Rom zu sehen bekommen. Die Peterskirche selbst hatte keinen Hochaltar im üblichen Sinne, sondern hinter dem freistehenden Baldachinaltar über dem Apostelgrab an der Chorrückwand den leeren Thron Petri, umrahmt von Engeln, überstrahlt von einer Gloriole aus goldgelbem Glas mit goldenen Strahlen. Die Jesuitenkirche S. Ignazio, die für die Asams in vieler Hinsicht anregend war, hatte plastische Altäre, die allerdings viel stärker der Wand verhaftet blieben. Am eindrucksvollsten waren in dieser Hinsicht gewiß die von Gianlorenzo Bernini gestalteten Kapellen mit den plastischen Darstellungen der Ekstase der hl. Theresa und der seligen Ludovica Albertoni (Cornaro-Kapelle in S. Maria della Vittoria, 1645, und Altieri-Kapelle in S. Francesco a Ripa, 1674). Beides waren zwar keine Hochaltäre, sondern Gestaltungen kleiner Familienkapellen, aber die Art, wie Bernini Lichteinfall, Architektur und plastische Figur zu einer stupenden Wirkung fügte, dürfte Asam unvergeßlich gewesen sein. Nun versucht er sich hier an einer schwierigen, figurenreichen Szene mit schwebenden Gestalten als Blickpunkt einer ganzen Kirche, und das Unterfangen gelingt großartig!

Thema war Mariä Himmelfahrt. Die Apostel stehen an ihrem Grab, haben den schweren Deckel des gewaltig ausladenden Sarkophags abgenommen und beiseite gestellt, als vor ihren überraschten Blicken die Madonna von Engeln zum Himmel getragen wird. Oben, vor einer strahlenden Gloriole, erwarten sie Christus und Gottvater mit einer Krone, um sie zur Himmelskönigin zu machen. Die Szene ist von äußerster Dramatik. Erscheint sie vom Eingang aus noch mehr reliefartig vor dem Hintergrundsvorhang, gerahmt von den flankierenden, abgetreppt stehenden Säulen, so gewinnt sie bei näherem Zusehen an Plastizität. Auch der architektonische Aufbau wird zusehends räumlicher: die Säulen treten auseinander, lassen durchblicken zu weiter hinten stehenden Säulen, zwischen denen sich die Bühne öffnet. Hier sind an den Seiten der Choraußenwand große Fenster durchbrochen, durch die volles Tageslicht hereinfällt. Besonders von der Südseite, wenn die Sonne scheint, geht es wie Scheinwerferlicht her, die Szene in strahlende Helligkeit tauchend. Der Bildhauer hat das bei der Gestaltung seiner Gruppe auch voll ins Kalkül gezogen, die Figur der Maria etwas ins Drehen gebracht, dem Licht zugewendet, das ihr Gewand ebenso auffängt wie der aufschwingende Flügel des rechten Engels. Dazu kommt von oben durch das gelbe Fenster das Goldlicht der Gloriole: So entsteht doppelter Lichtglanz, von oben und von der Seite. Mit dem Wandern des Sonnenlichts im Tageslauf ändert sich auch der Eindruck der Szene. Nicht nur die Figuren selbst sind in äußerster Bewegung gezeigt, mit weitausfahrenden Gesten und heftigem Auf- und Zurückbiegen der Körper, mit Drehungen und Windungen. Sie sollen ein Äußerstes an überraschender Wirkung, an Effekt zeigen. Nun, bei näherem Herangehen, bei Lichtveränderungen, etwa durch vorüberziehende Wolken, entsteht noch eine zusätzliche äußere Bewegung, die sich der Szenerie mitteilt. Sie fordert geradezu auf, den Standort zu wechseln, alles von verschiedenen Seiten zu betrachten und immer wieder neue überraschende Wirkungen zu bemerken. So sind hier Licht, Dynamik, Zeit, die wichtigsten Antriebe barocken Gestaltungswillens, ganz unmittelbar zum Transportmittel einer inhaltlichen Aussage geworden. Hier bedarf es keiner Übersetzung mehr in andere Medien, Mittel der Gestaltung und inhaltliche Aussage sind zur Deckung gekommen. Deshalb erscheint uns auch die Himmelfahrtsgruppe in Rohr als barockes Kunstwerk schlechthin, das alles in sich vereinigt, was man vom Barock überhaupt erwarten kann. Immer wieder wird man neuer Details gewahr, neuer Blickwinkel. Die ganze Szene erscheint zugleich künstlicher und doch echter als der Georgsaltar in Weltenburg. Die

Rohr, die Apostel am leeren Grab Mariens, Detail vom Hochaltar

Stuckfiguren sind weiß geblieben, nur bei den Engeln und der Madonna wird Goldhöhung verwendet: das macht die Gruppe unrealistischer als die bunten Figuren in Weltenburg, aber zugleich auch künstlerischer, auf eine höhere Ebene transponiert. Zum Gold der Schmuckteile paßt der warme Braunton des Stuckmarmors im architektonischen Aufbau. Echter wirkt die Szene vielleicht durch die stärkere Konzentration des konventionelleren Kirchenraumes und die stärkere Einbettung der Szene in die Umgebung bei der Sicht vom Eingang her. Egid Quirin Asam hat hier ein Kunstwerk geschaffen, das in seiner Geschlossenheit und Kraft der Wirkung niemand vergessen wird, der es je gesehen hat. (GR)

Auch auf den nächsten drei Stationen unserer Reise haben wir es mit Werken der Asams zu tun. Zunächst kommen wir nach **Straubing,** nach St. Ursula. Die Klosterkirche hier ist ein ziemlich spätes Werk der beiden Brüder; Cosmas Damian ist noch vor seiner Vollendung gestorben. Der größte Anteil entfällt ohnehin an den jüngeren Egid, der hier nach Rohr und nach St. Johann Nepomuk in München auch wieder als Architekt auftritt.

Die Ursulinen, denen die Kirche schon damals gehörte, waren seit 1691 in Straubing ansässig, um neben dem Jesuitengymnasium für Knaben auch für die Mädchen Schule und Internat zu schaffen. Sie hatten auch schnell Erfolg und mußten schon bald an eine Vergrößerung ihrer Schule denken. Die Kapelle in einem ehemaligen Pferdestall reichte auch nicht mehr aus, so daß die Oberin sich um einen neuen Bauplatz bemühte. Nach mehreren Eingaben am kurfürstlichen Hof in München erreichte sie es schließlich auch, daß den Ursulinen der zwischen den Klostergebäuden stehende Salzstadel überlassen wurde zum Bau einer neuen Kirche. Die Oberin stammte aus München, war die Tochter des

Bürgermeisters und hieß seit 1732 Mater M. Magdalena von Empach. Sie wandte sich nun an die Brüder Asam, die sie vielleicht noch von München her kannte. Aber auch in Straubing selbst gab es schon einige kleinere Werke in der Schutzengel-, der Karmeliten- und der Jakobskirche von der Hand Cosmas Damians. Die Brüder, das heißt Egid Quirin, sagten zu, weil sie »ein freidt haben ein schone Kirchen zu bauen und zu ziern«.

Im Sommer 1736 wurde der Grundstein gelegt, am Ende des Jahres 1737 war der Rohbau fertig. 1738 und 1739 entstand der größte Teil der Innenausstattung an Stuck, Altären; auch die Fresken, die Cosmas Damian malte, sind in diese Zeit zu datieren. Dieser starb am 10. Mai 1739 und hinterließ seinem Bruder wohl manches unvollendet. Egid Quirin war noch bis 1740 für längere Zeit in Straubing beschäftigt. Im Mai 1741 konnte die neue Ursulinenkirche durch Fürstbischof Johann Theodor eingeweiht werden. Nun war das Grundstück, das man durch den kurfürstlichen Salzstadel gewonnen hatte, wohl auch nicht sehr groß; jedenfalls mußte Egid Quirin sich mit wenig Platz begnügen. Schon im Äußeren erwies sich die Gestaltung als nicht ganz unproblematisch: nicht nur, daß es sich allein darum handeln konnte, eine Straßenfassade zu zeigen (denn der Rest ist von Institutsgebäuden ganz eingefaßt); die Straße ist dazu noch sehr schmal, eine enge Schlucht, und ein günstiger Abstand für gute Wirkung kaum zu gewinnen. Die Lösung der Fassade erinnert an die Gestaltung der Münchener Johann-Nepomuk-Fassade: Die hohen Pilaster als äußere Rahmung, der geschwungene Giebel, das kleine Türmchen darüber, die großen Fenster. Der untere Portalteil ist allerdings strenger und schlichter und stärker vom Obergeschoß getrennt. Das obere Fenster ist dreigeteilt und nimmt die volle Breite zur Straße ein, um so viel Licht wie möglich hereinzulassen.

Im Inneren war, wie gesagt, der Platz knapp – wiederum eine Gelegenheit, einen optisch reizvollen, intimen Zentralraum zu gestalten. Der Grundriß zeigt eine leicht längliche Kleeblattform, wobei die seitlichen »Blätter« nur eine seichte Nische bilden. Der Eingangskonche antwortet der Chor, der bei aller Ausgewogenheit der Grundform doch am stärksten wirkt. Von den vier pfeilerartigen inneren Ecken wird eine raumüberspannende Kuppel getragen mit dem Fresko. In die Pfeiler sind Emporen und Logen eingebaut, über dem Eingangsraum wiederum zwei Emporen, so daß Schwestern und Schülerinnen in dem verhältnismäßig kleinen Raum doch genügend Platz fanden.

In diesem sehr harmonischen, schwingenden Raum, der wegen seiner Kleinheit im Bild kaum darzustellen ist, dominieren bei der Ausstattung die Altäre. Die Stuckzier ist sparsam, dafür aber von schöner, typisch Asamscher Farbigkeit. Auch die Details sind liebevoll gestaltet. So trägt jeder Pilaster statt eines klassischen Kapitells eine kartuschenartige Bekrönung mit zwei aus dem Rand herauswachsenden Puttenköpfchen, in der Mitte eine kleine goldene Krone mit einem flammenden Herzen. In den Kartuschfeldern selbst ist vor grünem Grund goldfarben ein Mariensymbol aufgemalt – ein Turm, ein *hortus conclusus*, ein Spiegel und so fort: das Patrozinium der Kirche ist die Unbefleckte Empfängnis Mariens. Sonst Dekorationselemente, die Egid Quirin oft verwendet hat, wie die roten, goldbefransten Tücher, die Lambrequins, die plastischen Blumenvasen und Pflanzen. Da man in kleinen Kirchen mehr Gelegenheit hat, auf unscheinbare, aber aussagekräftige Details zu achten, sei hier auf eins besonders hingewiesen: Über die Pfeiler, die die Kuppel tragen, ist ein kleiner Volutengiebel gesetzt. Zwischen Gebälk und lambrequinbesetzten Voluten entsteht so eine kleine Nische, die mit symmetrischen Ornamenten besetzt ist. In die vor ein grünes, gemaltes Feld stuckierten Blattformen hat Asam kleine runde Spiegelchen eingelassen, wie man sie manchmal bei indischen Stickereien findet. Es entsteht dadurch eine ungemein kostbare Wirkung, durch das Blitzen und Funkeln von Vergoldung und Spiegelchen hervorgerufen. Auf größere Entfernung hin sieht man nur noch die Wirkung, aber nicht mehr die Mittel, wodurch diese hervorgerufen wird.

Nun zu den Altären. Die Seitenaltäre füllen die Nischen ganz aus, große Gemälde – beide von Cosmas Damian gemalt und seiner Tochter, die 1738 hier ins Kloster eintrat, als Mitgift zugedacht –, von gedrehten Stuckmarmorsäulen gerahmt, oben Engel, die einen Kronreif halten vor den dreipaßförmigen Fenstern.

Der Hochaltar ist ähnlich im Aufbau: Gemaltes Altarblatt, gedrehte Säulen, die obere Bekrönung hier mehr baldachinartig. Der Altar hat in der Hauptnische jedoch mehr Luft und Platz, so daß oben und zu Seiten zusätzliche figurale Plastik kommt. Das heutige Altarblatt selbst zerstört leider die Asamsche Einheit; es zeigt die Unbefleckt Empfangene von einem nazarenischen Maler. Oben im Baldachin sind der Putto mit dem Lilienzweig und der auf Gottvater weisende Engel ebenso auf das Bild bezogen wie St. Michael.

Mit zu den großartigsten Asamschen Figuren gehören aber die beiden seitlich am Altar knienden Heiligen. Dargestellt sind die beiden gegenreformatorischen Führer, St. Ignatius und der hl. Karl Borromäus, beide für die katholische Erziehung wichtige Gestalten; letzterer hat den Ursulinen die erste Regel gegeben. In den Gewändern dominiert Rot und Gold, wobei auch der Farbe ein metallischer Schimmer unterlegt ist. Die Gestik ist expressiv, ausfahrend, beschwörend, die Gesichter alles andere als nach einem oberflächlichen Schönheitskanon gestaltet. Das sind *die* Heiligen des hochbarocken Katholizismus, etwas mystisch Besessenes haftet ihnen an. Wenn man bedenkt, daß sie sogar noch einige Jahre später als die eleganten langbeinigen Quellnymphen in der Amalienburg von Johann Baptist Zimmermann entstanden sind, so ist das doch ein erstaunliches Phänomen und wohl nur durch die persönliche Frömmigkeitshaltung Egid Quirins zu erklären.

Im übrigen wird man von der Ursulinenkirche besonders den Eindruck der Harmonie mitnehmen, wozu die schöne warme Farbigkeit, der Goldton des weitgehend nur gemalten Wandschmucks, dazu das Funkelnde und Blitzende von Metall und Spiegeln und die Tupfer von Rot und Grün großenteils beitragen.

Straubing, St. Ursula, Detail vom Hochaltar mit der Figur des hl. Karl Borromäus von Egid Quirin Asam, 1738/39

Dem ersten großen Wurf der Brüder Asam begegnen wir in der Kirche St. Georg in **Weltenburg.** Landschaftlich an einer der schönsten Stellen der Donau gelegen, verbinden sich hier wieder einmal Natur- und Kunsterlebnis von einmaligem Reiz. Wir sind nahe Kelheim, an einer engen Schleife, die der Fluß bildet, abgeschieden und doch auf uraltem Kulturboden. Gleich danach, donauabwärts, treten hohe Felsen jäh an die Ufer heran, durch die sich die Donau ihr Bett genagt hat. Die romantische Gegend stimmt uns ein auf einen der exzeptionellsten Kunstgenüsse, die unser Land zu bieten hat.

Schon um das Jahr 600 müssen hier iroschottische Mönche eine Niederlassung gehabt haben. Der hl. Bonifatius gab mit Unterstützung des Herzogs Tassilo III. diese den Benediktinern. Das Kloster hat es immer schwer gehabt im Lauf der Jahrhunderte. 1842 wurde es von König Ludwig I. vierzig Jahre nach der Säkularisation wieder

Weltenburg, Benediktiner-Klosterkirche, Fassade zum Hof hin, nach 1716 von Cosmas Damian Asam errichtet

Weltenburg, Inneres der Klosterkirche mit dem Hochaltar: St. Georg tötet den Drachen und rettet die Königstochter, von Egid Quirin Asam

dem Orden zurückgegeben, der es heute noch unterhält.

Der für den heutigen Bau entscheidende Abt war Maurus Bächl. Er hatte den Vorsatz gefaßt, »was rechtes zu bauen«. Vorher Prior in Ensdorf gewesen, wo damals ein Abt aus Tegernsee das Kloster leitete, hatte er die Verbindung zur Familie Asam schon von Tegernsee her. 1713/14, also gleich nach der Rückkehr aus Rom, durfte Cosmas Damian in Ensdorf Fresken malen. Abt Maurus wird ihn von da her noch gekannt haben und bewies so viel Zutrauen zu seiner Kunst, daß er in dem nun ihm anvertrauten Kloster in Weltenburg den Auftrag zum Neubau dem knapp Dreißigjährigen gab, der bis dahin ja nur Erfahrung als Maler hatte.

Schon am 29. Juni 1716 wurde der Grundstein gelegt. Im Oktober 1718 war der Rohbau fertig. Die Ausstattung zog sich noch bis 1735 hin. Der Hochaltar entsteht seit 1721, der Stuck ist schon etwas früher zu datieren, das Kuppelfresko 1721. Die Leitung bei diesem Unternehmen hatte eindeutig Cosmas Damian. Wenn man bedenkt, daß er zwar in Rom viel gesehen und gelernt hat, aber über keinerlei Bauerfahrung verfügte, ein gewagtes Unternehmen. Aber es ist prachtvoll geglückt. Phänomene dieser Art sind gerade im Barock immer wieder zu beobachten, daß man Künstlern unorthodoxe Aufgaben anvertraut, nicht so genau unterscheidet, ob einer nun Baumeister, Stukkator oder Maler von Haus aus gewesen ist: es ist ohnedies alles so miteinander verbunden, daß es nur gut für die Wirkung sein kann, wenn das Werk aus einer Hand kommt. Aber sei es, daß sich die Asams doch nebenher einiges Wissen vom Bau angeeignet haben, sei es, daß sie immer fähige örtliche Bauleiter hatten – ihre Bauten verraten kaum Züge des Dilettantischen, wie es die Dominikus Zimmermanns gelegentlich doch tun.

Das Äußere ist wie bei den meisten Asamkirchen schlicht. Auch in Italien kann man dies häufig beobachten. Allein die Schauseite zählt, die Neben- und Abseiten sind oft völlig ungestaltet. Von weitem, von der Donau her, fällt nur die mit einem gestuften Dach versehene Kuppel auf. Nur wenn man die Kirche schon kennt, kann man in dem halbrunden Anbau den Chor vermuten. Die Fassade, die zu einem großen Hof hin gewendet ist, schließt direkt an den Klosterbau an. Sie ist unverputzt, mit betonter Mittelachse, bekrönt von einem großen Dreiecksgiebel. Man kann nicht ahnen, was einen im Inneren erwartet.

Hier nun ist man zunächst einmal überwältigt, alles ist ungewöhnlich und bei allem Reichtum und Glanz doch von einer merkwürdigen Stimmung. Das rührt vor allem von der Lichtführung her: Alles Licht kommt von oben und das meiste davon auch nur indirekt aus der Kuppelschale. Die kleinen Fenster über den Langseiten fallen kaum ins Gewicht, das Westfenster ist durch den Orgelprospekt fast völlig verstellt. Und dann geht der Blick unweigerlich zum Hochaltar, wo sich ihm ein faszinierendes Schauspiel bietet.

Doch zunächst noch etwas zum Raum: Die Kirche bildet als Gemeinderaum ein Längsoval mit je drei Nischen an den Langseiten. Diesem Oval ist ein ebenfalls ovaler Vorraum vorgelagert, und im Osten erweitert ihn ein angehängter länglicher Chor. Beide Nebenräume sind aber in der Wirkung optisch ziemlich abgeriegelt, so daß eigentlich nur das Mitteloval raumbildend und damit sehr in sich ruhend wirkt. Die Bewegung entsteht durch den Höhendrang. Schon das Licht zieht den Blick nach oben, das Untergeschoß bleibt wie in St. Johann Nepomuk in München weitgehend in mystischem Dunkel. Über dem Gebälk zieht sich bereits ein erster Schalenansatz ziemlich hoch hinauf, geschmückt mit Stuckreliefs und brokatierten Feldern. Dann tritt eine deutliche Zäsur ein: Die Kuppelschale wird geöffnet zu der noch höher liegenden Kalotte. Hier nun, entrückt und ohne sichtbare Verbindung zum Bau, steigt der Blick zum Himmel auf, der wiederum als perspektivisch gemalte Kuppel auf einer Säulengalerie erscheint. Die Dreifaltigkeit, Maria im Sternenkranz, unzählige Heilige und Engel schweben da auf Wolken: ein helles Paradies. Wenn man sich zu erklären sucht, wo diese Helligkeit herkommt, erinnert man sich, von außen Fenster im Kuppelrand gesehen zu haben. Im Innern sind sie durch den Rand der unteren Wölbschalung verdeckt, so daß sie ei-

ne indirekte Lichtquelle bilden. Den Übergang zwischen beiden Kuppelschalen gestaltet Asam höchst raffiniert: Putten halten einen sonst ganz freischwebenden goldenen Reif, der das Oval der Öffnung nachzeichnet. An der rechten Seite schaut ein Herr in Allongeperücke herunter und vergewissert sich der verblüfften Mienen der Aufschauenden: es ist Cosmas Damian Asam selbst.

Unten haben die vier Diagonalnischen Altareinbauten. Die immer wieder zu beobachtenden gedrehten Säulen, die Lambrequinbögen oben, die Blumengirlanden fallen auf. Die Längsseiten aber zeigen ungewöhnliche Wandgestaltung: seitlich neben den Beichtstühlen steigt wolkiges Gestein herauf, um in den Bilderrahmen überzugehen. Das Bild rechts zeigt die Ankunft der Benediktiner in Amerika unter Führung der Madonna, dem linken Bild ist die Kanzel vorgestellt mit einer plastischen Figur des hl. Benedikt als Bekrönung. Von oben dringen Stuckwolken in die Bilder herein. Aus dem Amorphen wachsend und in den Himmel hineinragend – diese so aufgelöste Form trägt typisch barocke Züge.

Aber all das kann den Blick doch nur flüchtig beschäftigen im Vergleich zum Hochaltar mit seiner fast magischen Anziehungskraft. Er steht am Ende des Chorraumes etwas abgerückt vor der halbrund abschließenden Wand, die wiederum indirekt beleuchtet erscheint. War schon der Gemeinderaum unten dämmrig, so bildet der Chor eine vollends dunkel erscheinende Zwischenzone. Da tritt nun aus dem Dunkel die im Licht unwirklich schimmernde Gestalt des hl. Georg auf dem Pferd. Dargestellt ist er als Ritter im Helmbusch und glänzender Rüstung, das Pferd prächtig aufgezäumt und mit Schabracke. Aber auch Roß und Reiter glänzen und gleißen und haben so als Erscheinung etwas Unwirkliches. Zur linken Seite bäumt sich der Drache auf, den der Heilige

gerade niedermacht, rechts, mit erschreckter Gebärde, die Königstochter in buntem Gewand – Rot und Grün, die Lieblingsfarben Egid Quirins auch späterhin, leuchten hier auf. Die Figurengruppe steht unter einem Rundbogen, der hl. Georg auf einem Sockel, halb Reitermonument, halb handelnde Figur, Drache und Königstochter tiefer. Dahinter ist ein in sehr lichten Farben gemalter Prospekt sichtbar mit der Immakulata. Dieses Wandfresko ist erst 1740 von Franz Erasmus Asam, dem Sohn Cosmas Damians, gemalt worden. Seitlich vor dem Fresko sind Fenster angebracht – unsichtbar für den Betrachter –, aus denen wieder wie bei der Decke das Licht indirekt hereinfällt. Die Figurengruppe, die frontal auf den Betrachter ausgerichtet ist, wird fast von rückwärts und nur wenig von der Seite her vom Licht erfaßt. Wie eine Erscheinung aus dem Nirgendwo oder aus der Ewigkeit tritt sie uns vor Augen, von der Realität nach allen Seiten abgeschirmt, auch nach vorn durch den völlig dunklen Altarraum. Etwas von Ewigkeitswert bekommt der Heilige – im Gegensatz zur realistischen Königstochter mit ihrer aufgeregten Angstgebärde – so durch die Entrücktheit räumlicher Art, die auch geistig verstanden werden kann. Vielleicht hatte Egid Quirin das durch die Jahrhunderte gerettete Reiterbild des Marc Aurel auf dem Kapitol im Gedächtnis oder die Figur Konstantins des Großen von Bernini in der Vorhalle von St. Peter, wie sein Bruder andere römische Erinnerungen im Raumbild verarbeitet hat – für die Kuppelschale etwa die Cäcilienkapelle in S. Carlo ai Catinari (1692–1700).

Weltenburg, Blick in die ovale Kuppelschale mit Fresko von Cosmas Damian Asam. Rechts blickt der Künstler selbst als Stuckfigur über den Rand der unteren Kuppelschale

Beide zusammen aber – man kann die ideellen Anteile schwerlich scheiden – haben hier zum erstenmal gemeinsam all ihre Mittel eingesetzt, um die stupendeste Wirkung eines Sakralraumes zu erreichen, in der alle Künste zusammenarbeiten. (GR)

Die ehemalige Prämonstratenser-Abteikirche in **Osterhofen** ist die Schöpfung dreier genialer Künstler und allein deshalb etwas ganz Besonderes: Johann Michael Fischer und die Brüder Asam haben hier so überlegt und doch so animiert zusammengearbeitet, wie es kaum noch irgendwo sonst Künstler in dieser Zeit getan haben. Der Innenraum der Osterhofener Kirche gehört jedenfalls zum Kostbarsten und Unvergeßlichsten der bayerischen Barock- und Rokokokunst.

Das Kloster war eines der ältesten; schon um 740 muß es gegründet worden sein. Otto von Bamberg gab es um 1138 an die Prämonstratenser. Die mittelalterliche Kirche war baufällig geworden, 1701 kam noch ein Brand hinzu und 1726 gar stürzte ein Teil des Gewölbes ein. Trotzdem wollten die Osterhofener Mönche eigentlich gar keinen Neubau. Johann Michael Fischer, den sie beriefen, wohl weil er ohnedies nicht allzu weit von hier zu tun hatte – in Kirchham im Rottal, in Schärding am Inn –, riet ihnen aber zu einem solchen, da er sich billiger stehe als eine Wiederherstellung. (Die Probleme kommen einem auch heute noch nur allzu bekannt vor!) Schließlich mußte Fischer von der alten Kirche den Turmunterbau und den Ostteil, das heißt den Chor, übernehmen. Auch die Breite des Langhauses war ihm wohl durch die alten Fundamente vorgegeben. Keine sehr günstigen Voraussetzungen für eine geniale neue Raumschöpfung, sollte man meinen. Und doch – diese Schwierigkeiten kommen bei Bauten Fischers ja immer wieder vor, und er hat sie auch immer akzeptiert – gelingt es ihm, aus dem Vorgegebenen mit Raffinesse

und wohlüberlegten Details und Übergängen ein einmalig geglücktes Raumbild zu schaffen.

Was er nicht ändern konnte, war der Langhaustyp, denn er mußte ja Türme und Chor miteinander verbinden. So greift er also auf das bereits bewährte Wandpfeilerschema zurück. Aber was macht er daraus! Die alten, eng beieinander stehenden Turmstümpfe zieht er zu einem massiven Wandteil zusammen, in der Mitte eine kleine Nische freilassend. Im Äußeren tritt dann nur ein einzelner kleiner Turm über den Dachgiebel hinaus. Schmale Fenstergruppen und pilasterartige Bänder schmücken den schlichten Putzbau, sonst nichts. Wenn man seitlich im Westen hereintritt, fällt das sehr flache Emporenjoch kaum auf. Das Langhaus zeigt die Wandpfeiler dann nicht gleichmäßig gereiht, sondern im Westen und Osten ist je ein schmaleres Joch mit Eingängen, Sakristei und Nebenräumen mit nur wenig aufgebrochener Wandpartie abgetrennt, nur die mittleren drei Joche öffnen sich zum Gemeinderaum hin. Hier sind wiederum die beiden mittleren Kapellen, die durch die vorgezogenen Wandpfeiler gebildet werden, besonders hervorgehoben: während die vorderen und rückwärtigen Kapellen schmale, nach Osten ausgerichtete Altäre haben, sind die beiden mittleren sehr viel reicher ausgestattet, und die Altäre stehen an den breiteren Außenwänden. So entsteht eine Betonung der Langhausmitte und damit eine leicht zentrierende Tendenz. Auch die Ecken des sonst rechtwinkligen Raumes sind abgerundet und weisen den Betrachter optisch wieder auf den Gemeinderaum zurück. Der angehängte, alte gotische Chor betont allerdings wieder die Längsrichtung.

Unter der reichen Ausstattung schält sich die architektonische Gliederung und Proportionierung erst allmählich und bei genauerem Hinsehen heraus. Johann Michael Fischer war seit 1723 selbständiger Baumeister in München

und hatte noch keine allzu großen Aufgaben hinter sich. Der Bau der Abteikirche in Osterhofen war sein erster großer Auftrag, den er selbständig lösen konnte. Und doch zeigt er hier gerade im Detail unglaubliche Meisterschaft. Man beachte nur die Ecklösungen an der Westempore sowohl oben als auch unten, oder wie aus den tragenden Säulen der Orgelempore der gekurvte Abschluß herausmodelliert wird! Im Langhaus sind die Wandpfeiler, die unten die Kapellen, oben Emporen mit Balustradenabschluß voneinander trennen, nicht einfach nur gerade vorgezogen: sie sind etwas eingebuchtet, was besonders oben im Gebälk sichtbar wird, während die Emporenabschlüsse und mit ihnen die abschließenden Rundbögen der Kapellen sich vorwölben in den Raum. Durch dies Ein- und Ausschwingen gerät die ganze Wandgliederung in Bewegung, wie atmend erscheint sie nun. Bewegung und Dynamik entstehen mit wenigen, geschickt eingesetzten Mitteln in einem ansonsten ganz einfachen rechteckigen Raum. Man sehe sich nur das scharf geschnittene, schwingende Gebälk an mit den spitz vorgezogenen Ecken und Kanten: das allein vermag einen Raum schon mit Rhythmus zu durchpulsen. Man hat das Gefühl, daß jedes Detail, jede Schwingung genau berechnet ist, genau auf die Raumwirkung hin kalkuliert, auf Einblicke, Überschneidungen. Dieses Frühwerk Fischers ist eines seiner besten geblieben.

Dazu kommt nun die geniale Ausstattung durch die Brüder Asam. Diese hatten ja schon unweit von Osterhofen, in Aldersbach, genügend Proben ihres Könnens hinterlassen, um sich den Prämonstratensern zu empfehlen. Hier in Fischers Raum, den sie 1728 im Rohbau übernehmen konnten, scheinen sie sich freier gefühlt zu haben als in dem imposanten Wandpfeilerbau von Aldersbach oder gar dem romanischen Bau des Doms in Frei-

Osterhofen, ehem. Prämonstratenser-Klosterkirche, Blick in das Innere, errichtet 1727/28 von Johann Michael Fischer unter Einbeziehung eines älteren gotischen Chores. Ausstattung durch die Brüder Asam, 1731–1733

sing, den sie 1723/24 »barockisierten«. Und obwohl sie beide ja in Weltenburg und Rohr auch ihre Fähigkeiten als Architekten bewiesen hatten, müssen sie diesen Kirchenraum Johann Michael Fischers doch als ihnen gemäß empfunden und akzeptiert haben, sonst hätte diese köstliche Übereinstimmung von Architektur und Ausstattung nicht zustande kommen können. Andererseits ist keine Asamsche Ausstattung so heiter und licht gediehen wie die in Osterhofen, was wohl Fischers Verdienst ist.

Zu derart dramatisierten Szenen wie in Weltenburg und Rohr gab es hier keine Gelegenheit. Es handelte sich um den Schmuck des Raumes durch Stuck und Fresken sowie um mehrere Altarschöpfungen, in die sich Malerei und Plastik zu teilen hatten. Die Stukkierung gibt schon den Grundton der Farbigkeit an: gelb marmorierte Streifen an den Pfeilern; an den Gewölbebögen und Pilasterbekrönungen – übrigens sehr ähnlich wie auch in Straubing – leuchtet ein schönes Grün auf, zu dem wie immer Rot tritt, an den Emporen besonders. Gemalte Brokatmuster füllen die Restfelder der Gewölbe, die von den Fresken freigelassen wurden, darüber zum Teil vergoldete Ranken. Auch der Chorbogen ist so geschmückt, dazu mit einer volutenartigen Bekrönung, die wie eine Klammer wirkt.

Die Fresken wiederholen im Gewölbe noch einmal die Rhythmisierung durch die Kapellen. Die drei mittleren Kapellenjoche sind zu einem großen Feld zusammengefaßt, dazu kommen kleinere Felder im Osten und im Westen sowie im Chor. Sie zeigen Szenen aus dem Leben des hl. Norbert. In den Nebenfeldern der Kapellen und Emporen sind Szenen aus dem Leben Christi und Mariens dargestellt.

Osterhofen, Detail der Wandpfeiler und der Emporen im Langhaus mit Stuck von Egid Quirin Asam

Am reichsten ist aber wohl die Ausstattung durch die Altäre: Hochaltar, zwei Altäre am Chorbogen und je drei Kapellenaltäre, von denen die beiden mittleren besonders üppig ausfielen. Hochaltar und kleine Kapellenaltäre besitzen ein gemaltes Altarblatt, von Säulen gerahmt und mit mehr oder weniger Zutaten versehen. Die anderen Altäre sind rein plastisch gestaltet. Beginnen wir im Westen. Die ersten beiden Kapellen zeigen an den sehr schmalen östlichen Wandseiten, ebenso wie die übernächsten Kapellen, schlanke Gemälde mit schlichter Säulenrahmung. Die folgenden mittleren Langhauskapellen sind aber zur Gänze zu einem Schmuckkästchen reichster Art gestaltet. Die rechte, südliche, ist dem hl. Johann Nepomuk geweiht. Unter dem großen Fenster steht auf der Altarmensa ein gläserner Sarg, die plastische Figurengruppe ist rund um das Fenster angeordnet. Der Heilige rechts erhält von Maria auf der Mondsichel den Lorbeerkranz, dazu kommen Putten, Engel, Strahlen, Spruchbänder, Vergoldung im Überfluß, an den Schmalseiten ganzfigurige Heilige in säulengerahmten Nischen mit Baldachinbekrönung. Zwei Putten auf dem Sarkophag links weisen die Zunge vor, das Symbol des schweigsamen hl. Nepomuk.

Die linke, nördliche, Kapelle ist dem hl. Norbert, dem Ordensgründer der Prämonstratenser geweiht. Er ist vor einem kleinen Altar gezeigt, auf dem ein Meßkelch steht, rechts ein Engel und über ihm, von Putten getragen, eine Monstranz. Die ganze Szene weist auf den Kampf hin, den der hl. Norbert um die Bedeutung der Eucharistie geführt hat. Wieder ein Überfluß an Goldglanz, auch die Gewänder der Figuren sind mit Metallglanz unterlegt worden. Solch üppig ausgestaltete Kapellen kannte Egid Quirin von Rom her, wo es üblich war, daß angesehene und reiche Familien in den großen Kirchen einzelne Kapellen privat ausschmücken ließen. Immer wieder schimmern im Werk der Asams diese Erinnerungen an ihre Lehrzeit in Rom durch, wie ein Grundton, der ihr Schaffen durchzog, auf dem sie aber frei und schöpferisch aufbauten und zu Lösungen kamen, die in Italien zu dieser Zeit nicht mehr ihresgleichen hatten. Die Samen, die sie in Rom empfingen, gingen hier zu überwältigender Blüte auf. Auch der Hochaltar weist wieder auf solch römische Erinnerungen. Optisch gerahmt wird er beim Blick vom Westen her von den beiden Altären am Chorbogen. Der linke, der Rosenkranzaltar, zeigt die

Madonna mit dem Kind, den hl. Dominikus und die hl. Katharina. Die Gesetze des Rosenkranzes sind in herabhängenden Ketten von Medaillons dargestellt. Der rechte Altar gehört der hl. Anna mit Maria als Kind auf dem Schoß, dem hl. Joachim und dem hl. Joseph.

Die Krönung ist aber der Hochaltar selbst. Vier gedrehte Säulen und der Strahlenkranz mit goldenem Fenster oben erinnern wieder an Rom (St. Peter), die plastischen Figurengruppen rechts und links davon – besonders der Triumph des Glaubens – sind ähnlichen Darstellungen in der Jesuitenkirche Il Gesù ziemlich genau nachgebildet; auch die wie lebensecht dem Meßopfer beiwohnenden Stifterfiguren vor den seitlichen Fenstern haben ihre Vorbilder in Rom: man kann ähnliche unter anderem dort in Gesù e Maria sehen. Aber alles zusammen ist doch wieder eine typisch Asamsche Schöpfung, zu der Cosmas Damian das Altarblatt beigesteuert hat. Die festliche Hochgestimmtheit dieses Prachtaltares, der mit seinem vorderen Säulenpaar weit in den Raum vorgreift und so optisch verkürzend wirkt, beherrscht die ganze Kirche. So haben die Brüder Asam mit ihrer 1731–1735 geschaffenen Ausstattung im hochbarocken Prunk ein wunderbares Gegengewicht geschaffen zur schwingenden Helligkeit des freistehenden Kirchenschiffes. Beides zusammen von gleicher Meisterschaft ergibt ein Bild unvergleichlicher Harmonie. (GR)

Nun verlassen wir Niederbayern und kommen mit unserem nächsten Kirchenbesuch in die Oberpfalz. Aber selbst bis hierher reichten noch die altbayerischen Beziehungen zwischen Auftraggebern und Künstlern, so daß wir noch einmal altbekannten Gestalten begegnen.

Die Oberpfalz war ja Maximilian I. statt der Rheinpfalz 1623 mit der Kurwürde vom Kaiser gegeben worden. Obwohl sie schon weitgehend protestantisch geworden war, mußte sie

Osterhofen, Selbstbildnis Cosmas Damian Asams in der West-Nische unter der Orgelempore

nun rekatholisiert werden – auch mit Zwang – und blieb auch in den Friedensbestimmungen 1648 ausdrücklich dem Katholizismus bestimmt. Die Wittelsbacher mußten in das arg mitgenommene Land etliches hineinstecken, um es wirtschaftlich wieder auf die Beine zu bringen. So ist es nicht überreich an großen Kunstdenkmalen des Barock, und die meisten begabten Künstler – Johann Michael Fischer und Ignaz Günther wurden beispielsweise in der Oberpfalz geboren – wanderten in lukrativere Gegenden ab.

Die Wallfahrtskirche Maria Hilf in **Freystadt** stand auf dem Grund der Grafen von Tilly, deren Familienoberhaupt den Bau auch förderte. Um 1644 hatte ein Bildstock hier zunehmend Verehrung gefunden, eine kleine Kapelle wurde errichtet, die schon bald nicht mehr ausreichte. Schließlich wird um die Jahrhundertwende Giovanni Antonio Viscardi von Graf Ferdinand Lorenz Franz Xaver mit

Osterhofen, Annen-Altar am südlichen Chorbogen von Egid Quirin Asam

dem Bau einer Kirche beauftragt. Viscardi ist uns kein Unbekannter mehr: schon beim Kloster Fürstenfeld und vor allem bei der Dreifaltigkeitskirche in München ist er uns begegnet. Er stammte aus Graubünden, das heißt aus einem südlichen Tal, das eigentlich schon zum Tessin gehört und viele Baumeister hervorgebracht hat. Schon sein Vater Bartolomeo war in München gewesen. Giovanni Antonio hatte zuerst als Palier unter Enrico Zuccalli bei dessen dann nicht ausgeführtem Projekt 1674 in Altötting gearbeitet. Seit dieser Zeit war er in München Hofbaumeister bis 1689. Danach mußte er sich als freier Architekt bewähren, blieb aber in München und erhielt 1702 wiederum die Stelle bei Hof. Graf Tilly wird ihn von dort her gekannt haben. Am 26. August 1700 wurde in Freystadt der Grundstein gelegt, dann brachte der Spanische Erbfolgekrieg aber bald ein Stokken der Arbeiten mit sich. Im Jahr 1708 nahm man den Bau wieder auf, im Juni war die Kuppel schon fast fertig, so daß der Akkord mit dem Freskomaler geschlossen werden konnte. Und hier begegnen uns nun auch wieder alte Bekannte: Hans Georg Asam und seine Söhne Cosmas Damian und Egid Quirin, damals 22- und 16jährig. Hans Georg war »Hofmaler« des Grafen Tilly geworden, von dessen Arbeiten im Schloß Helfenberg bei Velburg allerdings nichts erhalten ist. Durch Tilly bekam er den Auftrag in Freystadt, und von hier kannte nun wiederum Viscardi die Asams und holte sie später nach München.

Die Kirche, die schließlich 1710 geweiht wurde, steht heute noch schön freigestellt in der Landschaft. Es ist ein Zentralbau mit Kuppel, aus Hausteinen aufgeführt, unverputzt, ein Bau von einem Anspruch und einer Monumentalität, wie man ihn hier nicht unbedingt erwartet. Beim Herumgehen zeigt sich eine leichte Kreuzform, wobei die Arme am Eingang

und am Chor etwas länger sind. Kleine Türmchen betonen in der Dachzone die Ecken, darüber steigt die Kuppel auf, die nur auf einem frieshohen Sockel aufsitzt und deren vier Fenster als Lukarnen direkt in die Kalotte einschneiden, wie Mansardfenster. Die Steinaußenhaut bewirkt den massiven Eindruck des Baues.

Im Inneren stehen wir in einem ganz von der Kuppel beherrschten Raum, die hier viel steiler wirkt als von außen. An den vier Hauptseiten entwickeln sich Chor, Nebenaltäre und Westempore in den Kreuzarmen, in den Ecken sind halbrunde Nischen in die Pfeiler eingetieft. Diese sind nach vorn mit kannelierten korinthischen Säulen abgeschlossen, eine sehr klassische Gliederung. Die Bögen darüber sind gestelzt und hoch hinaufgezogen, um im Scheitel den Kuppelring zu erreichen. Auch das verstärkt den Höhendrang des Raumes.

Dies etwas strenge, klassisch gebaute Raumbild bekommt Farbe durch die auf getöntem Grund stuckierten Akanthusranken, Fruchtschnüre, Palmwedel und ähnliches von Pietro Francesco Appiani. Sie sind insgesamt noch sehr den Motiven des ausgehenden 17. Jahrhunderts verwandt, aber schon zarter und flacher gebildet. 1865 hat man die ebenfalls von Appiani stammenden großen Altäre beseitigt; auch die Fresken waren übermalt und sind erst 1954–1959 wieder freigelegt worden. Es handelt sich noch um ganz im frühbarocken Stil vom Stuck gerahmte kleine Gemäldefelder, die nur kleine Einzelbilder zulassen und größeren Sinnzusammenhängen keinen Spielraum geben. Trotzdem wird man schöne Einzelheiten entdecken.

Der ganze Bau in seiner Strenge und mit klassischen Mitteln gegliederten Proportionen verrät sicher italienische Vorbilder (S. Agnese in Piazza Navona in Rom ist angeführt worden). Viscardi hat auch schon Zuccallis italienisch inspirierte Zentralbaupläne für Altötting von 1674 gekannt, und

auch die Dreifaltigkeitskirche in München ist wieder ein Zentralbau geworden. Hier spürt man aber doch schon etwas mehr. Wie etwa die Ecken des Raumes ausgehöhlt werden, nicht nur in den unteren Nischen, sondern besonders oben bei den Emporen mit dem hohen, halbrunden Abschluß, der regelrecht aus der massiven Mauer herausgeschält erscheint: da ist eine Auflösung der Wandsubstanz zu spüren, ein Streben nach Doppelschaligkeit, das in späteren Jahren Johann Michael Fischer zu seinem Anliegen macht. Mit seiner Stuckausstattung und den kleinen Fresken schließlich ist Freystadt ganz der heimischen Tradition verhaftet. (GR)

Eine der interessantesten Kirchen unserer Epoche in der Oberpfalz ist die Deutsche Schulkirche, die ehemalige Klosterkirche der Salesianerinnen in **Amberg.** Sie ist von den besten Künstlern gebaut, ausgestattet, umgebaut und erneut ausgestattet worden, und trotz der sechzig bis siebzig Jahre, die zwischen Baubeginn und letzten Veränderungen liegen, doch ein selten harmonischer Raum mit einer Fülle sehr sehenswerter Details geworden. Und das zu einer Zeit, als die Bedeutung der Stadt nicht mehr groß war. Amberg hatte vor allem unter dem Schutz Kaiser Ludwigs des Bayern zu Anfang des 14. Jahrhunderts Aufschwung genommen, der auch zu den Zeiten, als Amberg dann zur Kurpfalz geschlagen wurde, anhielt. Mit dem Beginn der Reformation, der man sich anschließt, wird es in der Stadt unruhig, besonders dann im Dreißigjährigen Krieg. 1621 muß man der katholischen Liga die Tore öffnen, und nun beginnt die Rekatholisierung. Bei diesem Unternehmen spielen die der Erziehung geweihten Orden eine große Rolle. So bekommen die Salesianerin-

Freystadt, Äußeres der Wallfahrtskirche Maria Hilf von Giovanni Antonio Viscardi, 1700–1708

Amberg, Deutsche Schulkirche, ehem. Salesianerinnenkirche, 1693–1699 von Wolfgang Dientzenhofer errichtet; Portal von 1738

nen hier 1693–1699, noch als Vermächtnis der Kurfürstin Henriette Adelaide, ein neues Kloster samt Kirche.

Bei dem damaligen Baumeister stoßen wir zum erstenmal auf einen Namen, der uns nun nördlich der Donau noch öfter begegnen wird: es war ein Dientzenhofer. Die weitverzweigte Familie stammte zwar aus der Gegend um Bad Aibling, ihre Mitglieder waren aber in Böhmen und Mainfranken/Oberpfalz tätig. Hier handelt es sich um Wolfgang Dientzenhofer aus der ersten Generation von Brüdern. Sie alle wurden in Prag als Baumeister genannt. Wolfgang (geb. 1648) war seit 1689 in Amberg ansässig. Sein Kirchenraum verschwindet heute fast unter der Rokoko-Ausstattung, die das Bild sehr verändert hat. Man muß sich den Mauermantel erst darunter herausschälen. Vor einer Raumerweiterung 1738 dürfte die ursprüngliche Kirche fast saalartig gewesen sein. Allerdings hat Wolfgang Dientzenhofer den rechteckigen Außenmauern doch ein interessanteres Gefüge abgewinnen können: die Ecken zum Chor hin sind durch hohe Bögen mit der Chorarkade schräg verbunden, dahinter sind halbrunde Nischen-Kapellen geschaffen, und auch die Ecken zur Orgelempore hin sind abgerundet, so daß ein fast ovales Raumbild entsteht.

1738 hat man die Kirche, wie gesagt, vergrößert. Aus dieser Zeit stammt das schöne Portal in der Südwand der Kirche mit seiner Sandsteinumrahmung, bekrönt von einer üppigen Kartusche und Putten, oben seitlich des Fensters auf der geschwungenen Bekrönung die Figuren des hl. Augustinus und des hl. Franz von Sales.

Im Inneren wurde dann 1758 die ursprüngliche Stuckausstattung des Giovanni Battista Carlone und Paolo d'Aglio durch eine neue ersetzt. Ein Bild dieser verschwundenen hochbarocken, schweren und figurenreichen Stukkaturen kann man sich noch in der nahen Wallfahrtskirche Maria-Hilf machen, die von denselben Künstlern ausgestattet wurde. Die Rokoko-Stukkaturen dagegen sind von sparsamer, aber stilsicherer Eleganz.

Interessant sind besonders die Fresken. Für diese hat man sich den Augsburger Gottfried Bernhard Göz geholt. Göz war in Mähren geboren worden, in Augsburg Schüler des Akademiedirektors Johann Georg Bergmüller und dann vor allem in Oberschwaben und im Gebiet des Bodensees tätig. Obwohl er durchaus den Rokokostil der Watteau nachempfundenen, leichten, dekorativen, ja fast ornamentalen Idyllen beherrschte, bezog er sich in seinen kirchlichen Fresken noch gerne auf den Illusionismus Pozzoscher Scheinarchitekturen. Sie wirken dadurch – und auch inhaltlich – leicht überfrachtet. Am schönsten sind seine lockeren Wand- und Altarbilder. Die Orgel, an deren Prospekt Franz Joachim Schlott mitwirkte, steht auf einer rokokohaft wie eine Muschel aus der Wand herausmodellierten Empore, das herrliche Gitter von Johann Franz Eberhard ist Beweis für die Qualität der Oberpfälzer Eisenerzeugnisse. Allen Künstlern ist es gelungen, über die Jahrzehnte hinweg ein doch einheitliches, schönes Kirchenbild entstehen zu lassen.

Bei unserer nächsten Station, der **Kappel** bei Waldsassen, erwartet uns dann wieder ein ganz singulärer Bau: wie ein Traum aus Rußland scheint er da auf dem weiten Feld vor uns zu stehen, zumal im Winter, obwohl er mit der slawischen Tradition natürlich gar nichts zu tun hat. Seine Gestalt ist ganz aus der Symbolik zu erklären. Schon seit dem 12. Jahrhundert ist hier die Hl. Dreifaltigkeit verehrt worden, seit dem Anfang des 16. Jahrhunderts eine Wallfahrt bezeugt. Der Pfarrer von Münchenreuth drängte Ende des 17. Jahrhunderts auf einen Neubau, und er scheint es auch gewesen zu sein, der sich um die Symbolik des Grundrisses bemühte. Die Wallfahrt war dem nahen Zisterzienserkloster Waldsassen unterstellt, und von dort kam auch der Baumeister, Georg Dientzenhofer (geb. 1643). Er war der älteste der Brüder und wie Wolfgang in Amberg ansässig, wo er 1683 Bürger wurde und Stadtmaurermeister. Er fügte sich dem Wunsch des Pfarrers und ersann einen ganz und gar ungewöhnlichen Plan für die neue Kirche. Aus dem Besitz seines Bruders Leonhard, der nach dem Tod Georgs 1689 dessen unvollendete Bauten übernahm, ist allerdings ein Skizzenbuch bekannt, das noch mehr Beispiele solch symbolhafter Grundrisse zeigt. Die Aufgabe scheint also Georgs Neigung entgegengekommen zu sein. 1684 wurde mit der Kirche begonnen,

die um die ältere Kapelle herum entstand. Diese ist dann erst nach Einzug der Gewölbe abgerissen worden. 1689 konnte sie benediziert, 1711 feierlich geweiht werden.

Die Verehrung der Hl. Dreifaltigkeit stand nach dem Sieg über die Türken, besonders in den kaiserlichen Landen, in hoher Blüte: man denke an die vielen Dreifaltigkeitssäulen überall in Österreich. Georg Dientzenhofer, der aus Prag kam, war dieser Kulturkreis nicht fremd. Er übertrug diese Vereh-

Amberg, Inneres der ehem. Salesianerinnenkirche mit Ausstattung von 1758, Blick auf Orgelempore und schmiedeeisernes Gitter

Umseitig:
Kappel bei Waldsassen, Wallfahrtskirche zur Hl. Dreifaltigkeit, 1684–1689 von Georg Dientzenhofer gebaut. Die Türme sind im 19. Jh. erhöht worden

Kappel bei Waldsassen, Blick in das Innere zum Hochaltar mit dem Dreifaltigkeitsbild hin. Die Fresken sind 1930/40 gemalt worden

rung in einmaliger Form in gebaute Architektur. Die Kirche besteht in ihrer Grundform aus drei Kreisen, die sich so durchdringen, daß in der Mitte ein Dreieck entsteht. An den Nahtstellen der Kreise erwachsen drei Rundtürme, und um das Ganze legt sich wie ein niedriger Kranz ein Umgang. Im Inneren sind die drei Konchen von Altären besetzt, die in einer mittleren Nische stehen, flankiert von zweigeschossigen Nischen mit Kapellen und Emporen. Obwohl die Kappel an die früheren, ebenso ungewöhnlichen Bauten von Westerndorf und Maria Birnbaum erinnert, zeigt sie hier doch schon ganz auf die Zukunft weisende Züge: einmal im Gewölbe, das durch die Raumdurchdringung nicht einfach sein konnte, und dann in der Doppelschaligkeit und Durchbrechung der Außenmauern. Hier knüpft Johann Michael Fischer an, der die Kappel ebenso wie die Wallfahrtskirche in Freystadt gekannt haben dürfte. (GR)

Wenn wir jetzt auf unserer Reise nach Franken kommen, wird das Bild noch uneinheitlicher als in der Oberpfalz. Das liegt vor allem an der Zersplitterung der Herrschaftsgebiete, wo nicht ein regierendes Fürstenhaus den historischen Ablauf bestimmte wie in Altbayern. Vielmehr gab es hier eine Fülle von Territorien verschiedenster Art, Reichsstädte mit ihrem Umland wie Nürnberg, Rothenburg und andere, kleinste Grafschaften und Herzogtümer, die Fürstbistümer Bamberg, Würzburg und, hereinreichend in heutiges bayerisches Gebiet, das Hochstift Mainz, die Markgrafschaften Brandenburg-Bayreuth und Brandenburg-Ansbach. Bis auf die Fürstbistümer vor allem waren diese Herrschaftsgebiete seit der Reformation protestantisch. Damit ging auch der Kirchenbau hier ganz andere Wege. Da ihm im Protestantismus nicht eine so hohe Bedeutung zukam wie bei der katholischen Kirche sind die im 17. und 18. Jahrhundert entstandenen Kirchen nicht so spektakulär wie die katholischen; einfacher und fast schmucklos fristen sie deshalb auch in Kunstdarstellungen meist ein Schattendasein. Da sie für den Lebensraum in Franken aber doch eine wichtige Funktion einnehmen, sollen hier wenigstens zwei Beispiele gezeigt werden.

Der protestantische Kirchenbau hatte natürlicherweise nicht die ungebrochene Tradition wie der katholische. Einige Schloßkapellen waren die ersten sakralen Räume (wie um 1540 im Schloß Neuburg an der Donau beispielsweise), von denen aber keine große Strahlkraft ausging. In Frankreich hatten sich die Hugenotten zuerst mit einer neuen Kirchenform beschäftigt. So ist es auch nur natürlich, daß sie in **Erlangen** auf diese Beispiele zurückgriffen. Nach Aufhebung des Edikts von Nantes 1685 durch Ludwig XIV. von Frankreich kamen Glaubensflüchtlinge auch nach Erlangen, das zur Markgrafschaft Bayreuth gehörte. Markgraf Christian Ernst entschloß sich zum Bau einer völlig neu geplanten, regelmäßigen Stadtanlage. Neben Schloß und Theater gehörte auch eine Kirche dazu. Sie wurde als erstes Gebäude dieser »Hugenottenstadt« errichtet. Ihr Architekt war Johann Moritz Richter. 1686–1693 entstand hier ein Bau von strengen schönen Proportionen, eingeschossig, mit hohen, schmalen Rechteckfenstern, darüber kleine Rundfenster, bekrönt von einem hohen, zeltartigen Walmdach. Der Turm über dem vorgezogenen Eingangsrisalit kam erst 1736 hinzu.

Im Inneren erweist sich die Kirche als einfacher, querrechteckiger Saalraum, der allerdings durch Emporeneinbauten ganz verschleiert wird. Diese bilden ein zwölfseitiges, zweigeschossiges Polygon mit einfachen Pfeilern, von Arkaden verbunden, die scheinbar das Gewölbe tragen. Obwohl es sich um einen Einbau handelt, erwecken die Emporenränge doch den Eindruck eines festen architektonischen Bestandteiles. Im Westen steht die Kanzel frei im Raum, gegenüber lag die Markgrafenloge (heute Orgel), was die theaterartige Vorstellung noch erhöht.

Ebenfalls ein Emporenbau ist die St.-Georgen-Kirche in **Bayreuth.** Der Name kommt von der Vorstadt St. Georgen, es handelt sich aber um die sogenannte Ordens- oder Sophienkirche. Auch hier wieder bildete die Kirche Teil einer systematisch im holländisch-hugenottischen Stil seit 1701 angelegten Planstadt mit Hauptstraße, Schloß und einheitlichen Häuserzeilen. Die Kirche stand in Achsenbezug zu diesen Wohnhäusern. Ihr Architekt war der aus Magdeburg stammende, vermutlich bei Andreas Schlüter in Berlin ausgebildete Gottfried von Gedeler. 1705–1711 entstand der Bau, der zunächst eigentlich als Hofkirche dieser im Nordosten der Altstadt jenseits des Roten Mains gelegenen neuen Siedlung konzipiert war. Sie wurde dann Ordenskirche der Ritter vom Roten Adlerorden.

Im Äußeren wieder ein streng und schlicht, aber mit schönen Proportionen errichteter Bau. Er ist wie in Erlangen aus unverputztem Haustein. Die Fenster sind über die ganze Höhe des Gebäudes gezogen und erinnern an holländische Bauten. Pilaster in großer Ordnung gliedern das Ganze, das Portalrisalit ist noch einmal besonders hervorgehoben mit einem in die

Erlangen, Hugenottenkirche, 1686–1693 von Johann Moritz Richter in der planmäßig angelegten »Hugenottenstadt« errichtet

Bayreuth, St. Georgen, Blick in das Innere der Ordenskirche auf den Kanzelaltar. Die Wappen an den unteren Emporenbalustraden sind von Rittern des Roten Adlerordens

Links:
Bayreuth, St. Georgen, Ordens- oder Sophienkirche, 1705–1711 von Gottfried von Gedeler als Hof- und Ordenskirche gebaut. Blick auf die westliche Eingangsseite

Dachzone ragenden Rundgiebel. Dieser Haupteingang ist auf die im Westen vorbeiziehende Straße ausgerichtet, der Turm liegt im Süden.
Wenn wir die Kirche betreten, stellen wir fest, daß wir zu einem Seiteneingang hereinkommen, der Innenraum ist nach Norden orientiert. Hier steht als Hauptblickfang ein »Kanzelaltar«, der erste in der hohenzollernschen Grafschaft Bayreuth in dieser ehemaligen Hofkirche. Er besteht aus Altarmensa, sehr kleinem Altarbild und unmittelbar darüberliegendem Kanzelkorb mit Schalldeckel-Baldachin. Das Ganze wird gerahmt und zusammengefaßt von doppeltem Säulenaufbau. Darüber, sozusagen im »Auszug«, ein plastisch gestaltetes Auge Gottes im Strahlenkranz mit Wölkchen. Diese Kartusche leitet über zu der noch darüber angebrachten Orgel. Der Kanzelaltar steht nämlich vor der auch hier durchlaufenden Doppelempore, weit in den Raum hineingeschoben, während sich die Orgel auf der oberen Empore befindet.
Dem Kanzelaltar gegenüber ist die Hofloge hervorgehoben. Der ganze Raum erweist sich als ein sehr flach ausgebildetes griechisches Kreuz. Im Norden schneidet die Empore hinter dem Kanzelaltar sozusagen die flache Rechtecknische ab, während im Hauptraum die Emporenanlage hufeisenförmig eingebaut ist. Sie ist aus Holz, wie Mobiliar wirkend, mit Balustraden nach vorn abschließend. Im Gemeinderaum ist auch feste Bestuhlung angebracht, die wegen des vorgezogenen Altars vorn eingebuchtet wird, um genügend Abstand zu lassen. Durch die abgeschnittene Nordnische entwickelt sich der Hauptraum wie ein quergelagertes Rechteck. Gewölbt über einer Voute mit vorkragendem Kranzgesims ist der Raum ein gedrücktes Tonnengewölbe. Hier ist Stuck angebracht, der nun wieder

Nürnberg, ehem. Deutschordenskirche St. Elisabeth, 1784 begonnen in erster klassizistischer Stilrichtung

ebenso in zeitgleichen katholischen Kirchen auftreten könnte. Auch die kleinen, in die Stuckfelder eingepaßten Deckenfresken lassen keinen grundlegenden Unterschied erkennen. Der Stuck stammt von Bernhard Quadri, mit stark plastischen Fruchtgehängen und Laubgirlanden völlig in der Tradition der oberitalienischen Stukkateure stehend. Die Fresken von Gabriel Schreyer sind arg restauriert. Der Unterschied zum katholischen Kirchenbau liegt in der grundsätzlichen geringeren Bedeutung des Kirchenraumes für den Gottesdienst, der auch in adaptierten Bauten als völlig ausreichend betrachtet wird. So gibt er dem Architekten weniger Anreiz zu eigenschöpferischen Raumgebilden. Die zuletzt meist einfachen Saalräume werden lediglich durch Emporeneinbauten bereichert, die dem Raum allerdings auch eine gewisse Doppelschaligkeit und optische Auflockerung bringen.

Als nächste Station schließt sich **Nürnberg** an, und manch einer wird verwundert sein, daß man ihm ausgerechnet hier eine Barockkirche vorführen will. Ist die Blütezeit der Stadt doch so eindeutig mit der Kunst der Gotik und der Renaissance verbunden, hat sich die freie Reichsstadt doch auch der Reformation geöffnet, so daß die großen Stadtpfarrkirchen St. Sebald und St. Lorenz evangelische Stätten wurden – wo soll da Raum für barocke Kirchenkunst gewesen sein? Und doch gibt es in der fränkischen Großstadt zumindest zwei Beispiele dafür, daß sich die Kunst des Barock hier nicht nur in Büchern und im Kunsthandwerk dokumentiert hat: St. Egidien (ev.) und St. Elisabeth (kath.). ST. EGIDIEN mit seiner etwas strengen Außenhaut aus Sandstein und den barockeren Doppeltürmen ist selbst heute nach Kriegszerstörung noch von Interesse. Die 1711–1718 unter Verwendung älterer Bauteile (alter Chor) von Gottlieb Trost errichtete Kirche hat ein durch ein Kuppelgelenk mit dem Chor verbundenes ovales Kirchenschiff, das ursprünglich mit zwei Emporenrängen versehen war, und steht damit in der für die fränkischen Kirchen des Protestantismus charakteristischen Tradition.

ST. ELISABETH ist und war in der evangelischen Stadt eine katholische Enklave. Seit etwa 1210 hatte der Deutsche Orden hier ein Spital, 1381 war die dazugehörige Hauskapelle errichtet worden. Diese sollte nun schon am Ausklang des 18. Jahrhunderts durch einen imposanteren Neubau ersetzt werden. Die Pläne dazu und die Ausführung litten von Anfang an unter Verzögerungen, Unterbrechungen und Änderungen. Auch dieser Bau steht heute nicht mehr ganz original vor uns. Aber er ist interessant als Endpunkt einer Kirchenbauentwicklung. Man kann ihn eigentlich schon nicht mehr mit vollem Fug und Recht barock nennen, er zeigt jedoch so deutlich, wohin all diese Stiländerungen seit der Mitte des 17. Jahrhunderts mit den gleichen architektonischen Grundmotiven führten, daß er in unsere Reise deshalb aufgenommen werden soll. 1784 war St. Elisabeth nach Plänen Franz Ignaz Michael

Nürnberg, St. Elisabeth, Blick in die Säulenrotunde, 1902/03 nach alten Plänen ausgebaut, nach Kriegszerstörungen wieder hergestellt

Neumanns, Sohn des großen Balthasar Neumann, begonnen worden. Der Bau kann noch nicht weit gediehen gewesen sein, als Neumann 1785 stirbt. Nun übernimmt Peter Anton von Verschaffelt die Planung bis 1788, danach Wilhelm Ferdinand Lipper aus Münster. Als der Deutsche Orden 1806 aufgelöst wurde, war der Außenbau fast vollendet, das Innere nicht. Dieses wurde erst 1902/03 nach den Entwürfen Lippers ausgebaut, allerdings im Krieg dann wieder schwer in Mitleidenschaft gezogen. Mit Änderungen zwar, hatte sich aber wohl doch im wesentlichen Verschaffelts Vorstellung durchgesetzt. Er war gebürtiger Flame, hatte eine international orientierte Bildung in Paris, Rom und London erfahren und wurde vom Pfälzer Kurfürsten Karl Theodor nach Mannheim berufen. Dort legte er eine Sammlung von Gipsabgüssen nach klassischen Bildwerken an, und dies Interesse gibt schon den Ton für seine Geschmacksrichtung an: noch immer sind es Säulen, Giebel, Kuppeln, die das Baugefüge ausmachen und gliedern, aber Verschaffelt bemüht sich um die klassisch nach der Antike ausgerichteten Bezüge von Stütze und Last. Nichts mehr von ausschwingenden Wandteilen, Voluten oder Schmuckformen; Kubus, Dreieck und Kreis bestimmen nun das Bild. Im Inneren ist in der säulenumstellten Rotunde noch ein schwacher Nachhall der doppelschaligen Zentralräume des Rokoko spürbar. Aber der Raum ist steil in die Höhe gerichtet, die Marmorsäulen mit den vergoldeten korinthischen Kapitellen stehen dicht vor der Wand und lassen keinen Umgang oder Nebenräume mehr frei. Statt Stukkaturen gibt es klassische Gebälke und Friese mit Zahnschnitt und Konsolen. Der klassizistisch kühle Einsatz der Stilmittel bringt eine Entwicklung zum Abschluß, die von so

vielgestaltigen, aber klaren Bauformen wie in Maria Birnbaum über fast völlige Raumauflösung in Vierzehnheiligen zu erneuter großer Strenge zurückführt.

Die folgenden drei großen fränkischen Barockkirchen, die uns auf dieser Reise erwarten, gehören nicht nur zu den bedeutendsten Bauschöpfungen des Barock in Mitteleuropa, sie liegen auch in herrlichster landschaftlicher Umgebung.

Zunächst führt uns unser Weg in die Fränkische Schweiz, wo wir die Freude an der Natur durch Kunstgenuß noch erhöhen wollen. Dicht am Tal der Wiesent, im Herzen dieses schönen, zum Wandern einladenden Flekkens Erde, liegt **Gößweinstein.** Der hoch über dem Flüßchen liegenden Burg antworten südlich davon unten die Türme der Wallfahrtskirche, die wiederum wie bei der Kappel der Hl. Dreifaltigkeit geweiht ist. Schon im 15. Jahrhundert stand die Verehrung in Blüte, im 18. Jahrhundert entschließt man sich, der mit der Pfarre verbundenen Wallfahrt eine neue, schöne Stätte zu schaffen. Aber bis zur Verwirklichung verrinnt einige Zeit, verschiedene Planungen gehen über den Tisch, die wohl hauptsächlich an den Kosten scheitern. Als erster hatte Johann Dientzenhofer, der Meister der Klosterkirche in Banz, die wir als nächste besuchen wollen, Pläne geliefert. 1715 und 1725 sind zwei Entwürfe datiert, die aber beide vom Bamberger Fürstbischof Lothar Franz von Schönborn aus Kostengründen nicht genehmigt wurden. Ebenso erging es dem Plan des Franz Anselm Freiherr Ritter zu Groenesteyn. Auch eine Vereinfachung des vorgesehenen Wandpfeilerbaues mit Kuppeln durch den Erlanger Baumeister Wenzel Berner brachte nicht den ersehnten Erfolg. 1729 folgte auf Lothar Franz als Bamberger Bischof der Reichsvizekanzler in Wien, Friedrich Carl von Schönborn. Dieser hatte in Personalunion auch das Würzburger Bistum unter sich und beauftragte nun seinen Baudirektor Balthasar Neumann mit der Planung für die Wallfahrtskirche in Gößweinstein. Wir stoßen also hier auf den ersten Bau des genialen Barockbaumeisters Frankens.

Balthasar Neumann, aus Eger gebürtig, lebte schon seit 1711 in Würzburg. Seit 1720 war er dort mit dem Riesenprojekt der Residenz beauftragt, die ihn gut zweieinhalb Jahrzehnte seines Lebens beschäftigen sollte. In den Jahren 1724–1729 ruhte dieser Bau während der Regierungszeit des Fürstbischofs von Hutten, der kein Interesse daran hatte, und Neumann konnte sich stärker als bisher Sakralbauten widmen. 1727 setzte der Bau der Benediktiner-Abteikirche in Münsterschwarzach ein, der erste große Kirchenbau des Meisters; er wurde nach der Säkularisation abgerissen. 1730 beginnt Neumann mit der Pfarr- und Wallfahrtskirche in Gößweinstein. 1734 stehen die Türme, die Fassade und die Wölbung des Kirchenraumes sind 1735/36 fertig, 1739 kann die Weihe erfolgen. Der Kirche ist seit 1755 eine Terrasse vorgelegt, die Johann Jakob Michael Küchel gebaut hat. Dieser war auch wesentlich an der Innenausstattung mit beschäftigt.

Da die Wallfahrtskirche gleichzeitig ja Pfarre ist, liegt sie inmitten des Ortes, doch die kleinwinkeligen Häuser weit überragend. Schön leuchtet der heimische Sandstein, mit dem der Außenbau verkleidet ist, wie honigfarben im Licht der tiefstehenden Sonne. Schon dies stimmt ein auf den typisch fränkischen Ton: eine oberbayerische Kirche würde sich anders präsentieren, bunter, farbiger auch im übertragenen Sinn. Durch das Material kommt bei aller Pracht ein strengerer Zug hinein, das scharfkantig geschnittene Profil-

Gößweinstein, Pfarr- und Wallfahrtskirche zur Hl. Dreifaltigkeit, 1730–1739 nach Plänen Balthasar Neumanns errichtet

und Gliederwerk steht ungemildert durch Verputz vor Augen. Die Fassade ist doppelgeschossig, relativ schmal, das mittlere Joch mit Portal, Wappen und Dreifaltigkeitsgruppe von Franz Anton Schlott kaum breiter als die flankierenden Turmjoche. Die Türme sind dafür nur ein Geschoß höher. Der Eindruck des Hochaufgeschossenen überwiegt.

Das Innere nun zeigt sich in der Form des lateinischen Kreuzes mit knappen Wandpfeilern. Aber was hat Balthasar Neumann aus dieser relativ einfachen Grundform gemacht! Das Eingangsjoch unter den Türmen ist nach Westen zu wie ein Halboval aus den festen Grundmauern herausgeschnitten, dann folgen lediglich zwei Joche im Langhaus mit Wandpfeilern. Zur Vierung hin werden die Pfeiler eingebuchtet und antworten auf den gebogenen Abschluß vor der Empore. Der Gemeinderaum ist so durch geringe Mittel als Einheit ausgebildet. Doch nun folgt mit der Vierung eine gewaltige Steigerung: die von ihr ausgehenden Kreuzarme und der Chor haben je einen dreiseitigen gebrochenen Abschluß, wie ein dreiblättriges Kleeblatt schließt sich diese Chorpartie an. Sie spielt durch ihre Form zum einen symbolisch an die Hl. Dreifaltigkeit an, zum anderen bringt sie mit ihrer raumerweiternden und von einer flachen Hängekuppel abgeschlossenen Gestaltung ein ganz neues Element hinein. Der Gemeinderaum wirkt fast nur noch wie ein Vorraum zum lichtdurchfluteten Chor.

Obwohl der Bau der Kirche selbst so rasch fertig war, zog sich die Ausstattung doch noch lange hin. Ab 1736 war hier Johann Jakob Michael Küchel tätig. Auf ihn geht besonders der dominierende Gnadenaltar zurück: In einem verglasten Schaukasten ist die Marienfigur aus dem frühen 16. Jahrhundert aufbewahrt, über eine vergoldete Weltkugel erhoben, darüber ein goldener Baldachin, dahinter goldene Strahlen. Zu all diesem Gold stehen die weißen Stuckfiguren im Kontrast, die Johann Peter Benkert geschaffen hat. Wie eine große, in das Halbrund des Chorabschlusses eingepaßte Pyramide erhebt sich das prachtvolle Gebilde über dem Hochaltar. Küchel ist 1737 in Dresden gewesen, wo er ein Holzmodell des Salomonischen Tempels gesehen haben mag, das zu den Kunstschätzen des Grünen Gewölbes gehörte. Vielleicht war ihm das Allerheiligste dort Anregung zu diesem ungewöhnlichen Altaraufbau.

Die schönen Stukkaturen der Régencezeit mit Gitterfeldern, symmetrischen Ornamentgebilden aus Bändern, pflanzlichen und figürlichen Motiven stammen von dem Bamberger Franz Jakob Vogel. Die letzten Altäre kamen erst in den sechziger Jahren hinzu, für Fresken reichten die Mittel überhaupt nicht mehr. Die heute sichtbaren sind 1928 nach alten Entwürfen eingefügt worden. Schön ist auch die Kanzel mit Figuren des Hochaltarmeisters Benkert. Der Kontrast von dunklem Holz und stuckweißen Figuren ist vor der weißgetünchten Rücklage gut ausgespielt. (GR)

Da die Wallfahrtskirche von Gößweinstein der erste große fränkische Sakralbau ist, den wir hier vorstellen, und zudem das erste Beispiel der Kunst des großen Balthasar Neumann, dürfte hier nun der Ort sein, etwas weiter auszuholen, um die Zusammenhänge sichtbar werden zu lassen. Die fränkischen Barockbaumeister, die vorwiegend in den Herrschaftsgebieten der Fürstbistümer Bamberg und Würzburg arbeiteten, standen nicht mehr in so direktem Kontakt zur italienischen Kunst – sei es durch eigene Studien, sei es durch oberitalienische Künstler selbst – wie ihre altbayrischen Kollegen. Hier kommt das künstlerische Formengut aus Böhmen oder aus Österreich, wozu die reichstreuen geistlichen Fürsten schon durch ihre Ämter als Reichserz- oder Vizekanzler beste Beziehungen hatten. Eine Schlüsselstellung nimmt die Baumeisterfamilie Dientzenhofer ein, deren ältere Mitglieder uns schon in der Oberpfalz begegnet sind. In diesem Zusammenhang ist vor allem der jüngste, 1663 geborene Bruder Johann wichtig. Er hat wie alle anderen seine künstlerischen Wurzeln in Prag, wo er die größten Anregungen bekam. Allerdings war er der einzige, der darüber hinaus auch noch 1699–1700 eine Italienreise unternahm. Nach seiner Rückkehr wurde er fürstäbtlicher Hofbaumeister in Fulda, wo er am Dom seine italienischen Eindrücke verarbeitete. 1711 wird er Baumeister des Hochstiftes Bamberg und greift mit dem Bau der Klosterkirche in Banz wieder die böhmische Tradition auf. Diese wiederum beruhte auf oberitalienischen Tendenzen; besonders der Turiner Baumeister Guarino Guarini spielte hier eine entscheidende Rolle. Sein Riß für die nicht ausgeführte Theatiner-Kirche in Prag muß für die Dientzenhofers von großer Bedeutung gewesen sein. Guarini vertrat die Meinung: »Die Architektur hängt von der Mathematik ab« und schuf komplizierte, schwierig zu berechnende Wölbsysteme in seinen Bauten. Diese Wölbkunst, die vor allem dem Verschleifen der Raumgrenzen diente, führte Johann Dientzenhofer in Banz zum erstenmal in unserem Gebiet ein. Balthasar Neumann, der ja selbst aus Eger stammte, war an dieser Entwicklung interessiert, griff sie auf und führte sie in seinen Kirchenbauten zur größten Vollendung. Wie Guarini geht Neumann meist vom lateinischen oder griechischen Kreuz als Grundform seiner Risse aus, die sich aber aus Kreisen, Oktogonen und Ovalen zusammensetzen. Besonders in den Gewölbezonen, wo diese Raumkompartimente aufeinanderstoßen und sich in ihren Grundformen überschneiden, ergeben sich komplizierte neue Formen, bei der Wandgestaltung aber eine bewegte Abfolge verschieden geöffneter und zueinander gebogener Partien. Neumann versucht immer wieder, den konventionellen Langhaustyp mit dem interessanteren Zentralbau zu verschmelzen. Letzterer wurde ja aus liturgischen Gründen oft abgelehnt. Für Gößweinstein hatte, wie wir wissen, schon Johann Dientzenhofer Entwürfe geliefert, von denen der erste interessanterweise ein Zentralbau gewesen wäre mit einer Kuppel und drei Türmen – sicher eine Reminiszenz an den Bau der Kappel seines ältesten Bruders Georg. Auch die Kappel war ja der Hl. Dreifaltigkeit geweiht, die Symbolfigur ist offenbar. Auch Balthasar Neumann greift den Symbolgedanken in seiner Chorgestaltung wieder auf. Der Dreikonchenbau schließt aber an einen Langhausbau an und verbindet sich mit ihm unlösbar. Verzahnt wird die ganze Konstruktion in der Vierung, von der einerseits alle Raumkompartimente ausstrahlen – wobei der Gemeinderaum nur als verlängertes viertes Kleeblatt zu betrachten ist –, andererseits werden in der Wölbung alle Teile verbunden. Gößweinstein ist ein erster Versuch Neumanns in dieser Richtung; die Verklammerung und Durchdringung fällt, wenn man Kitzingen-Etwashausen und Vierzehnheiligen kennt, noch vergleichsweise bescheiden aus. Das Langhaus ist lediglich mit einer Tonne gewölbt und ebenso wie die drei Chorkompartimente durch Gurtbogen deutlich von der Vierung abgetrennt. Und trotzdem gelingt es Neumann, durch ein Verkleinern des eigentlichen Kuppelringes, durch Pendentifs zu den schräggestellten Pfeilern und schmalen Stichkappenbögen von den vier Quadratseiten her optisch eine Verklammerung zu erreichen. Von hier führt der Weg zu den Bauten in Gaibach (1740) und Vierzehnheiligen (ab 1744), das uns noch erwartet.

Vom romantisch-engen Tal der Wiesent kommen wir nun zum lichteren und weiteren Tal des Mains, wo sich

zwei Meisterwerke barocker Kirchenbaukunst auf den Uferhöhen über Staffelstein gegenüberstehen. Als erstes besuchen wir das ehemalige Benediktinerkloster **Banz.** Schon im 11. Jahrhundert ist dieses hier an der Stelle einer Burg gestiftet worden: von daher hat es die dominierende Lage auf dem Höhenrücken. Nach bewegten Zeiten und zahlreichen Zerstörungen erlebte das Kloster Ende des 17. Jahrhunderts eine neue Blüte. Johann Leonhard Dientzenhofer errichtete ab

Gößweinstein, Inneres mit Vierung und Gnadenaltar, nach Entwurf Johann Jakob Michael Küchels 1738–1740 errichtet

1698 neue Klostergebäude, sein jüngerer Bruder und Nachfolger als Bamberger Hofbaumeister, Johann, führte das Werk mit dem Bau der Kirche zu Ende und zur Krönung. Imponierend, wie dieses Kloster-Schloß die landschaftliche Lage bewußt ausnutzt und mit der ansteigenden Höhe von Kir-

chendach und Türmen noch steigert. 1710 wird zur Kirche der Grundstein gelegt, 1713 war sie im wesentlichen fertig, dann erfolgte die Ausstattung – die Fresken sind 1716 datiert –, 1719 kann die Weihe erfolgen. Über eine Freitreppe steigen wir zur Kirche hinauf, an der dem Abhang zugekehrten Südseite zieht sich eine Terrasse entlang, die einen herrlichen Ausblick gewährt. Sonst steht nur noch die Fassade der Kirche frei, die sich einladend vorwölbt. Sie ist wieder aus Haustein gearbeitet und mit reichem Figurenschmuck versehen.

Im Inneren erwartet uns ein äußerst bewegter Raum. Die Wände dehnen sich und ziehen sich dann fast kulissenartig wieder vor den Blick, dazwischen öffnen sich Kapellen. Vor dem Mauereinzug am Chor stehen Seitenaltäre, dahinter und rein optisch dazwischen erscheint der Hochaltar. Beim Durchschreiten dieses Raumgebildes muß man eigentlich einen Grundriß zu Hilfe nehmen, um die komplizierte Abfolge zu begreifen, vollends wenn man einen Blick nach oben wirft zur Wölbung. Dort erscheinen dem Eintretenden zugebogene Gurtbänder, durch Stukkaturen geschmückt und deutlich abgehoben. Die Drehungen erfolgen sphärisch den sich durchdringenden Wölbteilen: Ovale über dem Mittelschiff, von den Kapellen her seitlich weit einschneidende Zwickel. Das ganze System ist zudem synkopisch so verschoben, daß die großen Ovalkuppelfelder der Decke nicht über den unten im Raum sich weitenden Abschnitten liegen, sondern gerade da, wo sich die Wandpfeiler einbiegen, während über den geweiteten Raumkompartimenten sich die Gurtbögen treffen. Auch die Chorgestaltung ist nur mit Hilfe des Planes verständlich: der schmale Chorraum ist nämlich kaum kürzer als der ganze Gemeinderaum (was man aber nicht sieht), muß er doch auch den Mönchschor für das Chorgebet im hinteren Teil beherbergen. Um diesen optisch mit der Kirche zu verbinden, ist der eigentliche Hochaltar nur ein in der Mitte offenes Säulengerüst, während das dort erscheinende Altarbild in Wirklichkeit zwölf Meter weiter zurück als Abschluß des Mönchschores steht. Dazwischen befindet sich das mit schönen bildhaften Intarsien verzierte Chorgestühl der Mönche. Vom Kirchenschiff aus zieht der Blick beide weit auseinanderliegenden Altäre zusammen und erfaßt sie als eine Einheit.

Wie schon bei der Vorgeschichte zum Bau der Wallfahrtskirche in Gößweinstein dargestellt wurde, ist Johann Dientzenhofers Bau hier in Banz das erste Beispiel einer bewegten Wandgestaltung, die zusammen mit der stupenden Wölbkunst auf sich durchdringende Raumkompartimente hinzielt. Der Kirchenraum wird so durchgeformt, daß es nicht mehr möglich erscheint, einzelne Teile deutlich abzugrenzen. Alles ist aufeinander bezogen und geht ineinander über. Von Böhmen ausgehend, finden diese echt barocken Tendenzen hier ihren ersten Höhepunkt in Franken. Hinter dieser beherrschenden architektonischen Leistung tritt die Ausstattung etwas zurück, wenn die Stuckarbeiten von Johann Joseph Vogel aus Bamberg und die Fresken des Tirolers Melchior Steidl auch durchaus des genaueren Hinsehens wert sind. (GR S. 22)

Die Krönung all der Bestrebungen nach Raumverschleifung und bewegter Durchgestaltung von Wänden und Gewölben, die im Verlauf unserer Reise immer wieder angesprochen worden sind, stellt die Wallfahrtskirche von **Vierzehnheiligen** dar. Auf den Höhen des linken Mainufers gelegen, grüßt sie zum ehemaligen Kloster Banz herüber. Ihre Lage ist nicht so

Links:
Banz, ehem. Benediktiner-Klosterkirche, 1709–1719 von Johann Dientzenhofer errichtet

Banz, Blick in das Kirchenschiff mit den sphärisch verlaufenden Gewölbebögen

beherrschend, dafür lieblicher, wenn man sie etwa zur Zeit der Baumblüte besucht, auf alle Fälle einladend und anziehend am Ende der ansteigenden Straße. Wieder wie in Gößweinstein leuchtet die Sandsteinfassade im Licht der nachmittäglichen Sonne, mächtig ragt sie auf mit ihren zwei Türmen und dem giebelbekrönten Mittelrisalit. Im Vergleich zu Gößweinstein ist sie aber bewegter und viel weniger streng, das Mittelstück leicht vorgewölbt. Trotzdem verrät diese ganz in sich selbst ruhende Schauseite in keiner Weise, welcher Kirchenraum uns dahinter erwartet. Von außen könnte man auf einen Kreuzarmtypus schließen.

Beim Eintreten in die Kirche ist wohl jeder Besucher erst einmal überwältigt von dem, was er hier sieht. Und trotzdem wird dieser Eindruck bei längerem Verweilen eher noch wachsen als sich abschwächen, so unfaßlich ist dieser Raum.

Die Wallfahrt zu den 14 Nothelfern – Vierzehnheiligen – besteht schon seit der Mitte des 15. Jahrhunderts. Damals waren dem Schäfer des nahen Zisterzienserklosters Langheim die 14 Heiligen hier erschienen, was zur Errichtung einer Kapelle führte. Wunder geschahen, bald war die Wallfahrt weithin bekannt. Die 14 Nothelfer zogen auch Albrecht Dürer auf seiner Reise in die Niederlande an, selbst zu Zeiten der Reformation und während des Dreißigjährigen Krieges gab es Zulauf. Schon seit 1699 wurde dann zwischen der Abtei Langheim und dem Bistum Bamberg wegen des Neubaues einer Kirche verhandelt. Mit Abt Stephan Mösinger schließlich trat man in das Stadium der Verwirklichung ein. Im Auftrag des Abtes hatte der fürstlich Weimar-Eisenachsche Landbaumeister Gottfried Heinrich Krohne Entwürfe geliefert. Krohne

Vierzehnheiligen, Fassade der Wallfahrtskirche zu den 14 Nothelfern, 1742 begonnen, 1772 geweiht

war protestantisch und wollte einen zentralisierenden Hauptraum mit umlaufenden Emporen, wohl im Mißverständnis zu katholischen liturgischen Forderungen. Auch die Pläne Johann Jakob Michael Küchels, die bereits einen freistehenden Gnadenaltar vorsahen, wurden vom Bischof nicht genehmigt. Dieser, Friedrich Carl von Schönborn, betraute schließlich Balthasar Neumann mit den Rissen für die Wallfahrtskirche. 1742 lag der an Gößweinstein erinnernde Plan vor, 1743 wurde der Grundstein gelegt.

Nun war aber die örtliche Bauleitung bei Krohne verblieben und dieser, wohl gekränkt über seine Zurücksetzung, nahm eigenmächtig Veränderungen vor. Fest stand der Platz des Gnadenaltares, über dem Neumann die Vierung seiner auf einem lateinischen Kreuz basierenden Kirche errichten wollte. Krohne verlängerte den Bau im Osten, so daß dies nun nicht mehr möglich war, das heißt der Ort des Gnadenaltares rutschte in den Gemeinderaum. 1744 wurde Neumann so nun noch einmal zu einer Neuplanung gezwungen, bei der er den bereits vorhandenen Mauerteilen Rechnung tragen mußte. Er übernahm die Verlängerung nach Osten mit dem Dreikonchen-Chorabschluß – ähnlich wie in Gößweinstein gestaltet. Da er aber auch den Gnadenaltar nicht versetzen konnte, verzichtete er auf eine Betonung des Raumes an der Kreuzungsstelle der Chorarme mit dem Langhaus, sondern erweiterte diesen um den Gnadenaltar herum und setzte auch hier den Akzent im Gewölbe. Man könnte versucht sein zu glauben, daß erst diese eigenmächtigen Eingriffe Krohnes Balthasar Neumanns volle Meisterschaft herausgefordert haben, daß sich dadurch erst sein Genie entzündet habe – wie das ja auch in Altbayern bei Johann Michael Fischer öfter geschehen ist. Neumann kam hier bei der Innenraumgestaltung erzwungenermaßen zu einer völlig neuen Lösung. Zwar ist in den Außen-

mauern der Kreuzgrundriß erhalten, diese Außenschale entspricht aber nicht der inneren Raumbegrenzung. Der ganze Innenraum setzt sich zusammen aus Kreisen und Ovalen: drei Längsovale in der Hauptachse, davon das mittlere Oval über dem Gnadenaltar größer als das vom Eingang her einschneidende und das Choroval, an den Schnittstellen zwischen Eingangs- und Hauptoval zwei kleinere Ovale seitlich als Kapellen, dazu zwei Kreise als Kreuzarme. Über der normalerweise betonten Vierung treffen sich Kreise und Ovale mit Kreuzgurtbändern. Um diese komplizierte und nur an den Gewölben deutlicher ablesbare Grundform zu erlangen, mußte auch in die Wandgestaltung erheblich eingegriffen werden. Lediglich die Chorpartie folgt in der Raumbegrenzung weitgehend den Außenmauern. Aber auch hier schon werden, um das Choroval nach innen zu formen, Pfeiler weit in den Raum hinein vorgezogen. Im Hauptoval, um den Gnadenaltar herum, wird dann eine zweite Raumschale geschaffen, die mit offenen Arkaden und Emporen in einigem Abstand vor die Außenmauern gestellt ist. Erst in der Zone der in die Gewölbestichkappen reichenden Lunettenfenster sind Außen- und Innenbegrenzung wieder identisch. Hinter den Arkaden, die das innere Raumoval bilden, öffnen sich Durchgänge. Die Zwickelstellen zum Eingangsoval beanspruchen, wie schon erwähnt, Seitenkapellen mit Altären, zur Empore hin bleiben dann nur noch kleinere Reßträume übrig.

Diesen großartigen und der Beschreibung sich entziehenden Raum hat Balthasar Neumann nicht mehr in Vollendung erleben dürfen. Als er 1753 starb, sollten noch zehn Jahre bis zur Fertigstellung der Gewölbe vergehen. Selbst sein Bauführer Johann Jakob Michael Küchel († 1769) hat die Schlußweihe nicht mehr erlebt.

Aus diesen Daten ergibt sich auch, daß die Ausstattung noch lange auf

sich warten ließ. Ab 1764 waren die Wessobrunner Stukkatoren Johann Michael Feichtmayr und Johann Georg Üblhör mit ihren Trupps hier tätig. Sie mußten die ornamentale Stuckausstattung sowie die Altaraufbauten und die Kanzel nach Entwurf Küchels ausführen. Auch der figürliche Teil gehörte dazu, besonders am Gnadenaltar. Dieser geht ebenfalls auf einen Entwurf Küchels zurück: freistehend, wie ein offener Baldachin geformt, aber nicht mit statischen Säulen, sondern das Ganze ein Gebilde aus Rocaillebögen, Voluten und Schnörkeln aus Stuckmarmor, an dem die polierweißen Figuren der 14 Nothelfer mit dem darüber triumphierenden Christkind angebracht sind. In Gewandung und Physiognomie individuell, aber doch einem fast höfisch eleganten einheitlichen Duktus folgend, stellen diese Figuren beste Rokokoplastik dar. Zu den 14 Nothelfern gehörten vielverehrte und bei vielen Anliegen aufgesuchte Heilige: Achatius, Ägidius, Blasius, Christophorus, Cyriakus, Dionysius, Erasmus, Eustachius, Georg, Pantaleon und Vitus sowie die »heiligen drei Madl«: Barbara, Katharina und Margarete.

Bei der malerischen Ausstattung ist es nicht so glücklich zugegangen, wenigstens was die Erhaltung betrifft. Giuseppe Appiani aus Mainz hatte ab 1764 Wallfahrtsgeschichte und Marienleben in einem großen Freskenzyklus an den Wölbfeldern dargestellt. Auch die Altarbilder im Hochaltar und an den beiden Seitenaltären waren von Appiani, die der Kapellenaltäre von Johann Joseph Scheubel d. J. Bei einem Brand 1835 wurden die Deckengemälde in Mitleidenschaft gezogen und 1849 bis 1871 von Augustin Palme, einem Münchener Vertreter der nazarenischen Schule, übermalt. Palme hat dabei zur besseren Haftung die darunterliegenden Appiani-Fresken mit dem Hammer »aufgerauht«. Auch die Altargemälde wurden bei der Gelegenheit durch Palme-Gemäl-

139

Links:
Vierzehnheiligen, Blick in das Innere mit Gnadenaltar, nach Entwurf von Johann Jakob Michael Küchel, und Hochaltar

Vierzehnheiligen, Detail vom Gnadenaltar, Figur des hl. Eustachius von Johann Michael Feichtmayr, nach 1764

de (in den Seitenkapellen noch einmal 1951 durch Bilder von Paul Plontke) ersetzt. Obwohl die zarte Rokoko-Farbgebung der Stukkaturen, die zum Raumeindruck erheblich beiträgt, bei der Restaurierung 1958–1960 berücksichtigt wurde, ist die Debatte um die Restaurierung beziehungsweise Rekonstruktion der Fresken noch offen. Auch wenn man die Palme-Gemälde als einen Stilbruch betrachtet, der Eindruck des Raumgebildes ist so überragend, daß er diese Unstimmigkeiten vergessen läßt. Anders als bei vielen oberbayerischen Kirchen ist die Architektur an sich so dominierend, daß der Ausstattung keine bestimmende Rolle zufällt. Auch ganz ohne Ausstattung wäre die Kirche von Vierzehnheiligen noch ein unvergeßliches Kunstdenkmal. Trotz der Mißgeschicke am Anfang der Planung ist es Balthasar Neumann gelungen, die schon seit Jahrzehnten latenten Strömungen im Kirchenbau zusammenzufassen und zu einer ganz neuen und einmaligen Lösung zu führen. Sein Vorbild stand ihm hier gegenüber, in Banz. Schon Johann Dientzenhofer hatte die Wände aufgebogen, die sphärisch verlaufenden Gewölbegurtbogen über vom Raum her eigentlich betonten Stellen zur Kreuzung geführt. Und doch ist Banz noch dem Rechteckraum verhaftet, bildet sich kein Zentrum heraus. Neumann löst die äußere Raumhülle im Innern so auf, daß ein sich mehrfach durchdringendes Raumgebilde daraus wird, das durch die dominierende Position des Gnadenaltares unter dem größten Gewölbekompartiment eine Mitte erhält, um die es kreist. Mit dem überall hereinströmenden direkten und indirekten Licht ist hier etwas gelungen, das fast zur Entmaterialisierung des Raumes führt und dabei doch solide gebaut und konstruiert ist: das Äußerste, was barocke Kunst überhaupt erreichen konnte. (GR)

Einen Höhepunkt des Barock bringt uns noch einmal die alte Bischofsstadt am Main, **Würzburg.** Sie war zu dieser Zeit vor allem während der Regierung der beiden Bischöfe aus dem Hause Schönborn – Johann Philipp Franz (1719–1724) und Friedrich Carl (1729–1746) – eine Hochburg barocker Baukunst. Ihr Genius war Balthasar Neumann. Diesem damals noch unbekannten Architekten hatte Johann Philipp Franz 1720 den Bau der neuen Stadtresidenz anvertraut. Bis in die Mitte der vierziger Jahre hinein war Neumann immer wieder intensiv damit beschäftigt. Zu dieser Residenz gehörte auch eine HOFKIRCHE.
Wie im Barock bei großen Bauprojekten häufiger zu beobachten, ist auch die Würzburger Residenz mit ihren

Würzburg, ehem. Hofkirche im Südwestflügel der Residenz, seit 1732 nach Plänen von Balthasar Neumann errichtet. Blick in das Innere zum Chor hin

verschiedenen repräsentativen Gebäudeteilen eine Kollektivarbeit. Es waren aber nicht nur zu allen Bauphasen verschiedene Architekten an der Planung beteiligt oder wurden um Rat gefragt, auch die gräflichen Mitglieder des Hauses Schönborn nahmen regen Anteil am Bau. So liefen an diesem Riesenbau Einflüsse von Paris und Wien ebenso zusammen wie von Mainz und Bamberg. Es war ein reger und steter Austausch, bei dem Balthasar Neumann doch aber immer den Überblick und die letzte Koordination behielt. Nachdem die Residenz bis zum Tode von Johann Philipp Franz, 1724, in ihrem ersten Bauabschnitt stand, war man sich immer noch nicht über die Form der Kirche, ja nicht einmal über ihre Situierung innerhalb des großen Komplexes einig. Der Mainzer Hofarchitekt Maximilian von Welsch, der ebenfalls zugezogen worden war, hatte ein Oval vorgeschlagen. Als 1724 der Pariser Architekt Germain Boffrand in Würzburg weilte, war davon allerdings schon nicht mehr die Rede. Dann ruhte der Bau bis 1729, als Friedrich Carl von Schönborn, Reichsvizekanzler in Wien, zum Bischof gewählt wurde. Dieser nun favorisierte sehr den Wiener kaiserlichen Hofbaumeister Johann Lukas von Hildebrandt. Neuman reiste 1730 nach Wien und suchte, »daß er [mit ihm] wohl auskommen werdte«. 1732 zeichnete er die Pläne zur Hofkirche, die nun im stadtseitigen Südblock der Residenz untergebracht wurde. Hildebrandt hat vor allem bei der Ausstattung (1735–1743) ein gewichtiges Wort mitgeredet, sonst scheint sich aber doch Balthasar Neumann mit seinen Vorschlägen durchgesetzt zu haben. Die kurvierten Wände mit den entsprechend vorgezogenen Gliederungen, die ovaloiden Gewölbe mit den sphärischen Gurtbogen – das sind Neumanns Ausdrucksmittel.

Von außen ist die Hofkirche im Residenzbau nicht zu erkennen. Fenster und Gliederungen sind über die Fassade gleichmäßig durchgezogen und auch der Hofkirche vorgeblendet. Nur die unauffällige Tür und die wenigen Stufen, die zu ihr hinaufführen, weichen von den anderen Fassadenteilen ab. Als völlig in den Residenzbau integrierte Kirche fällt ihr auch mehr die Rolle einer Hauskapelle zu, die nur durch die Tatsache, daß der Hausherr Bischof war, größere Bedeutung erlangt.

In einen schmalen rechteckigen Raummantel mußte Neumann diese Kapelle einpassen. Um die ungünstige Länge im Verhältnis zur Breite etwas zu reduzieren – wenigstens optisch –, wird eine Empore im Westen und eine Altarzone im Osten, auf Säulen gestellt, weit in den Raum hinein vorgezogen. Die Zweigeschossigkeit, die bei der Kapelle auch sonst durchgehalten wurde, hat sie mit vielen Palastkapellen gemein. Im Obergeschoß lagen meist die Privatoratorien und die direkten Zugänge zu den Wohngemächern. Auch hier hat der Hausherr im Obergeschoß über dem Hochaltar noch einen zweiten Altar, der für ihn reserviert ist. Da der Raum ja aber schmal ist, hat die Zweigeschossigkeit an den Langseiten eigentlich nur dekorative Funktion. Um das Gebälk durchzuziehen, mußte man sogar in Kauf nehmen, daß die Fenster der rechten Außenmauer etwas störend überschnitten werden.

Die Grundform der Kapelle ruft die St.-Johann-Nepomuk-Kirche der Brüder Asam in München (siehe S. 66 f.) in Erinnerung. Hier ist die Gestaltung aber doch tektonischer, die Gewichtung durch die volle Beleuchtung von Süden nicht so nach oben verschoben, obwohl die Gewölbe viel raffinierter konstruiert sind und den Blick auf sich ziehen.

Die Farbigkeit des Raumes wird weitgehend bestimmt von den reichlich verwendeten Stuckmarmorgliederungen: die freistehenden Säulen dominieren, da sie sich überall dem Blick präsentieren, aber auch das Gebälk, ja sogar die Kanten der Mauerteile und Bögen werden von Stuckmarmorbändern eingefaßt. Damit kommt ein wienerisch-imperialer Ton in den Raum, den auch der ornamentale Stuck und die Malerei nicht mehr ändern können.

Als Stukkator hat Neumann 1733 aus Mainz Antonio Bossi mitgebracht; er war mehrfach für ihn tätig. Da er sich hier aber an die Entwürfe Hildebrandts halten mußte, waren seinen Möglichkeiten Grenzen gesetzt. Trotzdem bringen die wie Schmuckbänder besetzten sphärisch gebogenen Gurtbogen, die mit Putten, Vasen und fächerartigen Ornamenten gebildeten Übergänge zu den Freskofeldern ein zusätzliches prächtiges Moment in den Raum. Johann Wolfgang van der Auvera schuf die Figuren.

Die Deckenbilder in den ovaloiden Gewölbefeldern stammen vom Schweizer Maler Rudolf Byss: Das Martyrium der Frankenapostel Kilian, Kolonat und Totnan, Mariä Himmelfahrt und der Engelsturz. Eine großartige Bereicherung stellen die 1752, zur Zeit der Freskierung von Treppen-

Würzburg, Hofkirche, Blick auf den oberen Choraltar, zur privaten Andacht für den Fürstbischof bestimmt. Die Ausstattung erfolgte nach Plänen Johann Lukas von Hildebrandts aus Wien

haus und Kaisersaal, hinzugekommenen beiden Seitenaltargemälde von Giovanni Battista Tiepolo dar.

Bedeutung kommt der Würzburger Hofkirche vor allem dadurch zu, daß sie sozusagen ein Bindeglied zwischen höfischer Profanarchitektur und kirchlich repräsentativer Sakralarchitektur darstellt. Wenn wir all die bisher gesehenen Kirchen Revue passieren lassen, so ist dieser Aspekt eigentlich nur ganz am Rande berührt worden. Keiner der in diesem Zusammenhang in Erscheinung getretenen Architekten hat auch als Schloßbaumeister gewirkt, vielleicht mit Ausnahme von Johann Dientzenhofer, der in Pommersfelden eine Rolle gespielt hat. Und doch stand im Zeitalter des Barock die Schloßbaukunst in ebenso großer Blüte wie die kirchlich orientierte. Neumann hat Zeit seines Lebens beides in großem Stil miteinander zu vereinen gewußt, hat in der Person seiner Auftraggeber ja auch den Fürsten wie den Geistlichen bedienen müssen. Neumann weiß in diese Palastkapelle sowohl die bewegte Wand- und Wölbgestaltung seiner kirchlichen Räume als auch die höfische Sphäre einzubringen. Ihm gelingt auch in dieser Beziehung die Synthese. (GR)

Schon die SCHÖNBORNKAPELLE am Würzburger Dom hat seine Fähigkeit in dieser Richtung herausgefordert. Wieder war es aber auch eine Kollektivarbeit, wo im Nachhinein die Anteile der verschiedenen Beteiligten nicht mehr ganz eindeutig festzulegen sind. Noch vor seiner Wahl zum Fürstbischof von Würzburg hatte Johann Philipp Franz von Schönborn den Plan zu einer Familiengrablege am Dom gefaßt. In Anlehnung an ähnliche Kapellen in italienischen Kirchen, die in ihrer Ausstattung fast ganz von solch

Würzburg, Schönbornkapelle am Dom, seit 1721 gebaut von Balthasar Neumann. Blick in das Innere

privaten Stiftungen und Einrichtungen abhingen, sollte hier ein sozusagen geistliches Familienmonument errichtet werden. Als Standort wählte man die nördliche Stirnseite des Querhauses. Maurermeister Georg Bayer, ein Schüler des in Würzburg tätigen Vorarlbergers Joseph Greising, hatte 1718 einen ersten Entwurf geliefert. Georg Hennicke aus Ebrach und der Mainzer Hofarchitekt Maximilian von Welsch folgten mit weiteren Plänen. Welsch sah einen dominierenden Mittelraum vor mit zwei Seitenräumen. 1721 begann Balthasar Neumann nach diesem Plan den Bau der Kapelle; er konnte ihn aber noch so weitgehend modifizieren, daß zumindest das Innere als seine eigene Schöpfung gelten darf. Im Äußeren dagegen kamen auch nicht so sehr Maximilian von Welschs Intentionen zum Ausdruck, sondern wieder Einflüsse des Wiener Hofbaumeisters Johann Lukas von Hildebrandt. Bis zum Tod des Fürstbischofs 1724 konnte Neumann die Kapelle im Rohbau vollenden. Danach ruhte der Bau ebenso wie bei der Residenz, bis 1729 Friedrich Carl von Schönborn auf den Bischofsstuhl kam. 1736 war die Familienkapelle dann auch im Inneren fertig ausgestattet.

Auf den verwinkelten Platz zwischen den Chorseiten von Dom und Neumünster ausgerichtet, erhebt sich der Kapellenanbau in nobler, wahrhaft fürstlicher Repräsentanz (Abb. S. 29). Aus dem damals beliebten warmgetönten Sandstein, mit flachen Pilastern, zierlich geschmückten Fensterumrahmungen, abgerundeten Ecken, das Portalteil etwas vorgezogen, darüber ein umlaufender, balustradenartiger Abschluß, vasenbesetzt, bekrönt in der Mitte von einer sanft geschwungenen Kuppel mit Laterne und Lukarnen – das ist schon eine besondere Grablege, jedes regierenden Herrscherhauses würdig. Nur der kaiserliche Architekt Johann Bernhard Fischer von Erlach hatte Familienkapellen von ähnlichem Anspruch ersonnen

(Ehrenhausen; Grabkapelle in Graz; Kurf. Kapelle am Breslauer Dom). Die geistlichen Fürsten des Hauses Schönborn verstanden es, ihren Rang durchaus bedeutungsvoll darzustellen. Das Innere nun wußte Balthasar Neumann so umzuformen, daß eines der interessantesten sakralen Raumgebilde daraus entstand. Er hat die aneinandergefügten Räume von Welschs Plan so miteinander verschmolzen, daß sie eine unlösbare Einheit bilden. In der Mitte ist der kreisrunde Kuppelraum durch Vorziehen der Wandteile und der Säulenvorlagen auch am Boden ablesbar. Er ist an den Seiten aber so offengelassen, daß die Nebenräume den runden Schwung des Gebälkes einfach fortzusetzen scheinen. Sie sind im Grundriß kleine Ellipsen, die sich mit ihren Längsseiten an den Mittelkreis anschließen. Die Gliederungen, die Säulen und Gesimse, Kanten und Friese, die wie in der Hofkirche wieder aus Stuckmarmor gebildet sind, betonen dies optische Zusammenziehen noch. Vor allem das einer Sepulkralkapelle angepaßte schwarzmarmorne Gebälk läuft rings um den ganzen Raum und bindet die einzelnen Teile aneinander. Wie bei der Hofkirche stammen die Fresken von Rudolf Byss, die Stukkaturen von Antonio Bossi. Mit ihren Grablegen fanden hier Platz die Bischöfe Johann Philipp von Würzburg und Mainz, Lothar Franz von Bamberg und Mainz, Johann Philipp Franz von Würzburg und Friedrich Carl von Würzburg und Bamberg. (GR)

Das volkstümliche KÄPPELE am linken Ufer des Mains, auf dem Nikolausberg in der Nachbarschaft der Feste Marienberg gelegen, gehört einer ganz anderen Sphäre an. Man fühlt sich an die Kappel Georg Dientzenhofers bei Waldsassen erinnert, an Maria Birnbaum mit seinem malerischen Dächer-, Kuppel- und Türmchengewirr. Nach dem Dreißigjährigen Krieg war um ein in einem Bildstock aufgestell-

145

Würzburg, Wallfahrtskirche Käppele auf dem Nikolausberg, links des Maines in der Nähe der Festung Marienberg gelegen. Bau von Balthasar Neumann, 1747–1749

tes Vesperbild eine Wallfahrt entstanden. Es wurde wegen des Zulaufs zunächst eine kleine Kapelle errichtet, die 1684 vergrößert wurde und einen Turm erhielt. Nach mehrfachen wundersamen Zeichen mußte diese 1690 schließlich noch einmal erweitert, 1713 verlängert werden. Doch all dies Herumbauen genügte dem großen Besucherstrom vor allem zu Mariä Verkündigung und Mariä Schmerzen letztlich nicht. Balthasar Neumann entwarf schließlich 1740 Pläne für eine neue Kirche. Allein es fehlte an den Mitteln zum Bau. Erst nachdem die Wallfahrt 1747 den Würzburger Kapuzinern anvertraut worden war, konnte man an die Ausführung gehen. Im April 1748 wurde der Grundstein gelegt, Ende 1749 waren die Gewölbe fertig. Die Innenausstattung zog sich noch lang hin, erst 1821 war sie vollendet, 1824 schließlich fand die Weihe statt.

Neumann hatte die alte Gnadenkapelle stehen lassen und im rechten Winkel dazu seinen Neubau angeschlossen. Schon dadurch entstand eine malerische Baugruppe. Man erreicht das Käppele aufsteigend über einen 1761 begonnenen, schön angelegten Kreuzweg, der sich über eine symmetrisch geführte Treppenanlage mit Hausteingeländer und pavillonartigen Kreuzwegstationen den Abhang hinaufzieht. In der Achse des Anstiegs liegt die Fassade. Sie ist zweigeschossig, nicht so steil wie in Gößweinstein und Vierzehnheiligen, die Fensterformen im Oberstock sind schmuckhafter, die Türme von Zwiebelhauben bekrönt. Die Gliederungen aus rotem Sandstein heben sich von den helleren Mauerteilen ab. Schließlich verblüfft die vielteilige Dachkonstruktion mit ihrer Eindeckung aus Schieferschindeln. Die Kirche schafft hier den ganz organisch wirkenden Übergang von Architektur zu der sie umgebenden Natur, ein Phänomen, das wir auf unserer Reise schon öfter feststellen konnten und das typisch für den Barock ist.

Nach diesem Aufstieg auf den Nikolausberg schon festlich gestimmt und über den Alltag erhoben, betreten wir die Kirche. Ihre Grundform erscheint hinter der gerade abschließenden Fassade wie ein Kleeblatt, bei dem die Hochaltarnische nur geringfügig länger ist als die anderen. Die Mitte bildet ein großes bis auf die Pfeiler herabgezogenes Kuppelgewölbe, an das sich von vier Seiten halbe Schalen fügen. An die linke Nische schließt sich der Ort der alten Gnadenkapelle an, die dann aber doch 1778 noch erweitert und erhöht wurde.

Der Innenraum wird hier sehr stark – stärker als sonst in Kirchen Balthasar Neumanns – von der Ausstattung bestimmt. Das Mauerkleeblatt bildet sozusagen einen Schrein, der mit Altären, Fresken und Stukkaturen angefüllt ist. Aus Kostengründen sollte die Kirche zunächst nur eine Stuckauszierung erhalten, Fürstbischof Carl Philipp von Greiffenclau – der ja auch Tiepolo nach Würzburg holte – bewilligte schließlich aber doch auch Fresken. 1752 waren die Deckenbilder fertig, Matthäus Günther vom Peißenberg in Oberbayern hat sie gemalt. Wir sehen die typischen, am Rand des Freskos vorstoßenden gemalten Mauerecken als Träger von Repoussoirefiguren, die spiralige Staffelung der himmlischen Figuren zur Höhe zu, im Hintergrund ein paar Architekturmotive. Ob Günther dem gleichzeitig im Kaisersaal der Residenz arbeitenden Giovanni Battista Tiepolo einmal hat zuschauen dürfen?

Eingefaßt werden die Fresken von spritzigen, schäumenden Stuckkartuschen, die Johann Michael Feichtmayr aus Wessobrunn zum Meister haben. Diese Stukkaturen, die nicht mehr gleichmäßig verteilt, sondern wie zusammengezogen zu einzelnen Schnörkeln und Spritzern erscheinen, sind auch am Gebälk und an anderen Randstellen angebracht. Sie verschleiern auf diese Weise etwas das tektonische Gerüst, das aus Marmorhalbsäulen an den Kuppelpfeilern, Pilastern in den Apsiden und einem über ihnen ganz durchlaufenden Gebälk besteht. Der Hochaltar mit seiner Baldachinnische ist in dieser Form erst 1797–1799 aufgerichtet worden und bringt einen kühleren, klassizistischen Ton in den Raum wie auch die Kanzel am Pfeiler rechts davon. (Die Gnadenkapelle selbst zeigt diese Stilstufe in ihrer gesamten Ausstattung.)

Würzburg, Käppele, Blick in das Innere auf den Chor hin. Hochaltar von 1797/99, Fresken von Matthäus Günther, Stuck von Johann Michael Feichtmayr

Kitzingen-Etwashausen, Fassade der Hl.-Kreuz-Kirche von Balthasar Neumann, 1741–1745

Insgesamt ist das Käppele in der fränkischen Kunstlandschaft etwas Besonderes: im Inneren mit der ganz eigenen Verbindung zwischen dem schönen Raumbild Neumanns und der Ausstattung der oberbayerischen Meister, im Äußeren mit der malerischen Anlage, den gehäuften Dachformen und der volkstümlich gemütvollen Erscheinung. (GR)

In völligem Kontrast dazu steht der letzte fränkische Kirchenbau auf unserer Reise, der dennoch wiederum Balthasar Neumann zum Meister hat: die Hl.-Kreuz-Kirche in **Kitzingen-Etwashausen.** Nur wenn man sich die architektonische Grundform im Inneren des Käppele sehr genau betrachtet hat, kann man sehen, daß beide Kirchenräume Werke ein- und desselben Meisters sind. Zudem sind auch beide noch fast zur selben Zeit entstanden. Der Entwurf Balthasar Neumanns ist 1740 datiert, die Ausführung des Baues erfolgte in den Jahren 1741–1745. Er entstand im Auftrag des Würzburger Fürstbischofs Friedrich Carl von Schönborn, der bei den überall von ihm unterstützten Landkirchen-Neubauten feste Einwölbung wegen der Brandgefahr verlangte. Hier scheint er zudem auch eine ganz schmucklose Raumgestalt angestrebt zu haben; wir verdanken es also diesem fränkischen Kirchenfürsten, wenn einmal ein so rein auf die Architektur konzentrierter Kirchenbau Neumanns auf uns gekommen ist.

Im übrigen ist Balthasar Neumann zunächst durchaus von üblichen Kirchenschemen ausgegangen. Es handelt sich hier um einen in Franken weit verbreiteten Fassadenturm-Typus; der Grundriß entwickelt sich aus der Form des lateinischen Kreuzes, was ja auch dem Patrozinium der Kirche entspricht. Wieder aus dem heimischen Sandstein errichtet, tritt uns die Fassade rund gebogen entgegen, fast ganz auf die Mittelachse konzentriert, aus der der nicht sehr hohe Turm erwächst. Die Dächer sind mit Schiefer gedeckt, wobei sich in der Mitte des Kirchendaches eine etwas erhöhte, zeltartige Rundform wölbt.

Das Innere zeigt sich ganz unverziert, ohne Stuck und Malerei, weiß ausgemalt. Auch das »Mobiliar« wie Altäre und Kanzel sind äußerst zurückhaltend. All das geht, wie schon gesagt, nicht auf eine moderne Purifizierung zurück, sondern auf den Wunsch des Bauherrn. Und man hat durchaus das Gefühl des Einverständnisses zwischen Bischof und Baumeister, so harmonisch und ganz und gar nicht unvollendet wirkt der Raum. Die Grundform des lateinischen Kreuzes prägt sich nicht sehr stark aus, der Langarm wird nicht wesentlich betont im Verhältnis zu den anderen drei Kreuzarmen. Der Gestaltungswille konzentriert sich im Gegenteil auf die Vierung und macht so aus der Kirche eigentlich einen Zentralraum: die Kreuzung bildet ein ungleichseitiges Achteck mit tief durch Pendentifs herabgezogener Kuppelwölbung. Bis hier wäre das Käppele noch vergleichbar. Allein nun hat Neumann, ähnlich wie in Vierzehnheiligen, die stützenden

Säulen von der Rücklage gelöst, so daß zwischen den leicht gekrümmten Wandteilen in den Diagonalen und den vorgezogenen gekuppelten Säulen ein Umgang entsteht. Es bilden sich Raumöffnungen, Durchblicke, das einfallende Licht bricht sich an den Säulen und hinterfängt sie. Der Raum ist immer wie in Bewegung, wenn man ihn durchschreitet, kreisend und sich verändernd, voll barocker Dynamik. Und doch schwingt auch schon ein Anklang von Klassizität mit, der sicher nicht nur durch die Schmucklosigkeit suggeriert wird: im Chor ist die abgerundete Apsis »abgeschnitten« durch eine von Mauerbögen abgeschlossene doppelte Säulenstellung. Das Motiv läßt Erinnerungen an Andrea Palladios Redentore-Kirche in Venedig anklingen, an einen der klassischen Kirchenbauten des Cinquecento. Neumann schafft hier die höchste Form von Raumdurchdringung und -verschleifung zugleich mit einer leichten Rückwendung zu klassischer Klarheit und Einfachheit.

Für jemand, dem die Freude an barocken Bauten nicht unabdingbar mit dem sinnlichen Farbenrausch der Bilderwelt und der sprühenden Schmuckform des Ornaments verbunden ist, wird die Hl.-Kreuz-Kirche den höchsten Genuß bieten. Die kleine Kirche, die Neumann »gantz allein besorget« hat, gewinnt aus ihrer Schmucklosigkeit eine großartige Monumentalität, nichts lenkt ab von der reinen, klaren Architektur, mit der dieses Raumgebilde meisterhaft gestaltet ist. (GR)

Kitzingen-Etwashausen, Blick in das Innere mit der freigestellten Vierungskuppel

Exkurs über einige unbeachtete Schönheiten am Rande

Die folgenden Seiten sind, topographisch völlig ungeordnet und unsystematisch, einigen wenigen Kirchen gewidmet, die nur als Beispiel dienen sollen für all die vielen hier nicht behandelten. Einige Hinweise bringt noch der dann folgende Anhang zu Bauten, die mit ebenso gutem Recht mit wenigstens einem Bild erscheinen könnten. Allein die nun ausgesuchten stehen jede für einen Typus, eine soll gewissermaßen für viele gelten in einer ganz besonderen Hinsicht. Man kann sicher auch nicht für sie ins Feld führen, daß sie völlig unbekannt wären; aber zumeist fährt man doch an ihnen vorbei. Man läßt sie unbeachtet sozusagen links liegen, obwohl sie alle wohl einen Abstecher wert wären, auch wenn es manchmal nur ein ganz besonderes Detail ist, das einem im Gedächtnis als unvergeßlich haften bleibt. Mit diesen Beispielen könnte man gerade aus dem Gebiet Bayerns mit Leichtigkeit einen eigenen Band füllen. Allein, wenn man erst einmal anfängt, Kirchen zu »sammeln«, sollte man doch mit den großen Leistungen barocker Kirchenbaukunst beginnen. Denn diese setzen die Maßstäbe, öffnen einem den Blick, den man braucht, um dann die weniger ins Auge fallenden Schönheiten richtig würdigen zu können. Erst wenn man diese Grundlagen hat, wird man mit Gewinn auch auf eigene Entdeckungen gehen können.

Als erstes Beispiel soll hier die Kirche des Prämonstratenserklosters in **Speinshart** in der Oberpfalz stehen. Die Oberpfalz war ja während den Zeiten der Reformation weitgehend protestantisch geworden, und auch das Kloster Speinshart hörte auf zu existieren. Erst mit der Rekatholisierung zieht wieder klösterliches Leben ein, 1661 wird Speinshart von Steingaden aus besiedelt. Nun braucht man auch eine neue Kirche. Architekt ist Wolfgang Dientzenhofer aus der weitverzweigten Baumeistersippe, der in Amberg ansässig ist und dort auch die Schulkirche der Salesianerinnen gebaut hat. 1691 beginnt man, 1696 werden die Stuckarbeiten angefangen, 1706 kann die Weihe der Kirche begangen werden.

Die Kirche der Prämonstratenser in Speinshart (dieser Orden ist seit 1921 hier auch wieder zu Hause) soll hier als Beispiel stehen für die vielen, oft noch vor 1700 errichteten wuchtigen Wandpfeilerkirchen überall im Land. Auch die Stuckausstattung italienischer Wanderkünstler ist typisch für diese Stilstufe. Ist die Schulkirche in Amberg – denkt man sich die Rokoko-Ausstattung auch fort – ein vergleichsweise zierlicher Bau, hier hat sich Wolfgang Dientzenhofer ganz dem damals sehr verbreiteten Typus angeschlossen. Italienisches und Vorarlbergisches wirkt ein. Die Klosterkirche bildet die Nordflanke des Klostergevierts, mit der Fassade entsprechend dem südlichen Abschluß des Konventgebäudes etwas vor die Flucht des Mitteltraktes tretend. Ein prächtiges Tor führt ins Innere, das uns zunächst durch einen von Kapellen flankierten Gang in die quergelagerte Vorhalle führt. Diese wird rechts und links von den Sockeln der Türme abgeschlossen, die also, etwas zurückgesetzt, offenbar die älteren Bauteile darstellen, die Wolfang Dientzenhofer übernehmen mußte. Dahinter dann öffnet sich das Langhaus, von Wandpfeilern getragene Gewölbe schließen es ab. Zwischen den Wandpfeilern sind Kapellen seit-lich abgetrennt, über denen sich, schon in der Stichkappenzone der Wölbung, Emporen öffnen. Der gerade abgeschlossene querrechteckige Chor mit vorgelagertem Mönchschor ist etwas eingezogen und mit einem Bogen über den seitlichen Pfeilerwänden abgeschlossen.

Vom Grundriß her also nichts Aufregendes, Kirchen dieser Art gibt es viele, aber gerade deshalb muß einmal dieser Typ vorgestellt werden. Ein klarer übersichtlicher Raum, geeignet sowohl für liturgische Zwecke wie für die Predigt; der Mönchschor ist gut untergebracht, und die vielen Seitenkapellen bieten mit ihren Altären ausreichend Gelegenheit zur ungestörten täglichen Meßfeier der Mönche. Soweit folgt Wolfgang Dientzenhofer ganz dem vorgeformten Schema. Leichte Unterschiede machen sich höchstens im Vergleich bei den einzelnen Proportionen bemerkbar. Die Zisterzienser-Abteikirche in Waldsassen etwa, an der Wolfgangs älterer Bruder Georg beteiligt war, ist ähnlich und doch auch wieder nicht. Waldsassen ist räumlich komplizierter, indem man die Emporen zwischen Kapellenarkaden und Gebälk mit einem zweiten flachen Bogen öffnete, während in der Stichkappenzone Fenster eingeschnitten wurden. Die Wölbung erscheint dafür dann wieder einfacher. In der Wallfahrtskirche Maria-Hilf in Amberg hat Christoph Dientzenhofer diesen Typus noch einmal entworfen. Hier in Speinshart erscheinen einem die Verhältnisse am harmonischsten, eine perfekte Ausbildung dieses sehr langlebigen, weil in der Praxis sehr bewährten Bautyps.

Mindestens ebenso typisch für die Zeit um 1700 überall in Bayern ist aber die Ausstattung. Damals steckte die Fres-

Speinshart, Prämonstratenser-Abteikirche, 1691–1706, von Wolfgang Dientzenhofer. Seitenwange des Kirchengestühls mit Schnitzerei aus dem Anfang des 18. Jahrhunderts

komalerei hierzulande noch so ziemlich in den Kinderschuhen, und so kam die größte Bedeutung der Stuckausstattung zu. Doch auch dabei mangelte es noch an Kräften; die Wessobrunner hatten noch nicht so viel Nachwuchs, daß sie all den sich bietenden Bauausstattungen gewachsen gewesen wären. So mußte man, wie auch bei den Architekten, noch vielfach auf Wanderkünstler, zumeist aus Oberitalien, zurückgreifen. Durch den Bau des Passauer Domes hatte sich gerade in Ostbayern ein Zentrum für die welschen Stukkateure gebildet. Hier in Speinshart war es Carlo Domenico Lucchese aus Lugano, der in Rivalität zu Giovanni Battista Carlone und seinem Trupp in Passau oder den Lurago, den d'Aglio etwa, das Üppigste aufbot, was damals an Stuckauszier überhaupt möglich war. Die kleinen Freskofelder von Bartolomeo Lucchese erscheinen nur wie kleine eingesetzte Spiegel, alles überwuchert sonst der Stuck. Vor allem die Wölbzone wird so zugedeckt von den dicken Strukturen, daß man ihre Grundform kaum noch ausmachen kann. Viele werden diesen Stuck zu überla-den finden, und in gewisser Weise ist er das auch; aber er ist eben typisch für die Zeit. Der Wille nach kräftiger Plastizität, nach vollem Ausleben aller Formen, dokumentiert sich hier auf einmalige Art. Vor rosa getöntem Grund stehen dicke weiße Fruchtgehänge, Akanthusranken, Muschelformen, Weinranken und Knospen. Aber auch viele vollplastisch geformte Figuren treten vor die architektonischen Gliederungen. Unzählige Putten natürlich zwischen den einzelnen abgegrenzten Feldern, aber auch Personifikationen von Tugenden über dem Gesims zu Seiten der Emporen kauern dort. Große geflügelte Engel, wie sie ähnlich auch im Passauer Dom erscheinen, sind an Kanzel und Altären angebracht. Sie alle verkörpern den schweren üppigen Barock, der um 1700 in Bayern noch vorherrscht. Wenn auch die architektonische Raumschale noch nicht viel von barocker Dynamik verrät, die starkplastische Stuckauszier bietet dem seitlich einfallenden Licht viel Relief für Glanz und Schatten und belebt so wenigstens die Oberfläche.

Besonders schön und in dieser Form selten erhalten sind die aus dem beginnenden 18. Jahrhundert stammenden Seitenwangen der Kirchenstühle. Auch hier wieder üppige, plastisch tief geschnitzte Akanthusranken mit christlichen Symbolen in der Mitte. Leichte Spuren von Bemalung erhöhen den etwas naiven Reiz dieser Schnitzereien.

Das nächste Beispiel ist die Schloßkirche in **Ellingen.** Sie soll die in diesem Buch nur sparsam vertretene höfische Seite des Barock noch etwas farbiger machen.

Das Schloß in Ellingen gehörte seit dem hohen Mittelalter dem Deutschen Orden, dessen Ballei Franken die größte und reichste war. So wurden die Landkomture auch häufig Deutschmeister und Ellingen ihre Residenz, die somit einigem Anspruch zu genügen hatte. Nach dem Dreißigjährigen Krieg mußte man sich auch hier um Wiederaufbau bemühen, nachdem 1632 alles niedergebrannt worden war. 1718 begann der Neubau des Schlosses in Etappen; die Hofkirche, deren gotische Mauern offenbar noch verwendbar waren, kam erst 1746 an die Reihe. Es handelt sich eigentlich mehr um einen Umbau als um eine Neuschöpfung des Barock, allein diese Umgestaltung ist so geschickt gemacht und gibt so gut den Eindruck einer höfischen Palastkirche wieder, daß wir sie als herausragend genug hier aufnehmen wollen. Schon allein wie ihr axialer Bezug zum übrigen Schloßbau hergestellt ist, zeugt von großer Originalität. Die Kirche bildet nämlich den nördlichen Flügel des damit vierseitig geschlossenen, um einen Innenhof angelegten Baues. Umgeben ist das Ganze samt südlich vorgelagertem Garten von dem Wassergraben der älteren Schloßanlage. Da es nun schwierig war, einen achsenbezogenen Eingangsbereich zu schaffen – der übliche westliche Zugang hätte nur seitlich in einer Ecke des Hofes erfolgen können –, andererseits aber eine symmetrische Bauanlage Ziel aller barokken Großprojekte war, verlegte man kurzerhand den Eingang in die Mitte der südlichen Langwand der Kirche.

Ellingen, Fassade der Schloßkirche in der ehem. Deutschordens-Residenz, 1746 von Franz Joseph Roth auf gotischen Mauerbeständen umgestaltet

Damit ist der Eingang zur Schloßkapelle dem Mittel- und Hauptpavillon des Schlosses und der Durchfahrt in den Hof gegenübergetreten, der Achsenbezug gerettet. Um noch optisch ein übriges zu tun, ist auch der Turm in diese Blickflucht gelegt, an die nördliche äußere Langwand angesetzt und in der Mitte den Bau überragend. Auch die Mansarddächer sparen hier eine Lücke aus, die nach vorne zu ein nicht allzu hoher geschweifter Giebel füllt. Es ist also gelungen, trotz vorgegebener Baubestände den Achsenbezug zum Schloß herzustellen und sich diesem einzubinden, und zwar auf doch recht originelle Art.

Das Eingangsrisalit ist zweiachsig mit hohen schmalen Fenstern, die sich auch über die übrigen Langwände hinziehen, zum Teil nur als Blindfenster. Hier wird man wohl die gotische Fensterverteilung aufgenommen haben, aber wie elegant und rokokohaft zierlich wirken sie doch in dieser Verkleidung. Die beiden mittleren sind von kräftigen Pilastervorlagen eingefaßt, dazu kommt plastischer Figurenschmuck und zwei prächtige Wappenkartuschen am Giebel, alles aus Sandstein vor der weiß verputzten Fläche. Unterstrichen wird dieser Mittelakzent noch durch den erwähnten, hinter der Kirche stehenden Turm, ebenfalls aus Sandstein, gerundet und geschwungen und an Fischer von Erlachs Turmabschlüsse in Salzburg erinnernd. Franz Joseph Roth ist die geschickte Fassadengestaltung zu verdanken, der Turm Matthias Binder (1751).

Im Inneren entwickelt sich vom seitlichen Eingang aus links der Gemeinderaum, rechts der fast gleich große Chor, der in der Mauerbegrenzung und im Gewölbe noch am ehesten den gotischen Bestand verrät. Die Gestaltung des Innenraumes war schon 1718 erfolgt; aus dieser Zeit stammen Stuck und Fresken, die den Raum umgeformt haben. Entscheidender ist aber wohl für den heutigen Eindruck das

»Mobiliar« aus der Mitte des 18. Jahrhunderts. Als erstes zu nennen – auch wieder wegen seiner Originalität – ist da der Hochaltar. Er stammt von dem Wessobrunner Franz Xaver Feichtmayr (1748, das Gemälde älter). Ähnlich einer spanischen Wand bildet er den eigentlichen Chorabschluß, seitlich mit marmorierten Wandstücken an die Außenmauern anschließend, nur oben mit offenem, lockerem Abschluß, an dem man sieht, daß diese Schauwand überhaupt frei steht. Die eigentliche Altarmensa ist mit Tabernakelaufbau unverbunden davorgesetzt, seitlich zur Wand gehören leicht vorgezogene Durchgänge unten und darüber verglaste Oratorien unmittelbar zum Altaraufbau. Die reichgeschnitzte Bestuhlung stammt aus derselben Zeit, die elegante Kanzel und die Seitenaltäre, ebenfalls aus farbigem Stuckmarmor, sind in den sechziger Jahren dazugekommen. Durch die vorgeblendeten, auf Konsolen sitzenden Stuckmarmorpilaster und die balkonartigen, mit schönen schmiedeeisernen Rokokogittern versehenen unteren Oratorienabschlüsse im Chor erfährt der Raum eine weitere elegante Bereicherung. Es ergeben sich hier auch interessante Durchblicke, da äußere Fensterwände und innere Chorwände durch einen Umgang im Obergeschoß getrennt sind, der Platz für eben diese Oratorien schafft.

Nun machen wir einen großen Sprung ins Allgäu, nach Bayerisch Schwaben, und kommen zu einer Kirche, die oft auf Bildern als Beispiel für bayerische Berg- und Kirchenseligkeit zu sehen ist: **St. Koloman bei Schwangau.** Jeder, der einmal nach Neuschwanstein gefahren ist, hat sie da vor dem Tegelberg, einsam inmitten eines alten Pestfriedhofs gelegen, in den Wiesen stehen sehen. Sie ist also nicht gerade unbekannt, und doch fahren fast alle daran vorbei, auch in den meisten Kunstführern wird man vergeblich danach suchen. So ist St. Koloman eine

153

der Kirchen, die jeder kennt, aber doch nie richtig gesehen hat.

Der Legende nach ist hier der Ort gewesen, wo sich der aus einem Königsgeschlecht stammende irisch-schottische Missionar Koloman auf seiner Pilgerreise ins Heilige Land ausgeruht hat. In Stockerau in Niederösterreich ist er jedoch ermordet worden, seit 1014 liegen seine Gebeine in der Stiftskirche in Melk. Er gilt seither als österreichischer Nationalheiliger. Auch hier hat man sein Andenken bewahrt. Er wurde bei Krankheit und Pest angerufen, daher der abgelegene Friedhof.

Die heutige Wallfahrtskirche (1673 bis 1678), die mit ihrem Zwiebelturm und der ornamentalen Fensteranordnung im gekalkten Mauerwerk die Landschaft prägt, stammt von dem Wessobrunner Johann Schmuzer. Sie kann als Verkörperung der oberbayerischen Landkirche schlechthin stehen: einfach und doch schmuckfreudig im Detail. Auch die Stukkaturen und Altäre im saalartigen Inneren mit anschließendem Chor stammen von Schmuzer, hochbarock, weiß und plastisch die Fruchtgehänge, Muschelformen und Puttenköpfchen an der Decke, mit korallenroten Stuckmarmorsäulen gerahmt die Altäre, an denen neben dem Titelheiligen auch die Patrone der Heilkunst St. Cosmas und Damian sowie die Pestheiligen Sebastian und Rochus verehrt werden. Die Bilder an den Wänden schildern Szenen aus der Legende des hl. Koloman.

Zum Abschluß kommen wir nun zu zwei Beispielen barocker Kirchenbaukunst, die wohl wirklich so gut wie unbekannt sein dürften; sie sollen hier wieder stellvertretend erscheinen für all die vielen kleinen Landkirchen, die in diesem Buch keine oder nur kurze Erwähnung im Anhang finden kön-

St. Koloman bei Schwangau, Wallfahrtskirche von Johann Schmuzer, 1673–1678

nen. Außer der spätgotischen Baukunst, Malerei und Plastik ist ja kein Stil wieder so populär geworden wie der barocke. Nicht nur als Hofkunst, sondern in seiner unendlich dichten Verbreitung eben gerade auch auf dem Land, noch in den kleinsten Dorfkirchen, als vom Volk getragene und wahrhaft volkstümliche Kunst, ist der Barock besonders liebenswert. Diese Volkstümlichkeit erreicht er aber erst im 18. Jahrhundert, nach Beendigung des Spanischen Erbfolgekrieges, als endlich wieder Friede und Sicherheit ins Land einzogen. Nun ist auch die Generation der einheimischen Künstler herangewachsen, die diese Kunstströmung trägt. Oft stammen sie selbst vom Land und haben den Kontakt zur heimischen Umgebung nicht verloren. Die meisten von ihnen, auch wenn sie bei Hof beschäftigt werden, sind sich nicht zu vornehm, weiterhin auch in Dorfkirchen zu arbeiten. Aber auch die einfachsten Landbaumeister stehen bei den neuesten Stilentwicklungen nicht abseits, sondern greifen in vereinfachter Form modernste Tendenzen auf.

So ist die St.-Ottilien-Kirche in **Hellring** bei Paring, die wir hier zuerst zeigen wollen, zwar natürlich einfacher als große berühmte Sakralbauten, aber doch durchaus auf der Höhe ihrer Zeit. Die Filialkirche der Pfarrei Paring war zu ihrer Erbauungszeit Wallfahrtskirche. Paring hinwiederum mit seiner St.-Michaels-Kirche ist eines der ältesten Klöster aus karolingischer Zeit. Seit 1598 war es Propstei des Klosters Andechs, dem es Herzog Wilhelm V. übereignete. In den fünfziger und sechziger Jahren des 18. Jahrhunderts zog auch in die Paringer Stiftskirche das Rokoko ein.

Nun aber zur Ottilienkirche. Die Patronatsheilige war Nonne im Elsaß, wo sie das Kloster Odilienberg gründete. Sie wurde blind, jedoch vom hl. Erhard, Bischof von Regensburg, geheilt. Seither gilt sie als Helferin bei Augenleiden. Hier in Hellring wird sie wohl wegen ihrer Beziehung zum Regensburger Heiligen verehrt. Schon im 12. und 13. Jahrhundert hat es hier der hl. Ottilia geweihte Kirchenbauten gegeben. Die Verehrung hielt an, so daß man ihr im 18. Jahrhundert eine neue Stätte errichtete. Der heutige Bau ist 1733–1735 entstanden. Ihr Baumeister war wohl der Landshuter Johann Georg Hirschtötter. Schmuck steht er da, gleich neben einem stattlichen Bauernhof, mit weiß gekalkten Schmuckbändern und Gliederungen vor dem farbigen Putz. Die Umrisse sind einfach, ein Langhausbau mit gerundetem Chor und seitlich daran angebautem Turm mit Zwiebelhaube. Nur die ornamental geschwungenen, kartuschenförmigen Fensterformen fallen auf. Diese aus C-Bögen und flachen Voluten gebildeten Umrisse der Fenster waren bei Landkirchen offenbar besonders beliebt.

Im Inneren stellen sie ebenfalls ein wichtiges Schmuckelement dar, beleben sie doch die Wände der meist einschiffigen, kapellenlosen kleinen Räume ungemein. Dazwischen erscheinen hier in Hellring als Gliederungen flache Pilaster, darüber ein vielfach profiliertes, leicht verkröpftes und ganz durchlaufendes Gebälkband. Zum Chor hin ist die Wand etwas eingezogen, die Pilaster biegen sich rund, im Gewölbe ergibt sich ein sphärischer Bogen, der Chor und Langhaus trennt. Auch der Chor ist durch diese Fenster noch einmal belichtet, so daß der Hochaltar in voller Helligkeit steht.

Dieser nun ist etwas Besonderes. Er setzt das Gebälk des Kirchenraumes in Stuckmarmor fort, statt der Pilaster erscheinen vollplastische, freistehende Säulen. Sie rahmen die Mensa mit sockelartigem Tabernakelaufbau, der die plastische Figur der hl. Ottilie trägt. Sie steht vor der goldgelben Glorie des ovalen Ostfensters, darüber ist ein Stuckvorhang wie ein Baldachin drapiert, dessen Quasten von Putten gehalten werden. Die Heilige, als Äbtissin in schwarzem Habit und mit Krummstab, ist halb in die Knie gesunken, das Gesicht in Verzückung, ein Putto hält das aufgeschlagene Buch mit zwei Augen, das ihr Attribut ist, zwei Büsten rechts und links schließen die plastische Gruppe ab. Verzierte Schmuckvasen zwischen den Säulen bilden den Übergang, im Gewölbeansatz bringt ein kartuschenförmiges Gemälde den Abschluß. Dieser plastische Altar ist für eine »Dorfkirche« doch zumindest ungewöhnlich, sowohl im Aufbau als auch in seiner bildhauerischen Qualität. Allein wie der Farbkontrast zwischen schwarzem Gewand und goldgelbem Licht ausgespielt ist, zeugt von einiger Raffinesse. Man wird sich erinnern, daß Rohr nicht weit ist mit seiner dramatischen Himmelfahrt Mariens, als freifigürliche Szene von Egid Quirin Asam dargestellt. Sicher hat der unbekannte Bildhauer, der den Ottilienaltar geschaffen hat, dieses Meisterwerk gekannt und ihm auf seine Weise nachgeeifert. Daß dies nicht gerade bäuerisch-unbeholfen geschah, lehrt selbst ein flüchtiger Blick auf die sehr eindrucksvolle Gruppe. Übrigens hat auch die Paringer Kirche solch einen plastisch gestalteten Hochaltar, allerdings unter Verwendung älterer Figuren, nämlich des hl. Michael und des Gottvaters vom Weilheimer Frühbarockbildhauer Hans Degler. Wenn auch hier der Aufbau altarmäßig zusammengefaßter erscheint, in Hellring aber voll der Architektur integriert, so ist doch eine gewisse Ähnlichkeit auffallend.

Hellring bei Paring, Inneres der Dorf- und Wallfahrtskirche, 1733–1735, mit Altar der hl. Ottilie

Ebenfalls eine ländliche Wallfahrtskirche ist Mariä Himmelfahrt in **Allersdorf** bei Abensberg. War die St.-Ottilien-Kirche in Hellring aber ein wirkliches dörfliches Idyll mit einem überraschenden und gar nicht dörflichen Altar, so ist Allersdorf am Rand einer immerhin beachtlichen Stadt, die seit 1348 Marktrecht hatte, in einer anderen Atmosphäre angesiedelt. Der zweite Pol zu Abensberg, der Heimat des berühmten Renaissance-Geschichtsschreibers Johann Thurmair, genannt Aventinus, ist Kloster Biburg. Etwa gleich weit entfernt zwischen beiden gelegen, auf einem kleinen Hügel, der einen schönen Ausblick erlaubt, ist Allersdorf von Biburg aus gegründet worden. Biburg war seit seiner Stiftung 1125 ein Benediktinerkloster gewesen. Aus dieser Zeit ist die romanische Kirche erhalten. 1589 übernahmen die Jesuiten die Verwaltung, die es aber nicht benutzten und deshalb den alten Bau unverändert ließen, 1783 folgten nach der Aufhebung des Jesuitenordens die Malteser.

Die Jesuiten waren es, die die schon seit dem 11. Jahrhundert bestehende Kirche von Allersdorf erneuerten. Nur der Turm ist noch in seiner romanischen Bausubstanz aus dem 13. Jahrhundert erhalten. Von Biburg aus kann man die Kirche am bequemsten erreichen, von Abensberg her führt ein schöner, von Birken gesäumter Fußweg mit Kreuzwegstationen den Hügel hinauf, bis man über den kleinen Friedhof zur Kirche kommt. Heute gelb verputzt mit weißen Schmuckbändern, mit den Kreuzwegstationen, einem Pfarrhaus und umstehenden Bäumen eine malerische Gruppe bildend, soll sie Ziel unseres letzten Kunstweges sein. Ihr Inneres ist auf andere Art überraschend als Hellring, aber doch auch wieder ein ganz eigener Eindruck einer dem ländlichen Raum verhafteten, offenbar immer noch besuchten Verehrungsstätte inmitten der freien Flur.

Obwohl die Jesuiten den Bau aufführten, folgt die Kirche nicht dem gerade von diesem Orden propagierten Typ der Wandpfeilerkirche. Es mag an den doch kleineren Verhältnissen in Allersdorf gelegen haben, daß man auf Seitenkapellen verzichtet hat. So steht der Kirchenraum als einschiffiger Bau auf der Grundform des lateinischen Kreuzes da, Chor und Kreuzarme polygonal geschlossen. Die Wände sind von stark vorgezogenen doppelt hintereinander gelegten Pilastern gegliedert, auf denen das Gewölbe – eine Tonne mit Stichkappen – aufruht. Um die Fenster herum sind Stuckranken gelegt unter Einschluß von kleinen Bildmedaillons im unteren Teil.

Zum Chor hin, der mit seiner Nische gegenüber dem Gemeinderaum schmaler erscheint, steigert sich der Schmuckreichtum. Die beiden Kreuzarme schneiden im Gewölbe nur mit Stichkappen ein, werden an der Kreuzungsstelle also nicht zu einer Vierung geführt oder sonstwie betont. So fällt der Blick vom Eingang her besonders auf den hinter den Kreuzarmen liegenden Chorbogen. Die Wandstücke zwischen den Pilastern rechts und links vom Chor sind mit Nischen aufgelockert, die Figuren der hl. Barbara und der hl. Apollonia zeigen. Im Chor sehen wir dann auch hier wieder einen rein plastisch gestalteten Hochaltar ohne Gemälde: Eine spätgotische gekrönte Madonna mit Kind steht im Zentrum, vor einem goldenen Strahlenkranz, von Putten und Engeln umspielt. Darüber ein plastisches Marienmonogramm, die Taube des Hl. Geistes und Gottvater. Gerahmt wird dieser Aufbau über dem Tabernakel von einem Stuckmarmor-Säulenaufbau. Die je zwei Säulen zu beiden Seiten sind weit auseinandergerückt, Blumengirlanden hängen dazwischen, und vor dem Licht der wie eine Folie wirkenden Chorfenster stehen zwei bewegte Heiligenfiguren in farbiger Fassung, zum Teil metallisch glänzend unterlegt. Der ganze Altaraufbau

steht frei in der Konche des Chores, ein Umgang ist dahinter freigelassen. Zu dem recht starkfarbigen Stuckmarmor des Altares, der alle Merkmale des voll ausgebildeten Rokoko erkennen läßt, paßt vorzüglich die reizvolle Gestaltung der Decke. Der Stuck stammt aus dem Jahr 1712, die Bilder werden wohl auch um diese Zeit entstanden sein. Sie zeigen Marienthemen, so im Hauptbild des Langhauses Mariä Himmelfahrt, in den immer wieder anders umrissenen, aber seitengleich symmetrischen kleineren Feldern in den Stichkappen und Zwickeln Einzelfiguren, die auf Maria bezogen sind, wie Johannes den Täufer, die hl. Anna, den hl. Josef oder den Harfe spielenden König David. In der Hauptszene hat sich der Maler um Verkürzung und Illusionismus bemüht, in den Nebenfeldern sind die Figuren tafelbildmäßig erfaßt.

Eingebettet sind sie in äußerst reizvolle Stukkaturen. Vor altrosa bis ocker getöntem Grund stehend, mit prächtig vergoldeten Teilen, aber besonders mit den ganz bunt gehaltenen Laubstäben und Blumen inmitten der blasseren zierlichen Akanthusranken vermitteln sie ein unverfälschtes Bild einer offenbar kaum berührten Landkirche aus dem frühen 18. Jahrhundert. Der Reiz liegt in einer gewissen Naivität, die sich ohne Scheu in der Buntheit und der Schmuckfreude dieser Decke ausdrückt. Hier hat man das verwirklicht, was wohl dem Geschmack der Menschen in dieser Gegend entsprochen haben dürfte, denen die Allersdorfer Kirche ein Anliegen war. Und trotzdem wird man nicht sagen können, hier ginge es ländlich-derb zu, im Gegenteil: ein feines Gefühl für Proportionen und Maß hält alles im Lot und läßt einen wirklich entzückenden Eindruck zurück.

Allersdorf bei Abensberg, Wallfahrtskirche. Errichtet von den Jesuiten von Biburg, der Stuck im hier gezeigten Gewölbe ist 1712 datiert

Schluß

Hier geht nun unsere Kunstreise zu bayerischen Barock- und Rokokokirchen zu Ende. Wir haben das ganze heutige Bayern durchstreift und dabei Kirchenbauten gesehen, in denen der Barock und das daraus sich entwickelnde Rokoko die unterschiedlichsten Ausprägungen gefunden haben. Von den ersten Bauaufgaben in der Mitte des 17. Jahrhunderts bis zu den ausklingenden sechziger Jahren des 18. Jahrhunderts hat dieser Stil Wandlungen erfahren, die ihren Ausdruck finden. Aber auch die Landschaft, in der die Kirche steht, hat Einfluß: eine fränkische Barockkirche stellt sich anders dar als eine oberbayerische. Die ortsüblichen Baumaterialien wirken sich aus, Haustein oder Verputz, naturbelassen oder farbig getönt zum Beispiel. Die Herkunft und die Beziehungen des Bauherrn und des Architekten finden ihren Niederschlag. So verwendet selbst der sonst doch versierte altbayerische Baumeister Johann Michael Fischer beispielsweise nur Scheingewölbe aus verputztem Holz, von anderen ganz empirisch arbeitenden Meistern wie etwa Dominikus Zimmermann ganz zu schweigen, während in Franken die Stein-Wölbkunst durch Balthasar Neumann zu höchster Kunstfertigkeit und Kunst geführt wird. Fürstbischof Friedrich Carl von Schönborn hat hier diese solide gemauerte Einwölbung wegen der Brandgefahr sogar bei kleinen Landkirchen durchgesetzt.

Aber auch der Verwendungszweck oder die finanziellen Mittel, die zur Verfügung stehen, spielen eine Rolle und bestimmen das Erscheinungsbild einer Kirche. Eine kleine Landkirche muß von Grund aus anders konzipiert sein als eine große Klosterkirche oder eine Hofkapelle, ein auf privater Stiftung beruhender Bau wird anders ausgelegt sein als ein repräsentatives Werk eines regierenden Herrschers. Viele Bauwerke ziehen sich, wie wir gesehen haben, über lange Zeiträume hin und erfahren in sich Wandlung, viele Bauherren haben sich in ihrem Streben nach einem glorifizierenden Bau oder an ihrem »Bauwurm« auch übernommen wie Kloster Steingaden an der »Wies«. Das Prämonstratenserstift Osterhofen muß 1783 von Papst Pius VI. sogar aufgelöst werden, da es völlig verschuldet ist. Und doch kann man aus heutiger Sicht nur froh sein, daß trotz der Verschuldung Werke wie die Wies Dominikus Zimmermanns oder die Osterhofener Kirche Johann Michael Fischers und der Brüder Asam zustandekommen konnten. Ohne sie wäre die Kunstlandschaft Bayerns wesentlich ärmer.

Um die hier behandelten größeren oder besonders typischen, in ihrer Architektur bedeutsamen oder nur besonders schön ausgestatteten Kirchen schart sich eine große Anzahl von Bauten, die in ihrer Art auch sehenswert genug wären. Sei es, daß sie barockisiert wurden, aber alte Raumformen bewahren, sei es, daß sie einzelne schöne Ausstattungsstücke beherbergen, nur eine barocke Fassade vorgesetzt bekamen, die sie ins Stadtbild einbindet, sei es, daß mit bescheideneren Mitteln den Großen nachgeeifert wird. Von diesen Werken, die den Barock erst richtig ins Volk getragen haben, konnten in diesem Buch nur einige wenige ausführlicher dargestellt werden. In dem folgenden Anhang soll versucht werden, um die Hauptwerke – die jedoch die Maßstäbe setzen und den Blick schulen –, eine Reihe von Kirchen zu gruppieren, die man bei einer Fahrt dorthin auch an-schauen sollte oder könnte. Erst wenn man dann die Unterschiede sieht, wird man die Meisterschaft, die in manch einem Bau steckt, wirklich bemerken und würdigen können.

Vielleicht kann hier und da so eine kleine Reise aus dem Alltag zu den großen Meisterbauten der Vergangenheit einem die Sinne erfrischen und das Herz erheben. Wenn dieses Buch dazu Anregung und Hilfe gewähren konnte, wäre sein Zweck erfüllt.

ANHANG · KUNSTFAHRTEN UND WANDERUNGEN

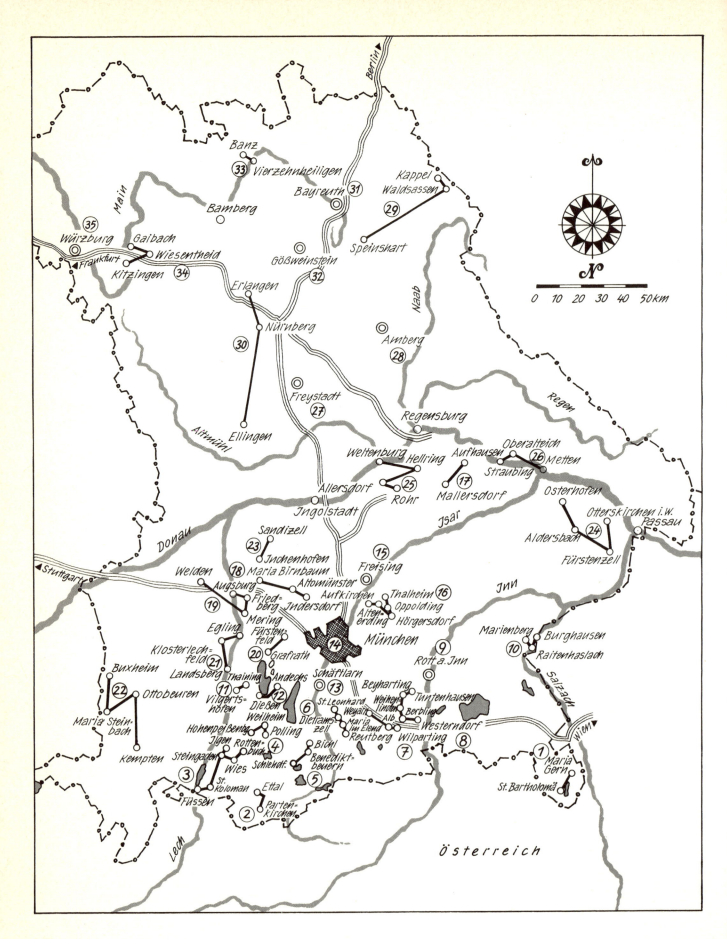

① Maria Gern bei Berchtesgaden – St. Bartholomä

Die kleine Wallfahrtskirche MARIA GERN kann man bei einem Aufenthalt in Berchtesgaden zum Ziel eines schönen Spazierganges machen. Man folgt der Hauptdurchgangsstraße Richtung Norden durch den Ort, an der Stiftskirche und dem Rathaus vorbei, dem Nonntal und dann der steil aufsteigenden Straße, der Locksteinstraße. Bei der ersten Kurve oben zweigt rechts ein beschilderter Weg ab, auf dem man in etwa 30 bis 40 Minuten bequem zur Kirche (und Einkehr) gelangt. Mit dem Auto bleibt man auf der beschilderten Straße; man kann auch mit dem Bus fahren (ab Bahnhof-Hauptpost). Der Weg, der auch ein paar steilere Stücke hat, führt zumeist durch Wald, und das Rauschen des Gernbaches begleitet einen. Vom Bahnhof aus in entgegengesetzter Richtung, nach Süden, gelangen Sie zum Königssee und zu der weitbekannten Ansicht des kleinen ST.-BARTHOLOMÄ-Kirchleins. Wie der Salzburger Dom en miniature mit den drei runden Chorapsiden, schindelgedeckt, steht es da vor der Watzmann-Ostwand als Touristen- und Fotografenziel mit Ah-Effekt. Die Kirche ist 1697 begonnen und um 1710 stuckiert worden. Andere Ziele in diesem alten Kulturland sind wesentlich früher errichtet worden, so die ehem. Stiftskirche in Berchtesgaden, oder Sankt Zeno und die Pfarrkirche St. Nikolaus in Bad Reichenhall. Sie bilden mit ihren strengen und altehrwürdigen Räumen einen anregenden Kontrast zum barocken Jubel der Gerner Marienkirche.

② Garmisch-Partenkirchen – Ettal

Garmisch-Partenkirchen, per Bahn oder im Auto über die B 2 zu erreichen, kennt wohl jeder, eine nähere Beschreibung des Weges erübrigt sich hier. Das Wallfahrtskirchlein ST. ANTON liegt am Abhang des Wank (1780 m) im Osten. Von der B 2 im Ortsteil Partenkirchen zweigt man links (östlich) ab und kann über einen schönen Kreuzweg zur Kirche (siehe S. 33) hinaufwandern. Vielleicht verbindet man diesen Ausflug auch mit einer Bergbahnfahrt auf den Wank, wo man in der Höhe schöne Wege findet.

Nördlich von Garmisch, bei Oberau von der B 2 abzweigend, erreicht man auf der B 23 ETTAL (900 m). Man kann den Besuch der Kirche (siehe S. 37 ff.) mit einer Einkehr in Oberammergau verbinden oder ins Graswangtal weiterfahren zum Schloß LINDERHOF. Damit bekommt man einen guten Eindruck von der Breite der künstlerischen Ausdrucksmittel gerade in diesem romantischen Winkel um die Ammergauer Berge.

Auch eine Fahrt, die den Besuch der Pfarrkirchen von Garmisch, Oberammergau und Mittenwald einschließt, wäre es wert, einmal unternommen zu werden. Sie finden hier die reizvollsten oberbayerischen Pfarrkirchen mit zum Teil sehr hochwertiger Ausstattung in schönster landschaftlicher Umgebung.

Wer aber den Kunstgenuß mit einer Bergwanderung krönen möchte, kann vom Parkplatz am Ortseingang von Ettal (von Oberau kommend) auf einem bezeichneten Weg die Notkarspitze (1889 m) erklimmen (5–5½ Std. Gehzeit Auf- und Abstieg).

③ Wies – Rottenbuch – Steingaden – Ilgen – St. Koloman – Füssen

Ein Besuch der WIES (siehe S. 43 ff.) sollte immer auch mit Naturgenuß verbunden sein. Am schönsten ist es, wenn man von Steingaden aus zu Fuß dorthin geht. So kommt man richtig eingestimmt an und kann nach seiner kleinen privaten »Wallfahrt« die Kirche als Krönung erleben.

Man verläßt Steingaden (Wandertafel zur Orientierung am Maibaum des Marktplatzes!) Richtung Süden, am Mühlbach entlang und ein Stück der B 17 nach Füssen folgend. Dann biegt man in Richtung Fronreiten links ab bis zum Schild Richtung Hiebler, hier wieder links bis zu den beiden Häusern. Nun geht es weiter geradeaus den »Brettlesweg« durchs Moor, bis die Kirche vor uns erscheint. Zurück kann man sich nordwestlich halten, in Richtung Litzau, und kommt von dort wieder nach Steingaden zurück.

Wer mit dem Auto eine größere »Kunsttour« rund um die Wies unternehmen möchte, dem sei eine kleine Rundfahrt empfohlen, die die Wies einkreist. Zunächst fährt man von Schongau kommend auf der B 23 bis ROTTENBUCH. Hier erwartet uns das ehem. Augustiner-Chorherrenstift mit Kirche: Der aus dem späten 15. Jahrhundert stammende Bau auf älteren Grundlagen wurde im 18. Jahrhundert neu stukkiert und ausgemalt (1737/38–1741/44). Der prächtige Hochaltar stammt aus dem Jahr 1750. Joseph und Franz Xaver Schmuzer, Matthäus Günther und Franz Xaver Schmädl waren die Meister der Ausstattung. Fresken und Stuck überziehen Wände und Decken so vollständig, daß der festliche, rauschende Eindruck die alten Mauern fast vergessen läßt.

Von Rottenbuch aus fährt man weiter Richtung Süden bis zur Echelsbacher Brücke, dort zweigt man rechts ab, dann links zur Wies. Nach dem Besuch der Wies wieder auf diese Straße zurückgekehrt, fährt man bis STEINGADEN, wo uns eine weitere prächtig barockisierte alte Klosterkirche im ehem. Prämonstratenser-Stift erwartet: St. Johannes ist 1176 geweiht worden, und das Mauerwerk weitgehend erhalten. Innen wurden 1663 der Chor und die Seitenschiffe umgestaltet (strengere Stuckformen), 1740/50 das Langhaus. Besonders die 1741 und 1751 datierten Fresken des Augsburger Akademiedirektors Johann Georg Bergmüller bestimmen den Eindruck. Man beachte den illusionistisch dargestellten Bau des Klosters, der hier Bild wird, historisch neue Wirklichkeit.

Von Steingaden aus in Richtung Norden auf der B 17 ist man schnell bei der WALLFAHRTSKIRCHE IN ILGEN. Auch sie wurde wie

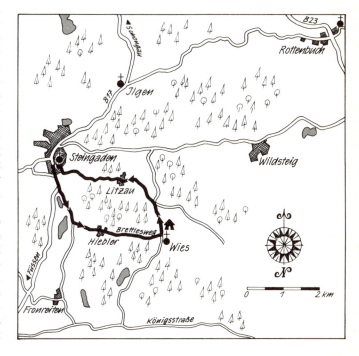

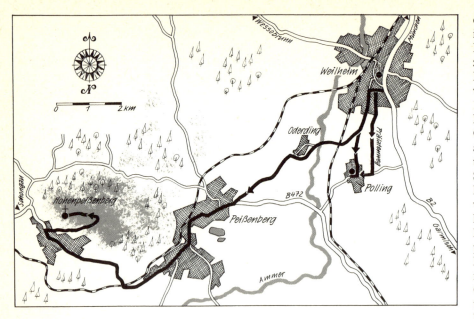

die Wies von Kloster Steingaden errichtet. Ihr Meister ist einer der Schmuzer aus Wessobrunn (1660–1667) gewesen. Der geometrisch gefelderte Stuck, Wand- und Altardekoration bilden eine stilistische Einheit, ähnlich wie in ST. KOLOMAN (siehe S. 153) bei Schwangau, dessen Besuch man hier anschließen kann. Man fährt wieder nach Steingaden zurück und folgt der B 17, wo man das Kirchlein kurz vor Schwangau schon von der Straße aus sieht. Als Abschluß sollte man dann noch bis FÜSSEN fahren und die ST.-MANGKIRCHE besuchen. Schön baut sich die malerische Baugruppe mit Kloster, Kirche und Hohem Schloß hinter dem Lech auf. Die heutige Pfarr- und ehem. Benediktiner-Klosterkirche ist 1701–1717 von Johann Jakob Herkomer errichtet worden. Herkomer war in Italien und bringt hier malerische Formen aus dem Venezianischen (Kuppeln, Säulen zum Chor hin) und Römischen (Fensterformen) mit: ein hochinteressanter Bau, der ähnlich wie die Stiftskirche in Kempten ganz für sich zu sehen ist und keinem »Schema« folgt.

④ Hohenpeißenberg – Weilheim – Polling

Die Wallfahrtskirche auf dem Hohenpeißenberg ist mit dem Auto von der B 472 aus zu erreichen, zwischen Peißenberg und Peiting-Schongau gelegen. Zur Kirche (siehe S. 48) führt eine Stichstraße auf den 988 m hohen Berg, der – besonders natürlich bei Föhn – eine herrliche Aussicht auf die Alpenkette im Süden und auf den Ammersee im Norden gewährt. (Von München aus Autobahn Starnberg, dann B 2 bis Weilheim, von dort abzweigen in Richtung Peißenberg).

Man kann die Anfahrt nutzen, um zwei weitere äußerst sehenswerte Kirchen zu besuchen. Zunächst die STADTPFARRKIRCHE St. Mariä Himmelfahrt in WEILHEIM. Der heutige Bau ist 1624–1631, also noch während des Dreißigjährigen Krieges, in frühbarockem Stil errichtet. Das Kirchenschiff erinnert etwas an die St.-Michaels-Kirche in München mit seiner Tonne, den Wandpfeiler-Seitenkapellen und dem strengen Stuck in geometrischen Feldern. Die Kapellen reichen fast bis zum Gewölbe hinauf. Interessant wird es zum Chor hin: anstelle der Vierung erscheint ein quadratisches Verbindungsstück (links vom Turmsockel, rechts von der Sakristei eingeschlossen) und dahinter ein Oktogon als Bekrönung des Chores. Der räumliche Hauptakzent liegt also direkt über dem Hochaltar, nicht davor! Rechts und links weitet sich der Raum noch einmal und wird oben von schönen muschelförmigen Wölbschalen abgeschlossen. Die Deckenbilder sind von Johannes Greither, 1627, das Hochaltarbild von dem in Italien ausgebildeten Hochbarockmaler Johann Ulrich Loth und geht auf ein Vorbild von Rubens zurück. In den letzten Jahren sind, anläßlich der Restaurierung, bei Grabungen etliche Reste der älteren Vorgängerbauten zum Vorschein gekommen, die heute in dem auch sonst sehr sehenswerten Heimatmuseum gleich neben der Kirche zu sehen sind (Hafnerschüsseln z. B.; GR). Auf dem Weg nach Peißenberg kann man auch auf der Straße, die östlich der Bahnlinie bleibt, nach POLLING gelangen. Die ehem. Augustinerchorherren-Stiftskirche ist der Legende nach von Herzog Tassilo III. gegründet worden. Polling gehört also zu den ältesten Klöstern im Pfaffenwinkel. Der heutige Kirchenbau ist aus der Zeit von 1416–1420; 1605 kam der Turm hinzu, 1621 der Chor. Die schöne spätgotische Hallenkirche wurde vom Wessobrunner Georg Schmuzer (geb. 1575, gest. 1645), aus der ersten Generation dieser Stukkatorenfamilie, 1621–1627 mit frühbarockem Stuck nach Entwurf des Bildhauers Hans Krumpper ausgestattet. Der Hochaltar von 1623 stammt vom Weilheimer Bildhauer Bartholomäus Steinle, der Tabernakel mit dem heiliggesprochenen Kaiserpaar Heinrich II. und Kunigunde von Johann Baptist Straub, 1763. Die Barockisierung von Polling ist die früheste in dieser Gegend, man eiferte Weilheim nach, unterließ dadurch aber einen barocken Neubau. (Die wieder restaurierte ehem. Stiftsbibliothek ist übrigens ebenfalls einen Besuch wert.)

Man kann von Weilheim aus nach Polling auch gut zu Fuß wandern. Der Weg führt, parallel zur Bahnlinie, vom Prälatenweg aus dem Ort, durch Wiesen und Felder, und bietet einen reizvollen Ausgleich zum Kunstgenuß.

⑤ Schlehdorf – Benediktbeuern – Bichl

Eine kleine Kirchentour, die keinen der von uns näher behandelten Bauten berührt, vereinigt drei sehr unterschiedliche Sakralanlagen.

Kloster SCHLEHDORF am Kochelsee gehört zu den ganz alten Gründungen in Bayern; schon im 8. Jahrhundert ist es entstanden und, obwohl immer zu den armen Klöstern gehörend, hat es bis zur Säkularisation Bestand gehabt. Die Kirche ist nicht lange zuvor gebaut worden, 1727 begonnen, doch erst 1773–1780 vollendet. Die schlichte Giebelfassade zwischen den kurzen, geduckten Türmen wirkt schon etwas trocken, ebenso das Innere mit den knappen Wandpfeilern und den ganz geraden Wänden. Die Innenausstattung aus der letzten Bauphase zeigt bereits den Schritt zum Klassizismus mit dem schlichten linearen Felderwerk des Stucks von Tassilo Zöpf und den Freskofeldern von Joseph Zitter und Johann Baader. Die Felderung der Tonnengewölbe-Streifen und der Gurtbogen erinnert an frühbarocke Lösungen, zu denen der reduzierte Schmuckstil der späten siebziger Jahre des 18. Jahrhunderts zurückführt; er wirkt im Vergleich mit wirklich frühbarocken Ausstattungen (z.B. Polling) aber doch eher ausgelaugt. Der barocke Impetus und auch die zierlichere Schmuckfreude des Rokoko sind aufgezehrt, der Stil am Ende. Ganz anders, wenn wir von dem leicht etwas melancholisch wirkenden Kochelsee über Kochel auf der B 11 nach BENEDIKTBEUERN kommen. Hier stammt die ehem. Klosterkirche, seit 1804 Pfarrkirche, wirklich noch aus der Frühzeit des Barock in Bayern. Der heutige Kirchenbau des um 740 gegründeten Klosters wurde in zwei Abschnitten 1672–1674 und 1682–1686 errichtet. Es handelt sich wieder um einen Wandpfeilerbau, diesmal mit deutlich abgetrennten seitlichen Kapellen und darüberliegenden Emporen. Der Stuck ist kräftig und stark plastisch, mit vielen fast frei gearbeiteten Figuren, ähnlich wie in Speinshart (siehe S. 150). Die Gemäldefelder im Tonnengewölbe sind von Hans Georg Asam ausgemalt worden, dem Vater Cosmas Damians und Egid Quirins. Vater Asam hat hier seine venezianischen Studien verwertet und mit starken Verkürzungseffekten gearbeitet. Besonders schön getroffen sind die Szenen mit der Geburt Jesu und dem Pfingstfest. Insgesamt macht die Kirche einen zwar ganz dem zeitgenössischen Klosterkirchen-Bauschema verhafteten Eindruck, ist aber voller Kraft und Selbstverständnis.

Benediktbeuern liegt bereits im flachen Schwemmland der Loisach. Feuchtwiesenland, gesprenkelt mit kleinen Gehölzen und Heustadeln – weithin sichtbar mit seinen beiden Zwiebeltürmen, im Hintergrund die Kulisse der Benediktenwand. Das alte Klostergebiet reichte über die Jachenau hinaus bis zur Isar im Süden und schloß den Walchensee und den größeren Teil des Kochelsees mit ein. Im Norden umfaßte es noch Penzberg und ging fast bis Königsdorf. In diesem Gebiet hat das Kloster viel für die Kunst getan. Sichtbarstes Zeugnis dafür ist das Georgskirchlein in BICHL. Man kann es, ein kurzes Stück der B 11 nach Norden folgend, erreichen, aber auch zu Fuß (der Bahnlinie Richtung Norden links nahe bleibend, zuerst eine schöne schattige Lindenallee entlang, dann einen Feldweg) bequem mit einem Spaziergang verbinden. Auf einem kleinen Hügel liegt die 1751–1752 errichtete Kirche mit dem Turm von 1671 und grüßt in die Landschaft. Der Kloster- und Kirchenbaumeister Johann Michael Fischer hat sie entworfen, im kleinen seine Zentralbaugedanken verfolgend. Einem quadratischen Mittelraum mit abgerundeten Ecken schließt sich ein ebenfalls quadratischer kleinerer Chor an, im Westen ein querrechteckiger, abgerundeter Eingangsraum. Die zentralisierende Wirkung des Gemeinderaumes dominiert, da der Chor sich im Blick zusammenzieht zu einer Kulisse für den Hochaltar. Hier steht die plastische Figur des hl. Georg von Johann Baptist Straub, 1750, vor gemaltem Hintergrund, die an die Hochaltargruppe in St. Georg in München-Bogenhausen erinnert. Die Fresken von Johann Jakob Zeiller, bis aufs Gebälk herabgezogen, mit den vier Evangelisten in den Eckwinkeln, wirken in dem kleinen und fein proportionierten Raum fast zu gewaltig. Man hat die Georgskirche von Bichl als die schönste Dorfkirche von Bayern bezeichnet; dafür ist sie aber fast schon zu gekonnt und professionell wirkend, von großen Künstlern gestaltet. Damit soll ihr aber unbenommen sein, daß sie zweifellos einer der reizvollsten kleinen Sakralbauten im Land ist. (Man kann den Weg natürlich auch umgekehrt machen, von Bichl nach Benediktbeuern. Dann hat man den schönen Bergblick vor sich und in Benediktbeuern auch mehr Einkehrmöglichkeiten. Sowohl Bichl als auch Benediktbeuern sind Bahnstationen auf der Linie München – Tutzing – Kochel. GR)

⑥ Dietramszell – Maria im Elend – Reutberg – St. Leonhard

Dietramszell, (siehe S. 48) im hügeligen und immer noch recht waldreichen Land zwischen dem Isartal und Holzkirchen, zwischen B 11 und B 13 liegend, ist Ausgangspunkt für einen Ausflug zu einigen kleineren Kirchen, die das Bild aber sehr bereichern.

Etwas südlich von Dietramszell, Richtung Bad Tölz, aber noch zur Gemeinde Dietramszell gehörend, liegt die kleine Wallfahrtskirche MARIA IM ELEND. Sie ist einen Spaziergang wert! Der achteckige kleine Bau von 1688–1690 wurde zu seiner Hundertjahrfeier neu ausgestattet. Die Fresken malte Johann Sebastian Troger, 1791 sind sie datiert; der Stuck, der die runde Flachkuppel zu den Zwickeln hin umgibt, ist schon ganz klassizistisch mit seinen ovalen Lorbeergirlanden und den Schleifen; nur an den Verbindungsstücken zum Bildrahmen schleicht sich noch eine ganz schwache Erinnerung an das Rokoko ein. Im Fresko treten bei der Gestaltung des illusionistischen Kuppelraumes auch schon klassizistische Züge auf, die Szenen mit den Wallfahrern an den vier Hauptseiten aber sind noch entzückend unverfälscht, volkstümlich im besten Sinn des Wortes, die Frömmigkeitshaltung der Menschen aus der Gegend wiedergebend und auch heute noch lebendig vor Augen führend. Eine etwas längere Wanderung wird es, wenn wir bis zum Kloster REUTBERG wollen. Wir folgen der kleinen Straße Richtung Osten nach Leithen durch den Zeller Wald. Beim Ort, noch vor der B 13, biegt ein Sträßchen rechts ab, das uns direkt zum Kloster bringt. Hier hüten die Franziskanerinnen noch heute die Kirche Mariä Verkündigung. Eine 1606 gestiftete Loreto-Kapelle ist Chorraum für die 1735 geweihte Kirche. Stiftungen eines kurfürstlichen Kammerrates ermöglichten die Ausstattung. Der Maler ist unbekannt; die Lauretanische Litanei gab die Themen der Bilder. Das Gnadenbild der Loreto-Ma-

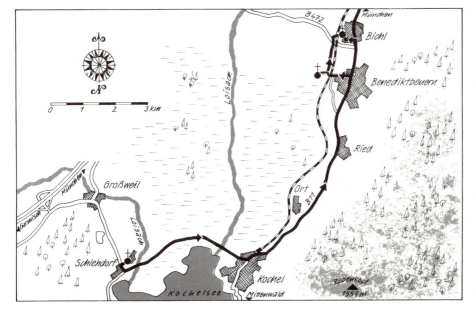

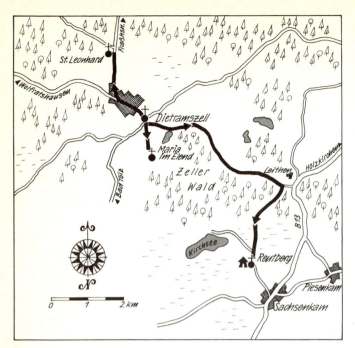
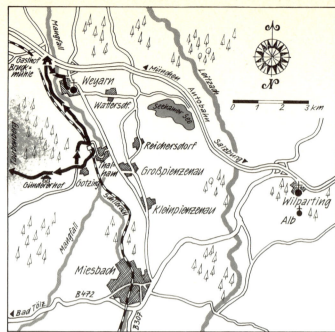

donna steht wie vor einer Bühne, am Chorbogen zeigt ein großes Wandbild die Übertragung des Hauses der Hl. Familie von Nazareth nach Loreto über das Meer, im Westen erscheinen die klugen und die törichten Jungfrauen als Anspielung auf die Ordensschwestern.

Das Kloster bewahrt eine wunderbare Sammlung von Christkindl-Figuren (das Reutberger Jesuskind, das Bittricher Gnadenkind aus München u. a.) und von Klosterarbeiten. Interessant ist auch die leider unzugängliche, da im Klausurbereich gelegene, barocke Klosterapotheke, die unbeschädigt erhalten ist.

Von Dietramszell aus ein kurzes Stück in Richtung Norden, an der Straße nach Fraßhausen-Endlhausen, liegt noch eine Wallfahrtskirche: St. Leonhard. Sie ist ab 1764 von Leonhard Matthias Gießl, einem Münchener Hofmaurermeister, gebaut worden. Einem fast quadratischen Mittelraum sind an zwei Seiten angeschnittene Ovalräume angesetzt; über dem westlichen ist eine Empore eingebaut, der östliche beherbergt den Altar: zweifellos ein interessanter kleiner Bau. Am sehenswertesten aber sind die Deckenfresken von Christian Thomas Wink von 1769. Die Hauptszene zeigt den hl. Leonhard, als Viehpatron gerade auf dem Lande hochverehrt, wie er sich der Dreifaltigkeit anempfiehlt. An den Rändern des dem Quadrat angenäherten Kuppelfeldes sind denn auch Kühe, Pferde, Schafe, dazu Bittflehende dargestellt. Das Ganze bildet eine idyllische, schon etwas ruinöse Rokoko-idylle, wie sie das Zeitalter Marie Antoinettes liebte. In den Nebenräumen erscheinen die Wetterheiligen Johannes und Paulus und die Bauernheiligen Isidor und Wendelin. Obwohl die Themen dem bäuerlichen Bereich angehören, ist der Stil des Münchener Hofmalers Wink doch vollendet in der Feinheit der eleganten Parkszenerie. Der in Eichstätt 1738 geborene Wink lernte in Augsburg, war 1769 gerade eben zur Würde des offiziellen Hofmalers Max III. Josef aufgestiegen, malte in Starnberg die Pfarrkirche im Auftrag des Kurfürsten aus und erreicht in den Fresken des Speisesaales in Schloß Schleißheim, in den Kirchen von Hörgertshausen bei Freising, in Egling bei Landsberg u. a. den Höhepunkt des späten Rokokomalers. Gelegentlich hat er sich schon dem aufkommenden Klassizismus angepaßt, hier jedoch noch ganz dem Dix-huitième Angehörendes geschaffen (GR). So bringt der Weg rund um Dietramszell eine schöne Abrundung des ganz vom Kloster bestimmten Kirchenerlebens für uns Heutige.

⑦ **Weyarn – Alb – Wilparting**

Weyarn (siehe S. 51 ff.) selbst ist am einfachsten auf der Autobahn München – Salzburg zu erreichen. Es liegt jedoch so schön, daß es nach der schnellen Anfahrt Ausgangspunkt für eine Wanderung sein sollte. Zunächst aber wollen wir der beiden Missionare gedenken, die hier in der Gegend den Martertod gefunden haben und noch im 18. Jahrhundert verehrt wurden. Wir fahren also auf der Autobahn an Weyarn vorbei bis zur nächsten Ausfahrt auf dem Irschenberg, biegen rechts ab und besuchen die St.-Marinus- und Anianus-Kirche in Wilparting. Hier finden wir eine Grabplatte der beiden Heiligen in der aus dem 15. Jahrhundert stammenden Kirche. Die heutige Ausstattung erhielt sie 1759, und die schönen Fresken im Gemeinderaum und im Chor von Johann Martin Heigl, einem Schüler Johann Baptist Zimmermanns, zeigen Martyriums- und andere Szenen aus dem Leben der Heiligen. St. Marinus war ein iro-schottischer Wandermissionar, der hier im 7. Jahrhundert als Einsiedler lebte. Sein Neffe, der Diakon Anianus, hatte sich in Alb (s. u.) niedergelassen. Beide sollen von räuberischen Wenden und Slawen gefoltert und getötet worden sein. Ihr Andenken ist immer bewahrt worden; die größte Verherrlichung fanden sie im 18. Jahrhundert in der Klosterkirche in Rott am Inn (siehe S. 58 f.). Die Fresken zeigen hier die Aussendung der beiden Heiligen durch den Papst und die Marter des hl. Marinus sowie den Tod des hl. Anianus. Ganz im Zimmermannschen Stil sind diese trotz des Themas lieblichen Bilder gemalt. – Im benachbarten Alb (etwas westlich gelegen in Richtung Kleinpienzenau) ist eine vom Kloster Rott gestiftete kleine Kapelle dem hl. Anianus geweiht. Sie steht an der Stelle seiner ehemaligen Klause, wurde 1373 errichtet und 1759 neu dekoriert. Die Fresken malte ebenfalls Johann Martin Heigl. Sie zeigen die beiden Missionare im Gespräch, die Glorie der beiden Heiligen und Anianus in der Einsiedelei.

Nachdem wir in dieser herrlichen, flach anlaufenden Vorgebirgslandschaft inmitten der Wiesen und vor der Kulisse des Wendelstein der Christianisierung dieser Gegend gedacht haben, wollen wir nach WEYARN zurückkehren und den Kunstgenuß ausklingen lassen mit einem Weg an der Mangfall entlang. Als Ausgangspunkt nehmen wir den Bahnhof von Thalham, wohin uns die Straße von Alb-Kleinpienzenau-Großpienzenau gebracht hat. Man überquert Mangfall und Bahnlinie und geht hinauf nach Gotzing. Am Kamm laufend steigt man weiter hinauf zum Gündererhof, einem herrlichen Bauernhof aus dem 18. Jahrhundert. (Wer eine schöne Aussicht genießen will, kann auch noch höher hinauf auf den Taubenberg.) Wir aber gehen nun Richtung Nordwesten auf einem Fahrweg bis zum Bahnübergang, wo man die Gleise überquert und nun einem Fahrweg am westlichen Mangfallufer folgt bis zum Gasthof Bruckmühle unter der hohen Mangfallbrücke. Hier kann man einkehren. Rechts oben sieht man schon seit längerem am Hochufer Weyarn stehen. Nach dem Besuch der Kirche kann man der Straße folgend oder etwas rechts davon durchs Gelände streifend nach Thalham zurückkehren.

⑧ **Westerndorf – Berbling – Weihenlinden – Beyharting – Tuntenhausen**

Nach WESTERNDORF gelangt man am besten über die Autobahn München-Salzburg, von wo aus man die Kirche (siehe S. 53) kurz vor dem Autobahndreieck Inntal schon liegen sieht. Wir fahren weiter bis zur Ausfahrt Rosenheim, folgen erst der Straße Richtung Rosenheim, bis wir nach Aising links abbiegen, dann geht es geradeaus nach Pang und Westerndorf. Dieses schöne hügelige und noch ziemlich unverdorbene Kulturland im Osten von München bietet eine ganze Reihe von Sehenswürdigkeiten, darunter zwei Wallfahrtskirchen, die über eine rein lokale Bedeutung weit hinausragen. Zu diesen wollen wir eine schöne und erholsame Autofahrt zusammenstellen.

Zunächst zieht es uns zu einer der schönsten Dorfkirchen Oberbayerns, die wie ein Wunder inmitten der paar sie umgebenden Häuser steht (darunter ein sehr schönes altes Bauernhaus mit Lüftlmalerei): nach BERBLING. Wir fahren von Westerndorf nach Pang zurück, dann in Richtung Aibling: Mitterhart, Aiblingerau, an der nächsten Kreuzung Richtung Willing – Götting, in Willing nach Süden in Richtung auf die Autobahn zu, dann nach einem kleinen Stück zweigt man rechts nach Berbling ab. Die Pfarrkirche Hl. Kreuz ist eine überraschend originelle Anlage mit Fassadenturm und querovaler Eingangshalle; der Hauptraum geht von einem Rechteck mit abgeschrägten Ecken aus, die Wände schwingen aber entsprechend den ovalen Einschnitten im Osten und Westen ein; auch der Chor bildet ein Queroval. 1751–1776 ist die Kirche errichtet worden von Philipp Millauer aus dem Kreis um den Münchener Hofbaumeister Gunetzrhainer mit böhmischen Anklängen. Der Stuck mit Rocaillen in Hellocker und Altrosa zeigt noch Anklänge an Bandlwerk, die Fresken mit den ehrgeizigen historischen Themen der Schlacht auf der Milvischen Brücke und der Kreuzesprobe sind vielleicht dem Zimmermann-Schüler Johann Martin Heigl zuzuschreiben, die Figuren dem in Aibling ansässigen Joseph Götsch.

Dieser lichte schwingende Bau, der in seinen Formen Musik ausströmt – erinnern seine Fensterumrisse und Mauereinschwingungen doch an ein Instrument –, hat als Schauplatz für Wilhelm Leibls herrliches Gemälde mit den Frauen in der Kirche gedient. Das wunderbare Dorfbild, am Rand des Aiblinger Filzes hügelauf gelegen, wird uns nicht so schnell wieder

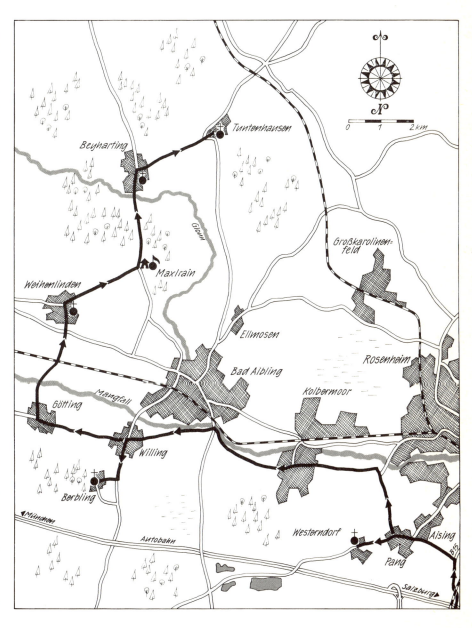

167

aus dem Gedächtnis gehen: hier ist wirklich und wahrhaftig noch eine heile Welt, Kunst und Natur und Menschliches aufs schönste vereinend. (GR)

Weiter nördlich, schon im flachen Land liegend, zieht uns dann die Wallfahrtskirche von WEIHENLINDEN an. Wir fahren wieder zurück bis Willing, biegen hier links ab und bleiben bis Götting auf dieser Straße; dann bringt uns das Sträßlein rechts über Heinrichslinden und über die Bahn nach Weihenlinden. Die Wallfahrtskirche zur Hl. Dreifaltigkeit und Unserer Lieben Frau Hilf ist ein hochinteressanter Bau. Der Kern ist eine achteckige Gnadenkapelle, die in einen größeren Langhausbau integriert wurde. 1643 wurde die Kapelle begonnen, 1651 übernahm Stift Weyarn die Betreuung der rasch blühenden Wallfahrt, und es kam bis 1654 zum Bau der größeren Kirche. 1657 erfolgte die Weihe. 1736 wurde das Innere neu ausgestattet, 1761 die Gnadenkapelle. So erstrahlt das relativ enge Langhaus mit Arkaden und Emporen in frohem Bandlwerk-Stuck, den Hochaltar bildet die eine Außenseite des Gnadenkapellen-Oktogons mit reichem geschnitzten Nischenaufbau und Figuren um 1660 (die Dreifaltigkeit erscheint hier in drei gekrönten Personen!), die Gnadenkapelle selbst ist ein intimer Rokokoschrein geworden. Weihenlinden ist eine der anheimelndsten und naturverbundensten Wallfahrten in ganz Bayern, und ein Besuch hier höchst anregend.

Man fährt nun wieder etwas in östlicher Richtung nach Maxlrain, wo man sich in der Schloßwirtschaft erfrischen und laben kann; von hier aus geht es nach Norden bis BEYHARTING. Die ehemalige Klosterkirche hat schönen Stuck und Fresken von Johann Baptist Zimmermann, die Klostergebäude bewahren auch noch Reste der alten Ausstattung; neuerdings hat man sogar noch interessante Fresken aus der vorbarocken Zeit gefunden.

Hinter Beyharting biegt man nun rechts ab und gelangt nach TUNTENHAUSEN. Die dortige Wallfahrtskirche Mariä Himmelfahrt gehört zu den meistbesuchten noch heute; unzählige Votivgaben beweisen es. Sie war auch schon von Kurfürst Maximilian I. geehrt worden, und Tuntenhausen erhielt so einen der frühesten Barockbauten. Seit Beginn der Wallfahrt gegen Mitte des 15. Jahrhunderts war die Wallfahrt trotz der Reformationswirren immer lebendig geblieben, so daß man die spätgotische Kirche 1628/29 durch eine frühbarocke ersetzte. Das Raumbild erinnert dennoch an spätgotische Hallenkirchen, nur lichter und heller noch; der Stuck aber ist typisch für den Maximilianstil in München wie auch die Altäre mit den etwas strengen Engeln und Heiligen und wie auch Kanzel und Orgel.

Tuntenhausen liegt auf einem Hügel inmitten fruchtbaren Bauernlandes. Sein charakteristischer Doppelturm, der noch aus dem Anfang des 16. Jahrhunderts stammt, ist schon von weitem zu sehen. Hierher sind die Bauern und Bürger gepilgert in ihren Nöten und mit ihren Anliegen, und wenn auch gelegentlich einer vom kurfürstlichen Hof darunter war – geprägt hat den Ort doch das Volk: man sollte die Votivgaben genau studieren und hat so den besten Einblick ins Leben und in die Herzen derer, die solche Bauten in Bayern hervorgebracht haben.

⑨ **Rott am Inn**

Nach Rott am Inn (siehe S. 58 f.) fährt man von München aus auf der B 304 Richtung Wasserburg bis Ebersberg, von dort rechts abbiegen nach Grafing und nun über Jakobneuharting bis Farrach. Hier wieder rechts halten bis Rott. Einfacher, wenn auch etwas weiter ist es, bis Wasserburg zu fahren und dann Richtung Süden die Strase (B 15) nach Rosenheim zu nehmen. Von der Autobahn München-Salzburg erreicht man über Rosenheim in umgekehrter Richtung nach etwa 20 km Rott.

⑩ **Raitenhaslach – Marienberg**

Etwas abseits unserer Kirchenstraßen liegen zwei Ziele, die aber hier eingeschoben werden, weil sie gerade auch landschaftlich sehr schön liegen und einen Ausflug lohnen: die Rede ist von Raitenhaslach und der Wallfahrtskirche Marienberg, beide nahe Burghausen gelegen. Burghausen ist auf der B 12 bis Neuötting und von da über die Landstraße zu erreichen. Die Wallfahrtskirche MARIENBERG liegt am Hochufer der Salzach mit Blick hinüber nach Österreich, nur wenig südlich von Burghausen über der B 20. Die Kirche hat zwei Fassaden: eine, die sie dem Fluß zuwendet und damit die Pilger grüßt, die von unten heraufkommen, die andere der Straße zugewendet. Es ist ein interessanter Zentralbau aus dem späten Rokoko (1760–1764). Die schon genannte Schauseite zum Fluß hin wird durch den gerundeten Chor mit vorgezogenen Ecken gebildet, die Fassade zum Treppenaufgang hin ist von zwei niedrigen Türmen flankiert; dazwischen dehnt sich der Raum als flaches griechisches Kreuz, dem aber innen wie außen alles Rechtwinklige genommen ist; alles ist gebogene Linie und Kurvierung. Altäre, Fresken, Stuck passen vorzüglich zu diesem festlichen, in sich ruhenden, kleinen aber doch weit wirkenden Raum. (GR)

Man kann auch per Bahn und zu Fuß von oben her kommend einen schönen Ausflug nach Marienberg machen. Man fährt bis zur Bahnstation Pirach (zwischen Burgkirchen und Burghausen), geht in Fahrtrichtung von Burgkirchen-Altötting kommend den Feldweg links neben den Gleisen, hält sich auf den kleinen Teer- und Feldwegen immer parallel zur Bahnlinie, an der man sich leicht orientieren kann; in der Linkskurve, die die Bahn bei dem kleinen Holz macht, überquert man die Bahnlinie. Dann geht's die kleine Teerstraße bei den Häusern nach links, die direkt auf die Kirche zu führt. (Vergessen Sie nicht, um die Kirche außen herumzugehen, auf der Terrasse vor der Chorseite haben Sie einen herrlichen Blick über das Salzachtal. Und gut einkehren kann man hier auch!)

RAITENHASLACH liegt an der B 20 noch et-

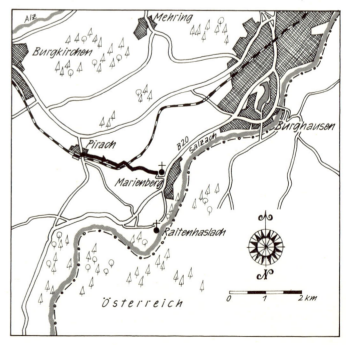

168

was südlicher (Wanderlustige finden einen beschilderten Weg hinunter von Marienberg nach Raitenhaslach auf der Tafel gegenüber dem Gasthaus!) und unten im Tal. Die ehemalige Klosterkirche der Zisterzienser besteht seit 1186. Immer wieder wurde daran gebaut und renoviert. 1694–1698 wurden die Seitenschiffmauern erhöht und aus der basilikalen Kirchenform ein Wandpfeilerraum. Die Innenausstattung, die den heutigen Eindruck wesentlich bestimmt, stammt aus dem 18. Jahrhundert. Die Fresken hat Johannes Zick 1739 signiert, sie beziehen sich auf den Ordensgründer Bernhard von Clairvaux. Der Stuck ist reinweiß gehalten und läßt so den prächtig ausgeputzten Chorraum als besondere Steigerung erfahren. Hier häufen sich Stuckmarmorsäulen, Draperien, Emporen und Figuren, Stuckvasen und Engel zu einem festlichen Höhepunkt, den man nicht versäumen sollte.

⑪ Vilgertshofen – Thaining

Während sich um den Starnberger See und den Ammersee die Menge drängt und die Ufer überlaufen sind, dehnt sich nur wenige Kilometer weiter östlich ein wunderschöner Landstrich, wo einem auf weite Strecken oft kein Mensch begegnet. Nur leicht gewellt, mit weitem Blick, gelegentlich ein Holzschlag, liegt es zwischen attraktiveren Gebieten, bietet aber durchaus Reizvolles – allerdings wenig Gasthäuser und diese ohne einladende Gärten oder sonst anziehendes Äußeres bis auf ein paar Punkte an der hier durchlaufenden ›Romantischen Straße‹, die diesem Namen Ehre machen wollen.
Unser Ziel ist VILGERTSHOFEN (siehe S. 59), das man vom Allgäu oder von Augsburg aus auf eben dieser ›Romantischen Straße‹ – der B 17 –, die auf der Strecke Augsburg-Schongau dem Lech linksseitig folgt, erreicht. Man verläßt diese bei Lechmühlen in östlicher Richtung und hat es dann nur noch ein paar Kilometer, bis man zur etwas am Rand des Ortes liegenden Wallfahrtskirche kommt. Von München aus fährt man südlich oder nördlich um den Ammersee herum und kommt dann entweder über Dießen oder über Eching-Schondorf-Finning nach Vilgertshofen.
Wenn man schon einmal hier ist, sollte man unbedingt noch nach THAINING fahren, das ein paar Kilometer nordöstlich liegt. (Die Kirche ist nur zeitweise geöffnet, am besten an Wochenenden nachmit-

tags besuchen.) Das Kirchlein selbst, das dem hl. Wolfgang geweiht ist, stammt aus spätgotischer Zeit, aber seit 1664 kam hier eine einmalig zu nennende Ausstattung dazu, die barock ist und doch auch wieder spätgotisch wirken kann – ein typisches Beispiel, wie diese beiden Stile sich im Bayerischen anzunähern vermögen, vorzüglich im plastischen Werk. Hier stammen Altäre, Chorgestühl und alle die dazugehörigen Figuren von dem Landsberger Schnitzer Lorenz Luidl; besonders die vielen kleinen Engelchen, etwas verschroben aber ausdrucksstark, die sich überall tummeln, bezaubern den Besucher und machen ihn mit einer typisch schwäbischen Art von ›Expressionismus‹ bekannt.

⑫ Dießen – Andechs

DIESSEN (siehe S. 62 ff.) am südwestlichen Ende des Ammersees ist am schönsten mit dem Schiff von Herrsching aus zu besuchen. Während man die hohe Kirche vom Wasser aus schon früh wie ein Schwesterschiff auf dem hohen Ufer daherschwimmen sieht, verschwindet sie beim Näherkommen hinter dem den Hang sich hinaufziehenden Ort. Kommt man werktags, kann man den Aufstieg gleich zu einem Kennenlernen der hier gefertigten schönen Töpfer- oder Zinnarbeiten benutzen. Auf der anderen Seite des Sees grüßt – ferner und höher, mehr abgelegen – die Klosterkirche von ANDECHS auf dem ›Heiligen Berg‹ herüber. Man kann von Herrsching aus durch das Kiental auch am Bach entlang und durch den Wald sehr schön zu Fuß hinaufpilgern: nur das letzte Stück ist steil, aber oben winkt der Biergarten neben der Kirche. In Herrsching folgt man der Bahnhofstraße – Luitpoldstraße – Andechser Straße, um die St. Martinskirche herum, dann der Kientalstraße (hin und zurück 6 km).
Die Kloster- und Wallfahrtskirche in Andechs gehört wieder nur mit ihrer Ausstattung dem Barockzeitalter an, die Mauern und das Raumbild sind spätgotisch. Nach Blitzschäden 1669 wird die Kirche neu gewölbt und dekoriert, 1712 erfahren die Fenster eine Erweiterung, aber erst 1751 zur 300-Jahr-Feier kommen die Fresken von Johann Baptist Zimmermann und der Stuck von diesem, zusammen mit Johann Georg Üblhör, dazu; der Chor wird umgestaltet ebenso wie die Altäre, und Spätgotik und Rokoko gehen eine untrennbare Symbiose ein.

⑬ Schäftlarn

Kloster Schäftlarn (s. S. 64 ff.) ist vor allem ein beliebtes Ausflugsziel für die Münchner. An einer Schleife der Isar gelegen, wo sie aus den engen Steilufern heraustritt zwischen Schwemmland, hat sich die Klostersiedlung auf dem angeschwemmten fruchtbaren Land ausgebreitet. Man kann mit der S-Bahn hinfahren (Station Ebenhausen-Schäftlarn auf der Strecke nach Wolfratshausen) und zu Fuß hinuntergehen, natürlich ist das auch mit dem Auto möglich. Oder man macht von Höllriegelskreuth oder Baierbrunn aus eine größere Wanderung an der Isar entlang mit Schäftlarn als Ziel. Das Kloster betreibt eine eigene Gärtnerei, im Sommer lockt ein schöner Biergarten zum Einkehren.

⑭ München

Ein Spaziergang durch Münchens Innenstadt ganz besonderer Art ergibt sich, wenn wir uns einige besuchenswerte Kirchen als Zielpunkte zusammenstellen.
Am besten ist es, man startet am Odeonsplatz und setzt die kühle Pracht der THEATINERKIRCHE (siehe S. 72) an den Anfang. Dann biegt man von der Theatinerstraße rechts ab in die Salvatorstraße und geht links die Kardinal-Faulhaber Straße mit ihren barocken Palais hinunter bis zum Promenadeplatz. Hier folgt man der Straßenführung rechts, bis die Fassade der DREIFALTIGKEITSKIRCHE (siehe S. 70) etwas über die Häuserflucht der Pacellistraße herausragt. Früher war gleich hinter der Kirche die Straße abgesperrt durch den ›Kühbogen‹, der die Maxburg mit dem Ballhaus verband. Heute stellen sich dem Verkehr hier keine Hindernisse mehr entgegen, und leider gehen wohl auch die meisten Münchner an der kleinen intimen Kirche vorbei.
Nun gehen wir durch die Maxburg und auf der anderen Seite die Kapellenstraße entlang, überqueren die Neuhauser Straße mit ihrem Einkaufstrubel und gelangen zur Eisenmannstraße. Am Altheimer Eck kann man dann einen Blick in die weitgehend rekonstruierte ST. ANNA-DAMENSTIFT-KIRCHE werfen. Hier wird man mit der Frage konfrontiert, was spätere Generationen zu Rekonstruktionen dieser Art sagen werden, ob sie nicht einmal ähnlich beurteilt werden mögen wie heutzutage die Mittelalterträume des 19. Jahrhunderts.
Wir gehen die Damenstiftstraße hinunter

169

bis zur Brunnstraße; hier biegen wir links ab und erreichen so die Sendlinger Straße. Wenn wir uns dort rechts halten, haben wir es nicht mehr weit zur St. Johann Nepomuk-Kirche (siehe S. 66 ff.) der Brüder Asam. Hier war trotz der Kriegsschäden das meiste doch noch restaurierbar. Wer noch einen Abstecher über die Maximilianstraße ins Lehel zur St. Anna-Klosterkirche machen will, wird das schnell erkennen. Hier überwiegt wieder bei weitem das Rekonstruierte, was bei reinen Architekturteilen relativ unbemerkbar zu bewerkstelligen ist, bei Malerei und Plastik aber doch fraglich wird. Auch die Hl. Geist-Kirche am Viktualienmarkt und der Alte Peter bieten viel Barockes, ebenso die Bürgersaal-Kirche in der Neuhauser Straße (letztere eine Ignaz Günther-Figurengruppe z. B.). Alle haben im Krieg schwerste Schäden davongetragen. Trotzdem können sie auch in ihrem heutigen Zustand Licht auf die Frömmigkeitshaltung der Münchner im Barock und Rokoko werfen.

Zur St.-Michaels-Kirche In Berg Am Laim (siehe S. 74 ff.) wird man dann schon mit dem Auto oder der Straßenbahn (Linie 14) fahren müssen; das wird ein eigener Ausflug, der sich aber lohnt, denn hier bietet sich ein frisch restauriertes Kirchenbild.

⑮ **Freising**

Freising, Ursitz des oberbayerischen Erzbistums, ist mit München durch die B 11 verbunden, aber auch mit Bahn und S-Bahn erreichbar. Gehen wir, bevor wir Neustift besuchen, doch zuerst hinauf auf den Domberg, wo die Brüder Asam die romanische Basilika 1723 auf geniale Weise barockisiert haben. Auf dem Hochaltar sehen wir eins der Altarbilder, die Peter Paul Rubens für bayerische Auftraggeber geschaffen hat, in einer ihm adäquaten Umgebung; alles zusammen bildet ein Fest für die Augen, einen barocken Überzug, der den strengen romanischen Raum umbildet.

Vom Domberg aus gehen wir in Richtung Norden die Autostraße, die Heiliggeistgasse links hinunter, über die Kreuzung Richtung Landshut und dann die Alte Poststraße bis zum Neustift (siehe S. 77 ff.)

⑯ **Maria Thalheim – Oppolding – Hörgersdorf – Altenerding – Aufkirchen**

Im Erdinger Hügelland ist neben landschaftlicher Schönheit eine Fülle von kleinen, äußerst reizvollen Kirchen zu entdecken. Maria Thalheim (siehe S. 81) ist die bekannteste unter ihnen; sie liegt in Großthalheim etwas nördlich von Erding, über Langengeisling – Reichenkirchen – Fraunberg zu erreichen. Fahren Sie von hier aus in südlicher Richtung, über die B 388 hinaus, kommen Sie nach Oppolding: Die St. Johannes-Kirche birgt ein einmaliges Exemplar einer Rokokokanzel, ganz und gar aus Stuck gearbeitet und wie eine einzige köstlich gebogene Rocaille nach oben ausschwingend. Ein Wessobrunner war in den sechziger Jahren des 18. Jh. ihr Meister. – Nun fährt man noch etwas weiter südlich, dann biegt man links ab nach Hörgersdorf. Hier sind es besonders die reizvollen Altäre, die uns mit ihren bunten Stuckblumen und plastischen Aufbauten anziehen (um 1760). Sie sind zugleich volkstümlich und künstlerisch hochstehend. – Von Hörgersdorf weiter fahrend kommen Sie auf die Landstraße, die Dor-

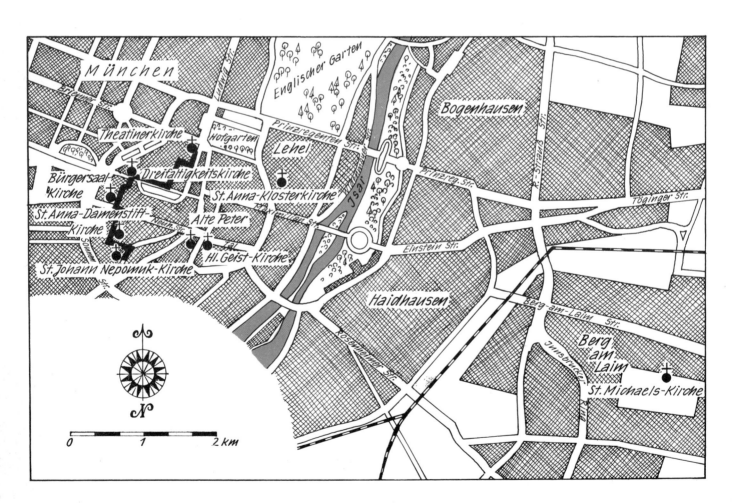

170

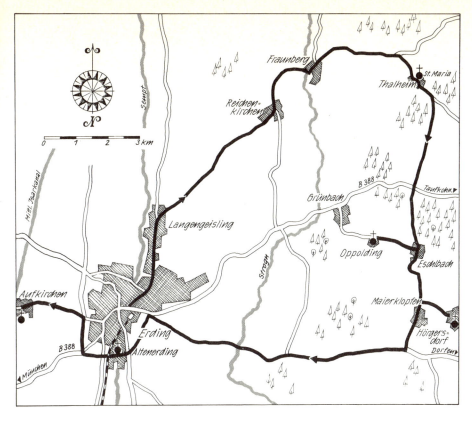

der Ausfahrt Adelzhausen führt die Straße in nördlicher Richtung nach Aichach direkt darauf zu.

Man könnte nun noch weiter über Aichach hinaus zur St. Leonhardi-Wallfahrtskirche in Inchenhofen fahren, aber auch auf dem Rückweg nach München beispielsweise zuerst ALTOMÜNSTER besuchen, dessen Klosterkirche der Brigittinnen ein hochinteressantes gewachsenes Raumgebilde darstellt. (Man fährt von Maria Birnbaum aus über Tödtenried in östlicher Richtung, ca. 6 km.) Wieder war Johann Michael Fischer hier tätig (ab 1763); er mußte aber einige ältere Bauteile integrieren, auch das Gelände war schwierig. Doch gerade das macht den Reiz der Kirche aus, daß alles unschematisch und originell nach Lage der Dinge gelöst wurde. Auch die Ausstattung ist reich und einheitlich erhalten.

Danach ließe sich über Pipinsried – Langenpettenbach Markt INDERSDORF ansteuern, wo die Klosterkirche am Ortsrand gerade frisch restauriert worden ist. Hier ist der romanische Kirchenbau des ehem. Augustiner-Chorherrenstifts erhalten und nur im Inneren mit barocker Pracht neu gestaltet worden (1754/55). Ein Meister wie Franz Xaver Feichtmayr brilliert mit seinem Stuck, die Fresken sind von Matthäus Günther; der Hochaltar steht in einem interessanten Ovalraum.

⑲ Augsburg – Friedberg – Mering – Welden

Die Stadt Augsburg selbst hat architektonisch im Barock und Rokoko für den Kirchenbau keine größeren Leistungen mehr hervorgebracht; aber in ihrer Umgebung sind ein paar besonders reizvolle Bauten zu sehen, die wir hier aufführen wollen.

Da ist zunächst die Wallfahrtskirche Unsres Herrn Ruhe in FRIEDBERG. Der Ort liegt knapp außerhalb des Augsburger Stadtgebietes im Osten an der B 300. Es ist auch Bahnstation an der Linie Augsburg-Ingolstadt und somit bequem erreichbar. (Vom Bahnhof aus geht man rechts bis zur nächsten Straße, dort links; bei der Kreuzung biegt man rechts ab, von wo aus man die Kirche schon bald links liegen sieht.) Die Kirche entstand nach 1300 als Nachbildung der Auferstehungskapelle Christi in Jerusalem. 1496 wurde sie erweitert, 1731 über und um die alte Anlage völlig neu gebaut. Es ergab sich dadurch ein eigenwilliger Bau mit sechs quadratischen Raumkompartimenten mit Rundkuppeln, denen im Osten ein runder Chor vorgehängt ist. Die Ausstattung stammt von

fen mit Erding verbindet. Hier fährt man nach rechts bis zum Ortsrand und hält sich dann links; so erreichen Sie ALTENERDING, wo die Pfarrkirche von 1724 wiederum – neben auch sonst reizvoller Ausstattung – eine besonders originelle Kanzel enthält. Es handelt sich um eine Schiffskanzel, wo nach dem Bibelwort der hl. Petrus als Seelenfischer über die Stuckwellen rudert. Von hier aus kann man noch einen Besuch in AUFKIRCHEN anschließen. Man fährt weiter im Uhrzeigersinn um Erding herum und biegt in die erste Straße nach der B 388 links ein: In der Pfarrkirche St. Johann Baptist sind besonders die Figuren am Hochaltar von Christian Jorhan d. Ä. schön.

⑰ Mallersdorf – Aufhausen

Nach MALLERSDORF (siehe S. 81) führt von München aus die B 11 bis Landshut, dann die B 15, von der man hinter Neufahrn bei Pfaffenberg noch ein kurzes Stück nach rechts abzweigen muß. Von Regensburg her nimmt man die B 15.

Auch von hier aus läßt sich noch ein Abstecher anfügen, der zu einer Johann Michael Fischer-Kirche führt, nämlich nach AUFHAUSEN. Fährt man die Straße von Mallersdorf in Richtung Straubing weiter, muß man in Geiselhöring links abzweigen und den kleinen Sträßchen nach Malchesing - Haidenkofen - Irnkofen - Aufhausen folgen.

Die Wallfahrtskirche Maria Schnee ist von Fischer gleichzeitig mit St. Michael in Berg am Laim errichtet worden und wie diese architektonisch eine Folge von drei Zentralräumen (1736 Grundsteinlegung, 1751 Weihe). Im Gegensatz zu St. Michael ist der Bau aber kompakter zusammengepreßt, die Querarme weniger ausgebildet und die Ecken – der Zentralraum ist aus einem unregelmäßigen Oktogon gebildet – zweischalig mit kleinen Kapellen und Emporen darüber vom Hauptraum abgetrennt. Hier spürt man noch deutlich Fischers Vorbild, die Freystädter Kirche von Giovanni Antonio Viscardi, durchschimmern. Aber ein interessantes Glied in der Kette der Zentralbauten Fischers ist Aufhausen sicher.

⑱ Maria Birnbaum – Altomünster – Indersdorf

Die Wallfahrtskirche MARIA BIRNBAUM (s. S. 82 ff.) erreicht man von Augsburg und München her über die Autobahn E 11. Bei

171

berühmten Meistern: Im Chor sind die Fresken von Cosmas Damian Asam (1738), im Kirchenraum von Matthäus Günther (1749). Die Fresken von Asam waren bis 1964 übertüncht! Der Stuck ist von den Brüdern Franz Xaver und Johann Michael Feichtmayr und Johann Georg Üblhör geschaffen worden. Die Grüntöne Asams im Chor, die geschickte Wölblösung (besonders zu beachten über der Orgel) bringen Anklänge von Raffinesse in den ungewöhnlichen Kirchenbau.

Etwas mehr südlich liegt MERING, an der B 2 nach München, ebenfalls Bahnstation. Die schön gelegene Pfarrkirche im oberen Ortsteil, der bis 1803 zu Ettal gehörte, wurde 1739–1743 von keinen Geringeren als den Münchener Hofbaumeistern Joseph Effner und den Brüdern Gunetzrhainer errichtet. Der außen mit hellroten Bändern gegliederte Bau wirkt innen sehr weiträumig. Der rechteckige Raum buchtet an den Langseiten etwas aus, die Ecken nach Osten hin sind abgeschrägt und leiten über zu dem von einem kuppeligen Gewölbe bekrönten Chor. Dieser ist dem hl. Michael geweiht. Das ovale Deckengemälde im Kirchenraum stammt von Ignaz Baldauf (1779) und ist umgeben von reizvoll getönten Randbemalungen. Besonders ausdrucksstark die zwölf Apostelfiguren an den Wänden und die Heiligen an den Altären aus der Werkstatt der Luidl, die hier wieder ihren eigenartigen ›Expressionismus‹ demonstrieren.

Nordwestlich von Augsburg, in entgegengesetzter Richtung, liegt WELDEN mit seiner reizvollen Thekla-Kirche. Der Bau war 1755 gelobt worden. 1759 konnte er bereits geweiht werden, eine ländliche Rokokokirche mit angestrebtem Ovalraum, Fresken von Johann Baptist Enderle und interessanten Altären an den Langhauswänden von Domenico Ferretti (sie erinnern an die Aufbauten in Sandizell).

⑳ Fürstenfeld – Grafrath

Wenn man sich etwa von München aus auf den Weg nach *Fürstenfeld* (siehe S. 84 ff.) macht, könnte man vorher noch ein Stück weiter in Richtung Ammersee fahren und sich die kleine interessante Kirche zum hl. Rasso in GRAFRATH anschauen. (An der B 471 gelegen, aber auch S-Bahn-Station: Vom Bahnhof aus führt ein kurzer Weg durch die Unterführung geradeaus in ein Waldstückchen, danach bei der nächsten Straßengabelung halten wir uns rechts. Hinter der Amperbrücke rechts liegt dann

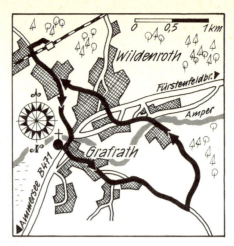

die Kirche.) Der hl. Rasso, ein Graf, der im 9. Jahrhundert hier lebte, grüßt uns schon von der Chornische herab. Innen trennt ein schönes Gitter die dreijochige Vorhalle ab, dahinter liegt ein breites Kirchenschiff und ein gestaffelter Chor, auf dem Altar (1759 von Johann Baptist Straub) sind Sarg und Grabstein des Heiligen zu sehen, der im Fresko von Johann Georg Bergmüller noch einmal in spanischen Pumphosen dargestellt ist. Der Baumeister der Kirche (1686–1694) war Michael Thumb aus Vorarlberg.

㉑ Landsberg – Klosterlechfeld – Egling

LANDSBERG AM LECH liegt auf der Strecke München-Lindau an der B 12. Zum Lech hin auf steil abfallendem Gelände angelegt, wurde die Stadt stark befestigt und bietet einen malerischen Anblick. Vom großen dreieckigen Hauptplatz nordwärts an der Stadtpfarrkirche vorbei geht es zur St.-Johannes-Kirche am Vorderanger (siehe S. 88 ff.). Die Hl. Kreuz-Kirche (siehe S. 90 ff.) liegt über dem ›Hexenviertel‹; man steigt die alte Bergstraße vom Schmalzturm aus hinauf.

Wir wollen auch hier noch zwei Vorschläge zum Besuch interessanter Kirchen anschließen:

Von Landsberg aus etwa 12 km nördlich liegt KLOSTERLECHFELD an der B 17 nach Augsburg, der »Romantischen Straße«. Die schöne Baugruppe mit der Rundkapelle von Elias Holl, 1609 errichtet und nach großem Zulauf später um ein Kirchenschiff und um runde Seitenkapellen erweitert, lohnt einen Besuch. Individuell und ausstattungsreich wie nur eine Wallfahrtskirche sein kann, erfreut sie durch ihre unschematische Vielgestaltigkeit. – Von Klosterlechfeld aus fahren wir wieder

östlich über den Lech, dann links nach Scheuring-Pittriching. Von hier aus in östlicher Richtung liegt EGLING. Die Pfarrkirche zum hl. Vitus ist das späte Beispiel einer Rokokokirche (1768–1773 von einem Schüler Johann Michael Fischers errichtet) und bietet vor allem einen ungewöhnlich üppigen Freskenschmuck. Wie Mering gehörte auch Egling zur Erbauungszeit dem Kloster Ettal, dessen Abt den Bau in Auftrag gab. Der Meister der Fresken war Christian Wink, der uns auch schon in St. Leonhard bei Dietramszell (s. Route 6) in ähnlich ländlicher Umgebung begegnet ist: Die Heiligen Isidor und Notburga in den Seitenfeldern der Vorhalle als Patrone des Landvolks tragen dem Rechnung. Die Hauptszenen sind dem Patron St. Vitus gewidmet. Palmen, Schiffe, Säulenfragmente bilden den malerischen Rahmen für die figurenreichen Szenen in grüngrauem gobelinartigem Ton. Diese fast höfisch prunkvollen Bilder lohnen die Fahrt zu der dörflichen Kirche.

㉒ Buxheim – Maria Steinbach – Ottobeuren – Kempten

Waren wir bisher immer noch im bayerisch-schwäbischen Grenzbereich um den Lech herum, so kommen wir mit unserem nächsten Kirchenbesuch schon ganz ins Schwäbische hinein. Die Kartause BUXHEIM (siehe S. 93 ff.) liegt nur wenig nordwestlich von Memmingen nahe dem Memminger Autokreuz an der Iller. Gleich jenseits der Iller ist die Grenze zu Baden-Württemberg. Südlich, ebenfalls an der Iller, liegt MARIA STEINBACH, das man auf der Fahrt nach Ottobeuren anschauen kann. Man fährt am besten über Memmingen in Richtung Lautrach – Illerbeuren (hier gibt es ein Bauernhofmuseum), auf dem Weg nach Legau, immer noch in südlicher Richtung, biegt man kurz hinter Lautrach links ab. Die Wallfahrtskirche von 1746–1753 ist ein schönes Zeugnis des schwäbischen Rokoko, schon das Äußere zeigt nicht immer übliche reiche Gestaltung, wieviel mehr erst das Innere mit seinen schwingenden Emporen, den gekurvten Wölb- und Freskopartien, dem Stuck von Johann Georg Üblhör und Franz Xaver Feichtmayr und den Fresken von Franz Georg Hermann.

Nach OTTOBEUREN (siehe S. 95 ff.) fährt man dann am besten über den Kneippkurort Grönenbach und über Wolfertschwenden in östlicher, dann in nördlicher Richtung; noch einfacher ist es freilich von Memmingen aus zu erreichen.

Leicht anschließen kann man hier den Besuch von KEMPTEN (siehe S. 98 ff.), wenn man noch weiter südlich ins Allgäu hinein fährt. Man hat so auf einer Tour die schönsten oberschwäbischen Barockkirchen gesehen, die auf ihre Art jede etwas ganz eigenes darstellen und teilweise zu den großartigsten Leistungen dieser Kunst in Bayern zählen.

㉓ Sandizell – Inchenhofen

SANDIZELL (siehe S. 102) liegt im Spargelland um Schrobenhausen zwischen Augsburg und Ingolstadt (B 300, bei Schrobenhausen in westlicher Richtung auf Pöttmes zu abbiegen). Wer von Maria Birnbaum (s. Route 18) aus noch nicht in INCHENHOFEN war, kann es hier mit einem Besuch von Sandizell verbinden. Es liegt südlich von Pöttmes, auf Aichach zu. Ist Sandizells Kirche eine adlige Stiftung, so zeigt sich die St. Leonhardi-Kirche in Inchenhofen als volkstümliche Wallfahrt. Besonders im Mittelalter muß die Kirche riesigen Zulauf gehabt haben: Mitte des 15. Jahrhunderts ist die spätgotische Hallenkirche entstanden, Ausstattungsstücke aus dem 17. und dem frühen 18. Jahrhundert kamen hinzu, ab 1760 malt Ignaz Baldauf die Gewölbe mit seinen Rokokofresken aus. Zu dieser Zeit ist Inchenhofen in seiner Bedeutung schon zu einer lediglich regional bekannten Wallfahrtsstätte zurückgefallen, die allerdings beim Bauernvolk wegen des hl. Leonhard, des Viehpatrons, immer noch sehr beliebt war.

㉔ Osterhofen – Aldersbach – Fürstenzell – Otterskirchen i. W.

Mit dieser Kirchenfahrt kommen wir nun in niederbayerisches Kernland. Wir beginnen in OSTERHOFEN (siehe S. 116), das an der B 8 zwischen Plattling und Passau liegt, im flachen Donautal, das hier in Osterhofen-Altenmarkt ein älteres Ufer stehengelassen hat. Von der B 8 biegt man bei Vilshofen nach ALDERSBACH (siehe S. 105) ab und kommt damit ins Vilstal – neben dem Rottal landschaftlich schönstes Niederbayern. Von Vilshofen aus erreicht man auch in südöstlicher Richtung über Ortenburg das Kloster FÜRSTENZELL. Es lohnt sich auch hier, der Kirche einen Besuch abzustatten. Wie Aldersbach war auch Fürstenzell ein Zisterzienserkloster. Die Kirche Mariä Himmelfahrt ist wieder einer der Fälle, wo der vielberufene Johann Michael Fischer einen schon begonnenen Bau (1739) retten mußte. Innengestaltung und Fassade gehen auf ihn zurück. Am schönsten ist der Blick auf Empore und Orgel, hier drückt sich die größte Geschlossenheit aus. (Der ehemalige Festsaal, heute Kapelle, und die bezaubernde Bibliothek mit Putten von Josef Deutschmann sind mit Führungen zugänglich.)

Über Passau, das einen eigenen Besuchstag verdient, fährt man noch entlang dem jenseitigen Donauufer wieder stromaufwärts nach OTTERSKIRCHEN. Die bis 1763 barockisierte Dorfkirche birgt einen wundervollen Altar, den man sich anschauen sollte: riesige vergoldete Akanthusranken rahmen frei gearbeitet ein ovales Mittelfeld mit einer Immakulata; der hl. Michael, Engel und Putten ergänzen dieses Schnitzwerk, das kaum seinesgleichen hat.

㉕ Rohr – (Abensberg) – Allersdorf – Hellring – Weltenburg

ROHR liegt in dem Dreieck, das die B 299 und die B 16 südlich der Donau bilden. Man biegt von der B 299 in östlicher Richtung in Siegenburg ab, oder von der B 16 bei Abensberg in südlicher Richtung, und fährt über Bachl (je ca. 10 km). – Zwischen Abensberg und Biburg liegt ALLERSDORF (s. S. 158), mit dem Auto besser von Biburg aus zu erreichen. Nach HELLRING (siehe S. 156) geht es dann von Abensberg in nordöstlicher Richtung über Großmuß, Herrnwahlthann und Hausen, wo man rechts abbiegt und dann zuerst nach Hellring, kurz danach nach Paring kommt. In Hellring findet jährlich am 2. Oktobersonntag eine ganz privat organisierte Dult statt! Von Abensberg (wo man übrigens sehr gut einkehren kann in dem dem Geburtshaus des Johannes Aventinus schräg gegenüberliegenden Gasthaus) in entgegengesetzter Richtung geht es nach WELTENBURG an die Donau (ca. 15 km).

㉖ Straubing – Oberalteich – Metten

Die Ursulinenkirche in STRAUBING liegt in dem großen Gebäudekomplex hinter dem Schloß an der schmalen Burggasse (siehe S. 110). Einen Asam-Altar finden Sie auch in der St. Jakobskirche in einer der Chorkapellen, schöne barocke Ausstattung enthält auch die Karmelitenkirche in der Albrechtsgasse, die parallel zur Burggasse läuft.

Man kann von Straubing aus auch noch die alten Benediktinerklöster von OBERALTEICH und Metten besuchen. Ersteres liegt gleich jenseits der Donau und soll von einem seiner Äbte vor 1630 entworfen worden sein: bei dem eigenwilligen Bau mit runden Kapellenanbauten an ursprünglich allen vier (heute drei) Seiten der Kirche durchaus glaubwürdig. Das Innere verrät noch spätgotischen Hallencharakter. METTEN liegt donauabwärts kurz vor Deggendorf. Der Wandpfeiler-Saalraum (nach 1712) enthält im Chor ein Fresko und ein Altarbild von Cosmas Damian Asam. (Übrigens ist die Bibliothek ebenfalls sehenswert.)

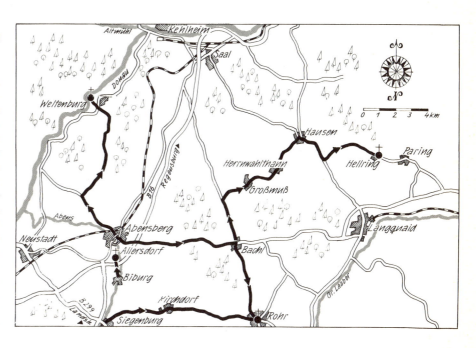

173

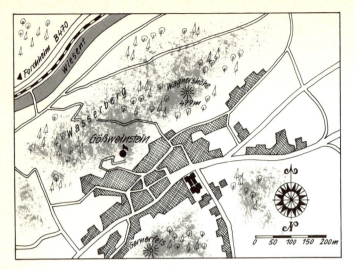
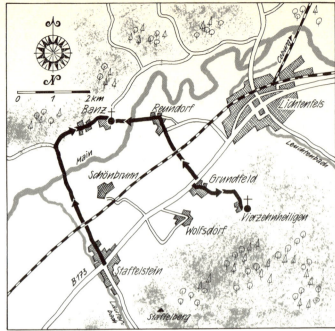

㉗ Freystadt

Mit FREYSTADT (siehe S. 119) kommen wir in die Oberpfalz. Von der Autobahn München–Nürnberg benutzt man die Ausfahrt Hilpoltstein in nordöstlicher Richtung (ca. 8 km). Nördlich vor der Stadt liegt die Mariahilf-Kirche.

㉘ Amberg

Amberg ist mit Nürnberg durch die B 14 (über Hersbruck und Sulzbach-Rosenberg) oder die Autobahn verbunden, von Cham her mit der B 85. Die Schulkirche (siehe S. 120) liegt am Schrannenplatz, rechts der Vils, die die Stadt in zwei Hälften teilt. Vom Bahnhof aus geht man geradewegs durch die Stadt, hinter der Vils biegt man von der Georgenstraße rechts in die Apothekengasse und kommt so zur Kirche.

㉙ Kappel – Waldsassen – Speinshart

Der Besuch der Wallfahrtskirche KAPPEL (siehe S. 123) bringt uns in den äußersten Nordostzipfel der Oberpfalz, dicht an die tschechische Grenze. Der nächste größere Ort – auch Bahnstation – ist WALDSASSEN. Hier bietet die ehem. Zisterzienser-Abteikirche, an der zwei Dientzenhofer-Brüder beteiligt waren, wieder einmal ein Muster einer schwerbarocken Wandpfeilerkirche. Ähnliches erwartet uns in SPEINSHART (siehe S. 150). Man nimmt von Waldsassen aus die B 299 bis Pressath, dann die B 470 und biegt bei Eschenbach nach Speinshart in nördlicher Richtung ab. Von Pressath aus führt die B 299 weiter nach Amberg.

㉚ Ellingen – Nürnberg – Erlangen

ELLINGEN, das kleine Residenzstädtchen mit dem gewaltigen Schloß des Deutschen Ordens (für kurze Zeit auch Heim des Feldmarschalls Fürst Wrede) liegt an der B 2, wenige Kilometer nördlich von Weißenburg inmitten von Feldern weithin sichtbar. Das Schloß erhebt sich am nordwestlichen Rand des Ortes; die Kirche (siehe S. 153) ist nur mit der Schloßführung zugänglich!

Wie man nach NÜRNBERG kommt, braucht wohl nicht näher beschrieben zu werden. Wenn Sie sich für das barocke Nürnberg interessieren: die Elisabeth-Kirche (siehe S. 130) liegt am Jakobsplatz beim Weißen Turm. Außerdem ist der Besuch der Egidien-Kirche sehr empfehlenswert, die sich rechtsseitig der Pegnitz befindet (hinter dem Rathaus geht man die Theresienstraße entlang, bis man sie links auf dem bereits zur Burg ansteigenden Gelände liegen sieht). Nach den Kriegsbeschädigungen hat man zwar die früher hier typischen Emporen weggelassen und die Stuckdecke durch eine einfache Fläche ersetzt, aber das Raumbild mit seinen zwei an die Vierung angekuppelten fast selbständigen Raumteilen in der Längsachse ist höchst interessant.

Zwischen Nürnberg und ERLANGEN ist heute kaum noch ein freies Stückchen Land übriggeblieben – nur ein paar Spargelfelder zum Trost. Trotzdem bieten beide Städte ein ganz verschiedenes Ortsbild, auch heute noch. Die alte protestantische, regelmäßig besiedelte Residenzstadt hat ihr Gesicht gut wahren können, wenn sie durch moderne Zutaten auch oft arg verschandelt ist (die Reklameschilder!). Die evangelisch reformierte Kirche am Hugenottenplatz (s. S. 126) ist freilich davon verschont geblieben (gleich gegenüber dem Bahnhof).

㉛ Bayreuth

Auch die Wagner-Stadt BAYREUTH dürfte jeder finden. Die St. Georgen-Kirche (siehe S. 127) liegt im gleichnamigen Stadtteil, und Sie erreichen sie von der Bahnhof-Rückseite aus, indem Sie die Brandenburger- und die St. Georgenstraße entlang gehen. (Zur Ergänzung wäre dann noch ein Besuch im Neuen Schloß mit den bezaubernden Wohnräumen der Markgräfin Wilhelmine zu empfehlen, oder als Erholung ein Ausflug östlich der Stadt zur Eremitage.)

㉜ Gößweinstein

GÖSSWEINSTEIN (siehe S. 132) liegt im Herzen der Fränkischen Schweiz nahe des höchst malerischen Wiesenttales. Von Bayreuth aus benutzt man ab Autobahnausfahrt Pegnitz die B 470, die dem Wiesenttal dann bis Forchheim folgt und damit Anschluß an die Autobahn Erlangen-Nürnberg hat.

㉝ Banz – Vierzehnheiligen

Beide Kirchen liegen sich gegenüber am Maintal nördlich von Bamberg. Man fährt die B 173 bis Staffelstein (oder mit der Bahn), wo es links hinauf nach Banz (siehe S. 135) geht. Von Staffelstein noch ein Stück geradeaus im Tal bleibend, geht nach etwa 3,5 km eine Stichstraße zur Wallfahrtskirche Vierzehnheiligen (siehe S. 137) hinauf. Wanderlustige sollten animiert werden, beide Kirchen zu Fuß zu erreichen: man hat immer die herrlichsten Ausblicke auf die andere Talseite. Von der B 173 geht kurz hinter der Straße nach Vierzehnheiligen ein Sträßchen auch in entgegengesetzte Richtung nach Reundorf, von wo aus ein Weg hinauf nach Banz führt.

㉞ Kitzingen – Etwashausen – Wiesentheid – Gaibach

Wenn man von Nürnberg nach Würzburg fährt (B 8, Bahnlinie), erreicht man bei Iphofen die Weinlandschaft. Bei Kitzingen stößt man dann zum ersten Mal auf den Main im unteren Teil des Dreiecks. Die Hl. Kreuz-Kirche liegt links des Mains, gleich hinter der Brücke, in Etwashausen (siehe S. 148).
Sie können sich von hier aus noch einen tieferen Einblick in die Schönbornsche Kirchenpatronage verschaffen, wenn Sie auch nach Wiesentheid und Gaibach fahren. Ersteres liegt jenseits der Autobahn, nördlich über Stadtschwarzach und Reupelsdorf zu erreichen. Der Bau der Kirche erfolgte ebenfalls nach einem Plan Balthasar Neumanns (1726), die besondere Wirkung geht aber für den Besucher besonders von den illusionistischen Malereien im Inneren aus, die Wände und Decken völlig überziehen. Ein geradezu römischer Eindruck entsteht so. – Völlig entgegengesetzt die Pfarrkirche in Gaibach (man fährt wieder bis Stadtschwarzach zurück und dann in nördlicher Richtung weiter, ca. 18 km), wo die Architekturschale Neumanns (1742–1745) ähnlich wie in Etwashausen klar zutage tritt. Die 1742–1745 für Friedrich Carl von Schönborn errichtete Kirche zeigt einen Dreikonchenabschluß. (GR)

㉟ Würzburg

Die alte Bischofsstadt am Main ist ein Zentrum barocker Baukunst ersten Ranges und bietet natürlich noch mehr als nur die Hofkirche (siehe S. 141) in der Residenz und die Schönbornkapelle am Dom (siehe S. 145). Die Stift-Hauger-Kirche vor der Bahnhofstraße ist von weither durch ihre gewaltige Kuppel sichtbar. 1691 war die Weihe des ganz italienischen, weiträumigen Baues von Antonio Petrini. Gleich neben dem Dom bietet das Neumünster an der Kürschnerhofstraße eine höchst interessante Fassade (1710ff.), deren Entwurf zwischen den Baumeistern Joseph Greising und Johann Dientzenhofer strittig ist. Die reiche und bewegte Front bildet mit der gleich dahinter sich aufbauenden Kuppel ein schönes Bild. Viele andere Kirchen haben im Krieg irreparable Schäden vor allem an der Ausstattung erlitten.
Das Käppele erreicht man links des Mains von der Mergentheimer- und der Nikolausstraße aus über den barocken Kreuzweg: hier muß man einfach zu Fuß hinaufgehen!

Die interessantesten Grundrisse der hier behandelten Kirchen

Die Maßangaben verstehen sich aufgrund oft nicht genauer Vorlagen nur approximativ; sie beziehen sich im allgemeinen auf die Längenerstreckung.

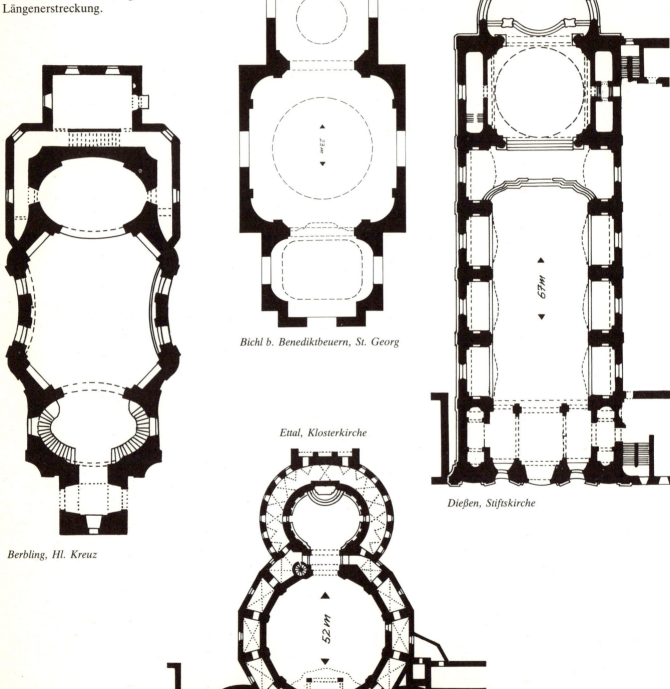

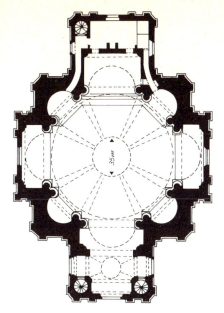
Freystadt, Wallfahrtskirche

Fürstenfeld, Klosterkirche

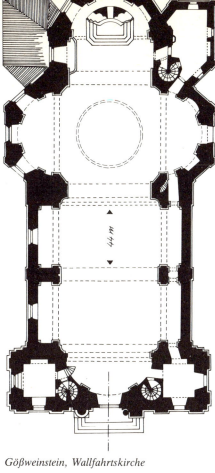

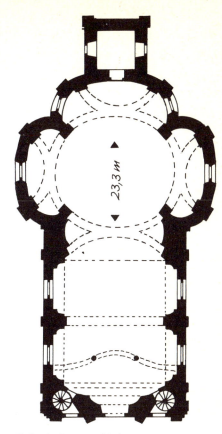
Gaibach, Patronatskirche

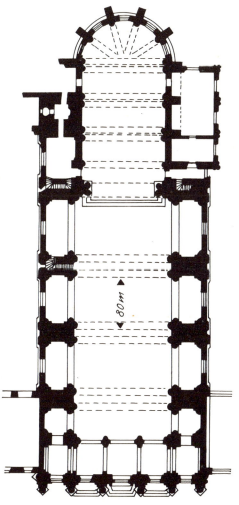

Gößweinstein, Wallfahrtskirche

Kitzingen-Etwashausen, Hl. Kreuz

Kappel, Wallfahrtskirche

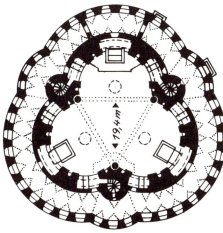

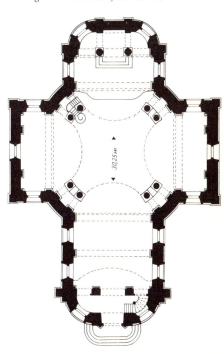

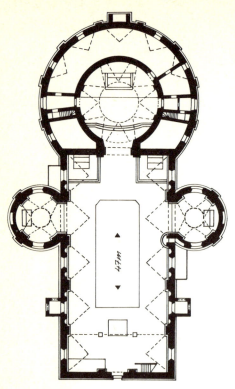

Klosterlechfeld, Wallfahrtskirche

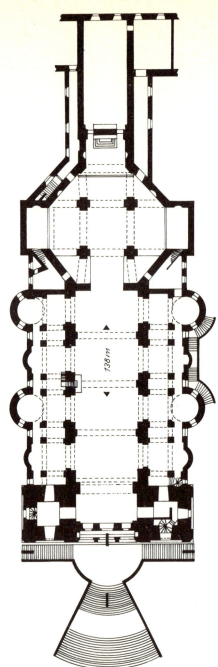

Landsberg a. L., St. Johannes

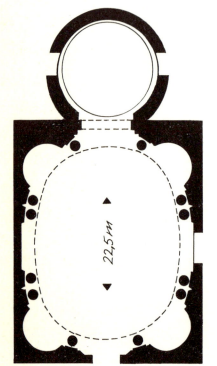

Kempten, St. Lorenz

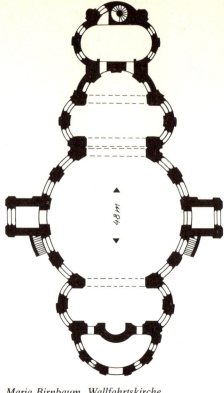

Maria Birnbaum, Wallfahrtskirche

Maria Gern, Wallfahrtskirche

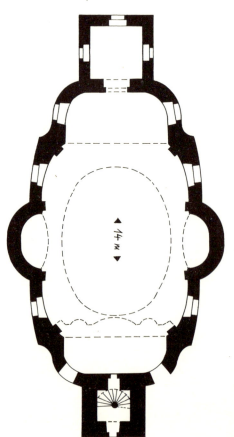

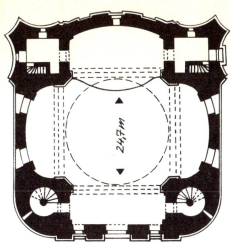

Marienberg b. Burghausen, Wallfahrtskirche

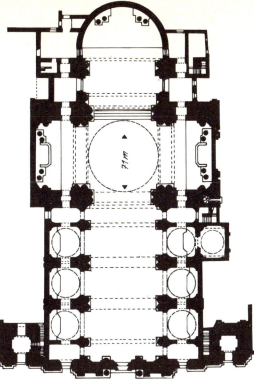

München, Theatinerkirche

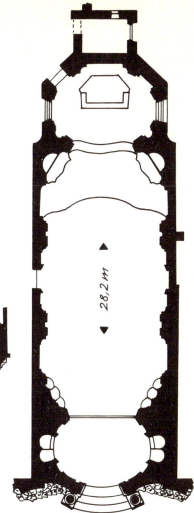

München, St. Johann Nepomuk

München, St. Michael

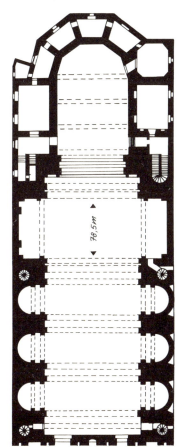

München, Dreifaltigkeitskirche

München-Berg am Laim, St. Michael

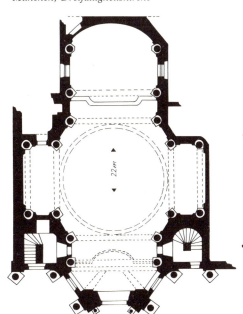

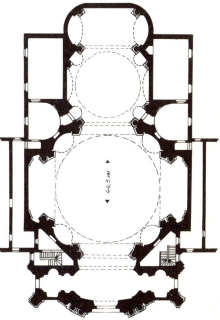

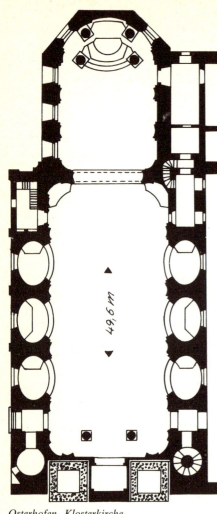

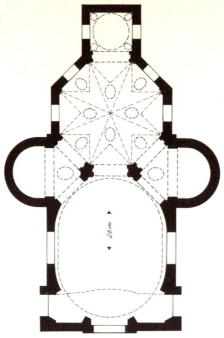

Partenkirchen, St. Anton

Rohr, Klosterkirche

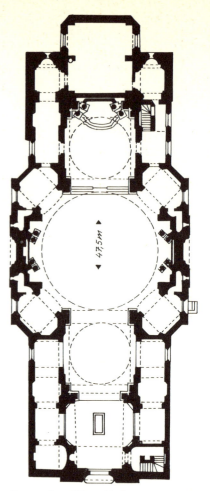

Rott am Inn, Klosterkirche

St. Leonhard b. Dietramszell

Osterhofen, Klosterkirche
Ottobeuren, Klosterkirche

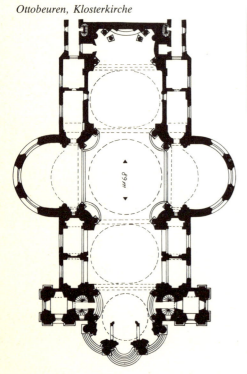

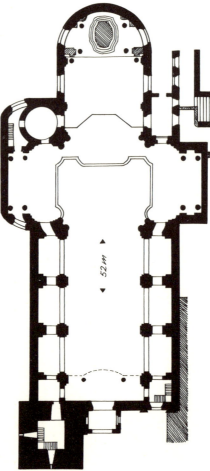

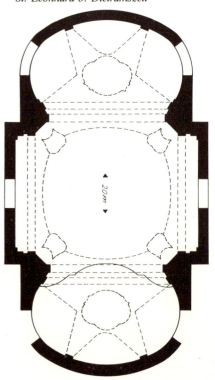

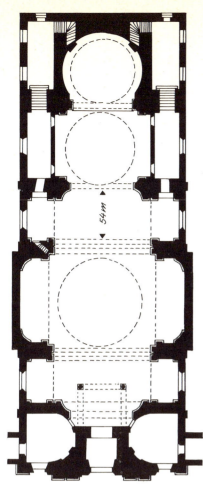

Schäftlarn, Klosterkirche

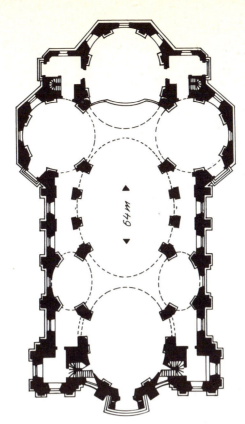

Vierzehnheiligen, Wallfahrtskirche

Weltenburg, Klosterkirche

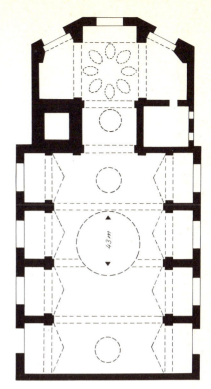

Weilheim, Stadtpfarrkirche

Wies, Wallfahrtskirche

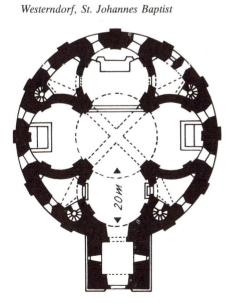

Westerndorf, St. Johannes Baptist

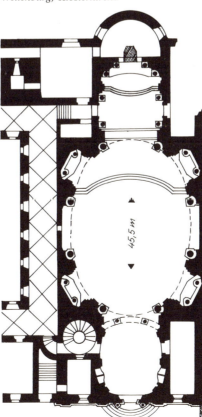

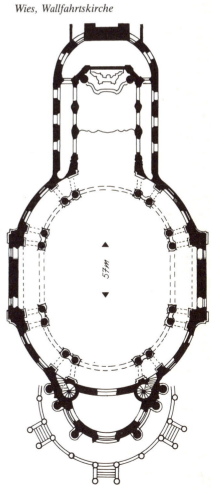

181

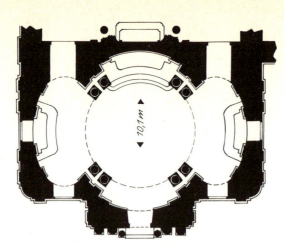

Würzburg, Schönbornkapelle am Dom

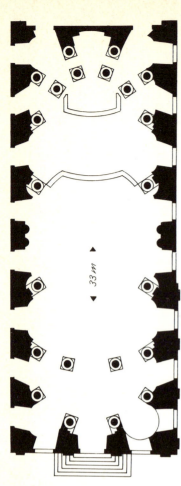

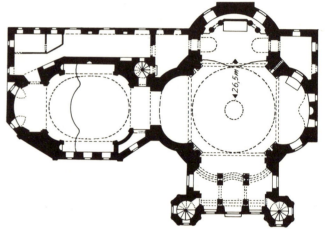

Würzburg, Hofkirche

Würzburg, Käppele, Wallfahrtskirche

Literatur in Auswahl

Allgemein

Argan, Giulio Carlo: Das Europa der Hauptstädte 1600–1700. Genf 1964.

Bauer, Hermann: Rokokomalerei. Sechs Studien. Mittenwald 1980.

Hausenstein, Wilhelm: Vom Genie des Barock. München 1962.

Hausenstein, Wilhelm: Rokoko. München 1958.

Hegemann, Hans Werner: Deutsches Rokoko. Königstein im Taunus 1958.

Hempel, Eberhard: Geschichte der deutschen Baukunst. München 1949.

Hempel, Eberhard: Baroque Art and Architecture in Central Europe. Harmondsworth 1965 (Pelican History of Art).

Hubala, Erich: Barock und Rokoko. Belser Stilgeschichte Bd. 9 (Taschenbuchausgabe). München 1978.

Hubensteiner, Benno: Vom Geist des Barock. München 1978[2].

Kemp, Cornelia: Religiöse Sinnbilder. Freilassing 1982.

Martin, John Rupert: Baroque. London 1977.

Norberg-Schulz, Christian: Architektur des Barock. Stuttgart-Mailand 1975.

Norberg-Schulz, Christian: Architektur des Spätbarock und Rokoko. Stuttgart-Mailand 1975.

Pinder, Wilhelm: Deutscher Barock. Die großen Baumeister des 18. Jahrhunderts. Königstein im Taunus 1957.

Tintelnot, Hans: Die barocke Freskomalerei in Deutschland. München 1951.

Regional

Barock und Aufklärung in Bayern. Hrg. von Herbert Schindler. München 1972 (bes. zu Marienberg, Rott am Inn, Straubing).

Barthel, Gustav: Barockkirchen in Altbayern, Schwaben und in der Schweiz. München 1971[5].

Bauer, Hermann, und Bernhard Rupprecht: Corpus der barocken Deckenmalerei in Deutschland. Bd. I Bayern, die Landkreise Landsberg a. L., Starnberg, Weilheim-Schongau. München 1976; Bd. II Bayern, die Landkreise Bad Tölz-Wolfratshausen, Garmisch-Partenkirchen, Miesbach.

Bauer, Hermann, und Bernhard Rupprecht: Kunstwanderungen in Bayern südlich der Donau. Stuttgart 1973.

Bayerns Goldenes Zeitalter. Hrg. von Herbert Schindler. München 1962 (bes. Ottobeuren, Aldersbach, Bayreuth).

Der Landkreis Memmingen. Landschaft, Geschichte, Kultur, Wirtschaft. Memmingen 1971.

Deutsche Kunstdenkmäler. Ein Bildhandbuch. Bayern nördlich der Donau. Hrg. von Reinhardt Hootz. München 1967[2]; Bayern südlich der Donau. München 1967[2].

Eckert, Gerhard: Oberbayern. Kultur, Geschichte, Landschaft zwischen Donau und Alpen, Lech und Salzach. Köln 1980.

Feulner, Adolf: Süddeutsche Freskomalerei.

Feulner, Adolf: Münchner Barockskulptur. Sammelbände zur Geschichte der Kunst und des Kunstgewerbes. München 1922.

Gierl, Irmgard: Bauernleben und Bauernwallfahrt in Altbayern. Beiträge zur altbayerischen Kirchengeschichte. 21. Bd./ 2. Heft. München 1960.

Hauttmann, Max: Geschichte der kirchlichen Baukunst in Bayern, Franken und Schwaben 1550–1760. München 1923.

Hitchcock, Henry-Russell: Rococo Architecture in Southern Germany. London 1968.

Kömstedt, Rudolf: Von Bauten und Baumeistern des fränkischen Barocks. Hrg. von Hans Reuther. Berlin 1963.

Lieb, Norbert: Münchener Barockbaumeister. Berlin 1941.

Lieb, Norbert: Barockkirchen zwischen Donau und Alpen. München 1953.

Lieb, Norbert: Die Vorarlberger Barockbaumeister. München und Zürich 1977[3].

Münchens Kirchen. Hrg. von Norbert Lieb und Heinz Jürgen Sauermost. München 1973.

Ottobeuren, Schicksal einer schwäbischen Reichsabtei (zur 1200-Jahr-Feier). Augsburg 1964.

Pfistermeister, Ursula: Romantische Straße. Nürnberg 1978.

Pörnbacher, Hans: Der Pfaffenwinkel. München 1980.

Reclams Kunstführer Bayern. Bearbeitet von Alexander von Reitzenstein und Herbert Brunner. Stuttgart 1974[8].

Schelter, Alfred: Der protestantische Kirchenbau des 18. Jahrhunderts in Franken. Freunde der Plassenburg e.V. Kulmbach 1981 (= Die Plassenburg Bd. 41).

Schindler, Herbert: Barockreisen in Schwaben und Altbayern. München 1970[3].

Schindler, Herbert: Reisen in Niederbayern. München 1975.

Schindler, Herbert: Große Bayerische Kunstgeschichte. Bd. II. München 1976.

Schnell, Hugo: Der Pfaffenwinkel. München-Zürich o.J.

Schomann, Heinz: Kunstwanderungen in Bayern nördlich der Donau. Stuttgart 1979[2].

Steiner, Peter: Gnadenstätten zwischen München und Landshut. München-Zürich 1979.

Volk, Peter: Rokokoplastik. In Altbayern, Schwaben und im Allgäu. München 1981.

Zu einzelnen Orten

Hier wären an erster Stelle die in den meisten Kirchen erhältlichen Kleinen Kunstführer zu nennen, die im einzelnen nicht aufgeführt werden. Außerdem:

Altmann, Lothar, und Fr. Rupert Thürmer OSB: Benediktinerabtei Weltenburg. München-Zürich 1981.

Arens, Fritz, und Friedrich Stöhlker: Die Kartause Buxheim bei Memmingen in Kunst und Geschichte. Buxheim 1962.

Fink, Alois, und Dietmar Stutzer: Die irdische und die himmlische Wies. Rosenheim 1982.

Franz, Heinrich Gerhard: Die Klosterkirche Banz und die Kirchen Balthasar Neumanns in ihrem Verhältnis zur böhmischen Barockbaukunst. In: Zeitschrift für Kunstwissenschaft, Bd. 1, 1947, S. 54ff.

Freeden, Max H. von: Würzburg. München-Zürich 1981[7].

Hofmann, Sigfrid: Landsberg am Lech. München-Zürich 1969[2].

Koch, P. Laurentius OSB: Ettal. München-Zürich 1980[4].

Lampl, Lorenz: Die Klosterkirche Fürstenfeld. München 1981.

Lieb, Norbert: Benediktinerkirche Otto-beuren. München 1954[2].

Mindera, Karl: Benediktbeuern. Kultur-land und Kirchen. München-Zürich 1965[2].

Mitterer, Sigisbert: 1200 Jahre Kloster Schäftlarn. Schäftlarn 1962.

Ottobeuren, Schicksal einer schwäbischen Reichsabtei (zur 1200-Jahr-Feier). Augsburg 1964.

Reuther, Hans: Vierzehnheiligen. München-Zürich 1976[5].

Rott am Inn. Beiträge zur Kunst und Ge-schichte . . . Weißenborn 1983.

Schnell, Hugo: Die Wallfahrtskirche Wies. München-Zürich o. J.

Schnell, Hugo: Ottobeuren. München 1962[4].

Steiner, Peter: Altmünchner Gnadenstät-ten. München-Zürich 1979[2].

Weitnauer, Alfred: Der Bautyrann von Kempten. In: Merian »Allgäu«, Mai 1972.

Zu den wichtigsten Künstlern

Dischinger, Gabriele: Johann und Joseph Schmuzer. Zwei Wessobrunner Ba-rockbaumeister. Sigmaringen 1977.

Franz, Heinrich Georg: Dientzenhofer. In: Neue Deutsche Biographie. Bd. 3, 1957, S. 648 ff.

Hagen-Dempf, Felicitas: Der Zentralbau-gedanke bei Johann Michael Fischer. München 1954.

Hofmann Sigfrid: Die Brüder Zimmer-mann. Freilassing 1977[2].

Hundt, Dietmar: Johann Baptist Zimmer-mann. Freilassing 1982.

Hundt, Dietmar: Johann Michael Fischer. Freilassing 1981.

Lieb, Norbert: Johann Michael Fischer. Regensburg 1982.

Lippert, Karl Ludwig: Giovanni Antonio Viscardi. München 1962 (Studien zur altbayerischen Kirchengeschichte, Bd. 1).

Matsche, Franz: Der Freskomaler Johann Jakob Zeiller (1708–1783). Marburg a. d. Lahn 1970.

Poser, Hasso von: Johann Joachim Diet-rich und der Hochaltar zu Dießen. Phil. Diss. München 1975.

Reuther, Hans: Die Kirchenbauten Bal-thasar Neumanns. Berlin 1960.

Reuther, Hans: Balthasar Neumann. Der mainfränkische Barockbaumeister. München 1983.

Rupprecht, Bernhard: Die Brüder Asam. Regensburg 1980.

Schlagberger-Simon, Adelheid: Johann Baptist Baader. Weißenhorn 1982.

Steinitz, Wolfgang: Ignaz Günther. Frei-lassing 1976[3].

Steiner, Peter: Johann Baptist Straub. München-Zürich 1974 (Münchner Kunsthist. Abhandlungen).

Thon, Christina: Johann Baptist Zimmer-mann als Stukkator. München-Zürich 1977.

Vollmer, Eva Christina: Klosterarchitek-ten – Altarbaumeister – Stuckkünstler. Leben und Wirken der Wessobrunner Familie Schmuzer. In: Lech-Isar-Land 1981, S. 165 ff.

Weichslgartner, Alois J.: Die Familie Asam. Freilassing 1981[4].

Woeckel, Gerhard P.: Franz Ignaz Gün-ther. Regensburg 1977.

Wolf, Friedrich: François de Cuvilliés 1695–1768. Oberbayerisches Archiv 89. Bd. München 1967.

Zohner, Wilhelm: Bartholomäus Steinle. Weißenhorn 1982.

Ausstellungen und Kataloge

Der barocke Himmel. Handzeichnungen aus dem Besitz der Staatsgalerie Stutt-gart. Stuttgart 1964.

Bayern, Kunst und Kultur. München 1972.

Süddeutsche Entwurfszeichnungen zur Dekorationskunst in Residenzen und Kirchen des 18. Jahrhunderts. Berlin 1976.

Reuther, Hans: Die Zeichnungen aus dem Nachlaß Balthasar Neumanns. Der Be-stand der Kunstbibliothek Berlin. Ber-lin 1979.

Die Zisterzienser. Ordensleben zwischen Ideal und Wirklichkeit. Köln 1980.

Zum Vergleich

Barock in Baden-Württemberg. Katalog der Ausstellung in Bruchsal, 2 Bde. Karlsruhe 1981.

Donin, Richard Kurt: Vincenzo Scamozzi und der Einfluß Venedigs auf die Salz-burger Architektur. Innsbruck 1948.

Fuhrmann, Franz: Kirchen in Salzburg. Wien 1949.

Sedlmayr, Hans: Johann Bernhard Fischer von Erlach. Wien-München 1956.

Grimschitz, Bruno: Johann Lucas von Hil-debrandt. Wien-München 1959[2].

Bruhns, Leo: Die Kunst der Stadt Rom. Wien 1951.

Gunn, Peter, und Roloff Beny: The Chur-ches of Rome. London 1981.

Fachwort-Erläuterungen

Apsis
halbrunde oder vieleckige Nische als Kirchenraumabschluß, meist im Osten gelegen für den Hochaltar

Arkaden
von Säulen oder Pfeilern getragene Bogen

Chorbogen
der sich ergebende Mauerbogen vor dem Chor, wenn dieser in Breite und Höhe kleiner ist als das Kirchenschiff

Dorsale
Rückwand oder -lehne (beim Chorgestühl etwa)

Dreipaß
nach drei Seiten gleichmäßiger, meist kleeblattförmig gebildeter Umriß

Flachkuppel
Kuppel, deren Wölbung nicht oder nicht einmal annähernd halbkreisförmig ist

Gebälk
über Säulen, Pilaster oder Pfeiler gelegte gerade Verbindungsbalken, meist mit nach oben vorgezogenem Profil versehen und auch über Wandstücke weitergeführt

gestelzt
durch ein gerades Stück etwas nach oben gerückter, nicht direkt auf den Stützen aufliegender Bogen

Gurtbogen
schmaler, massiv gemauerter Bogen, der sich im Gewölbe von Stütze zu Stütze spannt und die eigentlichen Wölbpartien trennt

Hängekuppel
Kuppel, die von vier punktförmigen Auflagern getragen wird und so scheinbar »hängend« wirkt

Hallenkirche
Kirche mit mehreren, üblicherweise gleichhohen Schiffen, die von bis zur Wölbung reichenden Säulen oder Pfeilern voneinander getrennt sind

Intarsien
Einlegearbeiten aus verschiedenen Hölzern oder Steinarten

Joch
Abschnitt in einem Kirchenraum, der einem Gewölbefeld entspricht, meist durch Gurtboten über Säulen oder Pilastern voneinander geschieden

Kalotte
die runde Wölbzone oder Schale einer Kuppel

Kannelur
in schmalen Längsstreifen ausgerichtete Vertiefungen, meist bei Säulen der klassischen antiken Ordnungen

Karnies
Kranzleiste oder Gesims

Kartusche
schildförmiges, eine innere Fläche freilassendes Ornament mit oft unregelmäßigen Umrissen

Konche
halbrunde Nische, Apsis

Konsolen
aus der Wand vorspringende Tragsteine, gelegentlich rein dekorativ verwendet

Kranzgesims
ganz um den Raum laufendes Gesims als oberer Wandabschluß

Kreuzarmkirche
Kirche auf dem Grundriß eines Kreuzes, wobei die Kreuzarme Chor, Querschiff und Mittelschiff bilden

Lambrequin
gebogter Querbehang als oberer Abschluß, im Barock meist in Nachahmung textiler Ausführung aus Stuck u. ä.

Langhausbau
Kirchenbau, bei dem das eigentliche Kirchenschiff eindeutig länger ist als die Chorpartie, der Form des lateinischen Kreuzes entsprechend

Laterne
Zur Belichtung von Kuppeln im Scheitel aufgesetzter kleiner durchfensterter Pavillon

Lisenen
vertikale Gliederung von Wandteilen, meist bandartig vorgelegt und Pilastern ähnlich geformt

Lukarne
Dachfenster mit kleiner Gaube, die in Kuppeln eingeschnitten sind

Lunette
meist durchbrochenes Bogenfeld über Türen und Fenstern, auch am Gewölbeansatz das halbrunde Wandstück

Oberlichter
in der Wölbzone oder kurz darunter angebrachte kleine Fenster

oblong
länglich

Ochsenaugen
querovale, meist im oberen Wandteil eingeschnittene Fenster

Oktogon
Achteck

Oratorien
in Kirchen balkon- oder erkerartig angebrachte, meist im oberen Teil verglaste private Emporen

Palladiomotiv
Verbindung zweier rechteckiger Seitenöffnungen mit einer dazwischenliegenden Rundbogenöffnung

Pendentif
sphärisch gebogenes dreieckiges Wandstück, das den Übergang von rechteckigen Grundrißformen zur runden Kuppel bildet, auf den das Gewölbe tragenden Pfeilern aufruhend

Perlstab
klassische Ornamentform, schmales Band, das kleine runde »Perlen« aneinanderreiht

Pilaster
Stütze oder Gliederung einer Wand, wie die Säule mit Basis und Kapitell versehen, aber flach

Polygon
Vieleck

Presbyterium
Chorraum einer Kirche, im allgemeinen nur Mönchen und Geistlichen zugänglich und von der Chorschranke abgetrennt

Querschiff
im rechten Winkel zum Mittelschiff angelegter Raum, mit diesem eine Kreuzform bildend

Régence
Stilepoche, besonders bei Ornamentformen, ungefähr die Zeit der Regentschaft des Herzogs von Orléans für den minderjährigen König Ludwig XV. von Frankreich umfassend (1715–1723)

Risalit
Gebäudeteil, meist einachsig, der in ganzer Höhe des Bauwerkes vor die Mauerflucht vorgezogen ist

Rotunde
Rundbau

Rücklage
Wand- oder Pfeilerstück, das direkt einer Säule u. ä. hinterlegt ist

Scagliola
Stuckmarmorintarsien, auch aus verschiedenfarbigem Stein gebildete Einlegearbeit

Segmente
Kreis- oder Kugelabschnitte

sphärisch
der Kugeloberfläche entsprechend gekrümmt

Stichkappen
seitlich in ein Gewölbe einschneidende, meist dreieckig geformte Deckenstücke

Tambourkuppel
Kuppel, die auf einen zylindrischen Unterbau aufgesetzt ist, dieser meist durchfenstert

Tonnengewölbe
halbrunde, zwei Wandteile miteinander verbindende Wölbung

Verkröpfung
über Säulen, Pilastern oder Pfeilern vor der Wand vorgezogene Gebälkstücke

Vierung
der sich bildende Mittelraum an der Kreuzung zweier Kirchenschiffe

Voluten
C- oder S-förmige Bogen mit schneckenartig eingerollten Enden

Voute
konkav gebogener Übergangsteil zwischen Wand und Decke

Wandpfeilerkirche
Kirchenform, bei der die das Gewölbe tragenden Pfeiler nicht frei stehen, sondern zungenförmig mit der Außenmauer verbunden sind und so an den Seiten kurze Quermauern bilden

Zentralbau
Kirchenform, bei der im Grundriß alle Gebäudeteile symmetrisch oder annähernd symmetrisch ausgeformt sind und in der Mitte kulminieren

Zwickelgewölbe
zwischen mehreren runden oder ovalen Kuppelschalen übrigbleibende Restgewölbe, dreieckig auf die Schnittstellen zulaufend

Bildnachweis

Freising, Dombibliothek: S. 7
München, Bayer. Hauptstaatsarchiv: S. 14
 (Plansammlung 8297)
München, Staatl. Graphische Sammlung: S. 30
 (Inv. Nr. 32070)
München, TU / Architektursammlung: S. 22
 oben
Nürnberg, Stadtgeschichtliche Museen: S. 16
Stuttgart, Staatsgalerie-Graphische Sammlung:
 S. 25 (Scheffler, Inv.-Nr. 871; Bergmüller,
 Inv.-Nr. 575)

Weilheim, Städtisches Museum: S. 27 (Inv.-Nr.
 D II 53)
Braunmüller: 140, 151
Erika Drave: 107
Löbl-Schreyer: S. 37, 38, 41, 46, 50, 61, 62, 63,
 73, 74, 80, 81, 93, 94, 97, 99, 111, 113, 117,
 124/125, 133, 137, 138, 142, 152
Mauritius/Striemann: S. 42/43, 45
Mayer: S. 34, 36, 51, 53, 54, 55, 57, 58, 59, 64,
 71, 72, 75, 77, 78, 79, 83, 85 oben und unten,
 88, 89

Mülbe: 60, 65, 67, 68, 69, 86, 87 links und
 rechts, 92, 103, 108, 109, 115, 118, 119 oben
 und unten
Neumeister: S. 33, 39, 49, 52, 91, 96, 100, 101,
 104, 105, 112, 128, 129, 136, 155, 157, 159
Pfistermeister: S. 121, 122, 123, 126, 127, 130,
 131, 135, 141, 143, 144, 146, 147, 148, 149

Die Karten und Grundrisse zeichnete Bernd
Riffler.

186

Register

Abensberg 158, 173
Aglio Paolo d' 122, 151
Alb 59, 166
Albrecht V., Hzg. v. Bayern 9, 13
Albrecht, Balthasar 80
Aldersbach 25, 86, 88, 105f., 173
Alexander IV., Papst 86
Alexander VII., Papst 84
Allersdorf 158f., 173
Altdorfer, Albrecht 9, 13
Altenerding 80, 171
Altötting 13, 14, 30, 72, 84, 120
Altomünster 171
Amberg 28, *120*ff., 150, 174
Amigoni, Jacopo 31
Amorbach 48
Andechs 8, 13, 14, 156, 169
Angerer, Joseph 80
Appiani, Giuseppe 28, 139
Appiani, Jacopo 88
Appiani, Pietro Francesco 28, 88, 120
Arnstorf 28
Asam, Cosmas Damian 7, 8, 22, 25, 27, 30, 31, 48, 66, 69, 70f., 86, 88, 105f., 110f., 112f. 116f., 119, 120, 172, 173
Asam, Egid Quirin 13, 27f., 30, 66ff., 88, 102, 105ff., 110f., 114, 116ff., 120, 156
Asam, Franz Erasmus 114
Asam, Hans Georg 24f., 28, 30, 106, 120, 165
Asper, Andrea 102
Aufhausen 58, 171
Aufkirchen b. Erding 80, 171
Aufklärung 11
Augsburg 9, 17, 35, 171
Auvera, Johann Wolfgang van der 143
Aventin, Johannes 13, 173

Baader, Johann 164
Bad Reichenhall 163
Bader, Johann (Lechhansl) 60
Bader, Johann Georg 70
Bader, Joseph 106
Bächl, Maurus, Abt 112
Baldauf, Ignaz 172, 173
Bamberg 13
Banz 12, 22, 28, 134, *135*f., 141, 175
Barelli, Agostino 73
Barrière, Dominique 31
Bayer, Georg 145
Bayerischer Erbfolgekrieg 11
Bayreuth 16, 127ff., 174
Beer, Michael 29, 98, 101, 102

Benediktbeuern 24, 165
Benkert, Johann Peter 134
Berbling 15, 167, 176
Berchtesgaden 33, 163
Bergmüller, Johann Georg 17, 25, 35, 48, 63, 122, 163, 172
Berner, Wenzel 132
Bernhard Gustav v. Baden-Durlach, Kardinal 101
Bernini, Gianlorenzo 18, 19, 21, 30, 108
Bettbrunn 13
Beyharting 14, 30, 168
Biburg 158
Bichl 165, 176
Binder, Matthias 153
Boffrand, Germain 142
Boos, Roman Anton 88
Borromini, Francesco 21, 31
Bosse, Abraham 24
Bossi, Antonio 28, 143, 145
Buxheim 22, 32, 88f., *93f.*, 172
Byss, Rudolf 28, 143, 145

Canisius, Petrus 13
Carlone, Giovanni Battista 26, 122, 151
Christian Ernst, Mkgf. v. Bayreuth 127
Christian, Josef 97f.
Cignani, Carlo 74
Clemens XIV., Papst 11
Clemens August, Fürstbischof v. Köln 26, 76f.
Cortona, Pietro da 19, 30, 31, 70
Corvinus, Johann 29
Crayer, Caspar de 74
Crespi, Daniele 19
Cuvilliés, François d. Ä. 20, 27, 30, 47, 49, 64, 65, 73, 76

Degler, Hans 106, 156
Delsenbach, Johann Adam 16
Deutschmann, Josef 173
Dientzenhofer, Christoph 150
Dientzenhofer, Georg 13, 21, 56, 123f., 135, 150
Dientzenhofer, Johann 22, 133, 134, 135f., 141
Dientzenhofer, Leonhard 20, 123, 135
Dientzenhofer, Wolfgang 122, 150f.
Dientzenhofer, Brüder 47, 134
Dießen 27, 28, 29, 62ff., 169, 176
Dietramszell *48*, 51, 165
Dietrich, Joachim 28, 64
Dietrich, Wendel 10

Dillingen 13, 17, 21, 25, 90
Donauwörth 10
Dürer, Albrecht 9, 138

Eberhard, Johann Franz 123
Effner, Joseph 20, 30, 96, 172
Egling 166, 172
Eichstätt 13, 21, 35
Einsiedeln 106
Ellingen 17, *153*, 174
Empach, M. Magdalena v. 110
Enderle, Johann Baptist 172
Ensdorf 71, 112
Erb, Anselm, Abt 95
Erlangen 16, 126f., 174
Ettal 14, 15, 27, 28, *37*ff., 48, 84, 98, 163, 172, 176
Ettenhofer, Johann Georg 70, 86

Falda, Giovanni Battista 31
Feichtmayr, Franz Xaver 63, 78, 153, 171, 172
Feichtmayr, Johann Michael 27, 28, 63, 97f., 139, 141, 147, 172
Ferdinand Maria, Kf. v. Bayern 10, 14, 72, 74
Ferretti, Domenico 172
Fischer, Johann Michael 8, 11, 23, 29, 56, 58f., 62f., 65, 76, 95, 96f., 105, 116ff., 119, 120, 126, 160, 165, 171, 172, 173
Fischer v. Erlach, Johann Bernhard 22, 31, 40, 95, 145, 153
Freising 7, 8, 30, 116, 170
Freising, Neustift *77*ff., 87, 170
Freystadt 15, 22, 28, 71, 72, *119*f., 126, 174, 177
Friedberg 171
Friedrich V. v. d. Pfalz 10
Fürstenfeld 25, *84*ff., 120, 172, 177
Fürstenzell 173
Füssen 47, 164
Fulda 134
Fux, Johann 87

Gaibach 28, 29, 135, 175, 177
Garmisch-Partenkirchen (s. a. Partenkirchen) 163
Gedeler, Gottfried v. 127f.
Gegenreformation 18
Giel v. Gielsberg, Roman, Fürstabt 100f.
Gießl, Leonhard Matthias 166
Gößweinstein 15, 28, *133*ff., 138, 174, 177
Götsch, Joseph 59, 167
Göz, Gottfried Bernhard 28, 122f.
Göz, Josef Matthias 106

Grafrath 25, 172
Greiffenclau, Carl Philipp v.
	Fürstbischof 147
Greising, Joseph 145
Greither, Johannes 164
Groenesteyn, Franz Anselm Frh.
	zu 133
Großthalheim 80f., 170
Guarini, Guarino 22, 134
Günther, Ignaz 8, 28, 30, 52f., 59,
	78, 80, 82, 119
Günther, Matthäus 26, 28, 48, 49,
	58f., 147, 163, 172
Günzburg 32, 47, 62
Gunetzrhainer, Johann Baptist
	65f., 102, 167, 172
Gutwein, Johann Balthasar 15
Haydon, Patrizius v., Propst 106
Heigl, Johann Martin 81, 166, 167
Helfenberg, Schloß 120
Hellring 156, 173
Hennicke, Georg 145
Henriette Adelaide, Kf.in v.
	Bayern 10, 13, 19, 32, 72f., 74,
	122
Herkomer, Johann Jakob 17, 47,
	101, 164
Hermann, Franz Georg 172
Herrenchiemsee, Kloster 28
Hieber, Hans 13
Hiernle, Johann Nepomuk 81
Hiernle, Michael 81
Hildebrandt, Johann Lukas v. 22,
	28, 29, 142f., 145
Hirschtötter, Johann Georg 156
Hörgersdorf 80, 170
Hörgertshausen 166
Hofmiller, Josef 43
Hohenpeißenberg 15, 26, 48, 49,
	58, 164
Holbein, Hans d. Ä. 9
Holbein, Hans d. J. 9
Holl, Elias 14, 84, 172
Holl, Johann 90
Holzer, Johann Evangelist 35ff.

Ilgen 163
Inchenhofen 173
Indersdorf 171
Ingolstadt 17, 58

Jesuitenorden 10, 25, 90
Johann Theodor, Fürstbischof v.
	Freising 110
Jorhan, Christian d. Ä. 80, 81, 171
Josef II., Kaiser 11
Joseph Clemens, Fürstbischof v.
	Köln 74f., 77

Kager, Matthias 106
Kaltenthal, Philipp Jakob v. 82
Kappel 15, 21, 28, 58, 82, 123ff.,
	135, 174, 177

Karg, Herkulan, Propst 62f.
Karl V., Kaiser 9
Karl Albrecht, Kf. v. Bayern und
	Kaiser 11, 32, 66
Karl Theodor, Kf. v. Bayern 131
Kempten 10, 15, 21, 23, 26, 30,
	98ff., 173, 178
Kitzingen-Etwashausen 23, 28, 29,
	47, 135, 148f., 175, 177
Kleiner, Salomon 29
Klosterlechfeld 14, 84, 172, 178
Knoller, Martin 42
Köglsperger, Philipp Jakob 74
Kramer, Simpert 95f., 97
Krohne, Gottfried Heinrich 138f.
Krumpper, Hans 164
Küchel, Johann Michael 133f.,
	135, 139, 141

Landsberg a. L. 13, 25, 88ff., 172,
	178
Landshut 9
Langheim 15, 138
Legros, Pierre 30
Leisperger, Andreas 56
Leutner, Wolfgang 73
Linderhof, Schloß 163
Lindmayr, Anna Maria 13, 70
Lipper, Wilhelm Ferdinand 131
Lissabon 22
Lory, Maria 43f., 47
Loth, Johann Ulrich 164
Loth, Karl 74
Lucchese, Bartolomeo 26, 151
Lucchese, Carlo Domenico 26, 151
Ludwig d. Strenge, Hzg. 84
Ludwig X., Hzg. 13
Ludwig d. Bayer, Kaiser 37f., 40,
	120
Ludwig I., Kg. v. Bayern 112
Ludwig XIV., Kg. v. Frankreich
	10, 11, 19. 20, 126
Luidl, Johann 89f.
Luidl, Lorenz 84, 90, 169, 172
Lurago, Stukkateure 151
Lutz, Benedikt, Abt 58

Maffioli, Giovanni Giacomo 78
Magzin Domenico 105
Mailand 19
Maini, Andrea 20, 95
Mallersdorf 81f., 171
Mantua 23
Mantegna, Andrea 23
Maria v. Brabant 86
Maria Amalia, Kf.in v. Bayern 14,
	66
Maria Anna, Kf.in 14
Maria Birnbaum 10, 15, 21, 22, 26,
	58, 60, 82ff., 126, 171, 178
Maria Gern 15, 22, 33, 163, 178
Maria im Elend 165

Maria Steinbach 172
Maria Thalheim 80f., 170
Marienberg 168, 179
Max Emanuel, Kf. v. Bayern 11,
	20, 26, 32, 36, 72, 74
Max III. Joseph, Kf. v. Bayern 11,
	66, 73, 166
Maximilian I., Kf. 10, 13, 39, 119,
	168
Mayer, Simon 88
Mayr, Johann 29
Merani, Ignatius 90f.
Mering 172
Merz, Joseph Anton 35
Metten 173
Michelfeld 106
Millauer, Philipp 167
Mittenwald 48, 163
Mörl, Joseph 7
Mösinger, Stephan, Abt 138
Moretti, Carlo Brentano 26, 73
München 9, 10, 12, 13, 14, 16, 21,
	26, 27, 29, 30, 31, 47, 48, 53, 56,
	58, 60, 66ff., 169f.
München, Dreifaltigkeitskirche 11,
	13, 22, 25, 70ff., 78, 86, 120,
	169, 179
München, Johann-Nepomuk-
	Kirche 13, 30, 66ff., 143, 170,
	179
München, Theatinerkirche 10, 13,
	14, 21, 26, 30, 72ff., 78, 169, 179
München-Berg am Laim 25f., 28,
	29, 58, 74ff., 170, 179
Münsterschwarzach 35, 133

Neresheim 29
Neß, Rupert, Abt 95
Neuburg a. D. 9, 126
Neumann, Balthasar 11, 13, 15, 17,
	23, 28, 29, 35, 47, 68, 133ff.,
	139ff., 141ff., 160
Neumann, Franz Ignaz Michael 131
Neustift b. Brixen 48
Niederaltaich 29
Nürnberg 9, 16, 17, 130ff., 174

Oberalteich 35, 173
Oberammergau 48, 163
Obermayr, Mathias 82
Öfele, Franz Ignaz 77
Österreichischer Erbfolgekrieg 11,
	47, 78, 102
Oppolding 80, 170
Ortenburg 9
Ostendorfer, Michael 13
Osterhofen 29, 30, 116ff., 160, 173,
	180
Otterskirchen 173
Otto v. Bamberg 116
Otto v. Freising 64, 77
Ottobeuren 12, 20, 25, 27, 29, 30,
	31, 47, 95ff., 172, 180

Pader, Konstantin 16, 21, 58, 60, 82
Padua 37
Palladio, Andrea 19, 149
Palme, Augustin 139
Paring 156, 173
Paris 19, 32
Partenkirchen 15, 22, *33*ff., 163, 180
Passau 26
Perrault, Claude 19
Perti, Giovanni Nicolo 73
Petrini, Antonio 13, 175
Piazzetta, Giovanni Battista 37
Pienzenau, Georg v. 48
Piranesi, Giovanni Battista 18, 21
Pisa 40
Pittoni, Giovanni Battista 64
Pius VI., Papst 11, 160
Polling 164
Pozzo, Andrea 24, 30
Prag 22, 134
Prantner, Johann 33
Pröpstl, Michael 102
Prugger, Nikolaus 71

Quadri, Bernhard 130

Raitenhaslach 168f.
Regensburg 9, 13, 17, 30
Reutberg 165
Richter, Johann Moritz 127
Riepp, Karl 98
Rinchnach 29
Rohr 28, 30, 106ff., 173, 180
Rom 17, 18, 19, 21f., 24, 25, 30, 31, 32, 40, 51, 73, 108, 114, 119
Roth, Franz Joseph 153
Rott a. Inn 23, 28, 29, 52, 56, *58*f., 166, 168, 180
Rottenbuch 8, 48, 163
Rubens, Peter Paul 7, 19, 170

Säkularisation 11
Saenredam, Pieter 19
Salzburg 15, 21, 22, 30, 31, 40, 60, 95
Sandizell *102*ff., 172, 173
Sandizell, Max Emanuel Frh. v. 102
Sandrart, Joachim 74
St. Bartholomä 163
St. Koloman 15, *153*f., 164
St. Leonhard 167, 172, 180
Schäftlarn 64ff., 169, 181
Schärding 29
Scheffler Christoph Thomas 25, 90
Scheubel, Johann Joseph 139
Schiffer, Matthias 82
Schlaun, Johann Conrad 35
Schlehdorf 164
Schlott, Franz Anton 134
Schlott, Franz Joachim 123
Schmädl, Franz Xaver 48f., 163

Schmidt, Joseph 33
Schmidt, Veit 14
Schmuzer, Franz Xaver 42, 48, 163
Schmuzer, Georg 164
Schmuzer, Johann 26, 32, 47, 155
Schmuzer, Joseph 35, 40, 48
Schmuzer, Mathias 26, 84
Schönborn, Friedrich Carl v. 32, 133, 139, 141f., 145, 148, 160, 175
Schönborn, Johann Philipp Franz v. 141f., 145
Schönborn, Lothar Franz v. 133
Schöpf, Johann Adam 82
Schreyer, Gabriel 130
Schweiger, Lukas 43
Sciasca, Lorenzo 51
Serro, Johann 98, 101ff.
Siebenjähriger Krieg 11
Solari, Santino 15, 30
Spanischer Erbfolgekrieg 11, 34, 70, 86
Speinshart 26, *150*f., 174
Spinelli, Antonio 73
Starnberg 167
Steidl, Melchior 28, 137
Steingaden 8, 14, 43f., 160, 163
Steinhausen 31, 32, 47
Steinle, Bartholomäus 15, 164
Straub, Johann Baptist 28, 42, 53, 63, 66, 77, 164, 165, 172
Straubing 30, 110f., 173
Sturm, Anton 47
Sustris, Friedrich 10

Tassilo III., Hzg. 39, 112, 164
Tegernsee 8, 24, 30
Thaining 169
Thalheimer, Karl Joseph 89
Therese Kunigunde, Kf.in v. Bayern 14
Thumb, Michael 172
Tiepolo, Giovanni Battista 24, 64, 145, 147
Tilly, Ferdinand Lorenz Franz Xaver, Graf v. 119f.
Tintoretto 24
Tizian 24
Troger, Johann Sebastian 165
Trost, Gottlieb 130
Türkenkriege 11
Tuntenhausen 8, 13f., 26, 168
Turin 22

Üblhör, Johann Georg 27, 42, 63, 139, 169, 172

Vanni, Francesco 74
Venedig 24f., 149
Veronese, Paolo 24f.
Verschaffelt, Peter Anton v. 131
Vierzehnheiligen 12, 14, 15, 23, 28, 29, 32, 135, *137*ff., 175, 181

Vilgertshofen 15, 22, 26, 47, *59*f., 169
Viscardi, Bartolomeo 120
Viscardi Giovanni Antonio 13, 22, 28, 70f., 73, 78, 86, 119f., 171
Vogel, Franz Jakob 134
Vogel, Johann Joseph 137
Vogt, Christoph 30, 95
Vredeman de Vries, Jan 24

Wackerle, Joseph 34
Waldsassen 123, 150, 174
Weihenlinden 14, 168
Weilheim 15, 164, 181
Weiß, Leonhard 60
Welden 172
Welsch, Maximilian v. 29, 142, 145
Weltenburg 22, 25, 28, 30, 90, 110, *112*f., 173, 181
Wessobrunner Stuck 26, 44, 47
Westenrieder, Lorenz 11
Westerndorf 16, 21, 26, *53*ff., 60, 82, 126, 167, 181
Weyarn 8, 14, 28, 30, *50*ff., 166
Wien 22, 24
Wies 14, 15, 23, 27, 31, *43*ff., 62, 88, 160, 163, 181
Wiesentheid 175
Wilhelm V., Hzg. v. Bayern 9, 13, 90, 156
Wilparting 59, 166
Wink, Christian Thomas 166, 172
Wolff, Johann Andreas 72, 77
Würzburg 9, 12, *141*ff., 175
Würzburg, Hofkirche 15, 17, 28, 68, *141*f., 182
Würzburg, Käppele 15, 28, *145*ff., 175, 182
Würzburg, Schönbornkapelle 28, 29, *145*, 182

Zanchi, Antonio 74
Zeiller, Franz Anton 98
Zeiller, Johann Jakob 40, 42, 98, 165
Zick, Johann 33, 169
Zimmermann, Dominikus 13, 23, 27, 30f., 44ff., 62, 88f., 90, 93f., 95, 160
Zimmermann, Franz Dominikus 47
Zimmermann, Johann Baptist 26, 27, 30f., 44ff., 48f., 51f., 62, 66, 76f., 78f., 93f., 168, 169
Zimmermann, Brüder 11, 30
Zisterzienser 12
Zitter, Joseph 164
Zöpf, Tassilo 164
Zuccalli, Enrico 14, 30, 39f., 70, 72, 73, 84, 120
Zuccalli, Johann 26, 100
Zuccalli, Johann Caspar 30
Zwerger, Georg 26, 55, 56

In gleicher Ausstattung liegen bisher vor:

Ludwig und Elli Merkle/Manfred Mehlig
Der Schwarzwald
192 Seiten mit 106 farbigen und 19 einfarbigen
Abbildungen sowie 14 Kartenskizzen.

Ein handliches, reich bebildertes Schwarzwald-
Buch, das dem Benutzer mit einem neuartigen
Konzept umfassende Informationen an die Hand
gibt. Abwechslungsreiche optische Eindrücke,
praktische Anregungen und detailliertes
Kartenmaterial tragen zu einer aktiven Gestaltung
des Urlaubs bei.

Bernd Riffler/Löbl-Schreyer
Im bayrischen Gebirg
192 Seiten mit 98 farbigen und 15 einfarbigen
Abbildungen sowie 25 Kartenskizzen.

Der Band enthält eine kenntnisreich geschriebene
Darstellung des »bayrischen Gebirgs«, seiner
geologischen, kulturgeschichtlichen und
landschaftlichen Besonderheiten. Der Text
vermittelt, aufgelockert durch viele Farbbilder,
alles Wissenswerte für Besucher dieser schönen
Alpenwelt zwischen Berchtesgaden und Lindau.
In einem eigenen Abschnitt werden
60 Wanderungen und Touren beschrieben.

Süddeutscher Verlag

Zum Thema »Kunst und Künstler« Eine Auswahl:

Hermann Bauer / Bernhard Rupprecht
Corpus der barocken Deckenmalerei in Deutschland
Band I: Bayern. Die Landkreise Landsberg am Lech,
Starnberg, Weilheim-Schongau.
Band II: Bayern. Die Landkreise Bad Tölz-Wolfratshausen,
Garmisch-Partenkirchen und Miesbach.
Jeder Band ca. 640 Seiten mit rund 1000 z. T. farbigen
Abbildungen. Grundrisse, Übersichtskarte und Register.
Leinen

Herbert Brunner
Die Kunstschätze der Münchner Residenz
360 Seiten mit 356 Schwarzweiß-Fotos
und 58 meist ganzseitigen Farbabbildungen.
Leinenband mit Schutzschuber

Benno Hubensteiner
Vom Geist des Barock
Kultur und Frömmigkeit im alten Bayern. 286 Seiten mit
17 Abbildungen und 2 Karten. Leinen

Hans Reuther
Balthasar Neumann
Der mainfränkische Barockbaumeister. 280 Seiten mit
197 Abbildungen in Duplexdruck und 28 farbigen.
Leinen

Herbert Schindler
Große Bayerische Kunstgeschichte
Studienausgabe in zwei Taschenbuchbänden.
Band I: Frühzeit und Mittelalter (Romanik, Gotik)
Band II: Neuzeit (Renaissance, Barock, Rokoko,
Klassizismus, Biedermeier) bis an die Schwelle des
20. Jahrhunderts.
Zusammen rund 1000 Seiten mit 486 z. T. ganzseitigen
Abbildungen, davon 24 in Farbe; 133 Zeichnungen, Pläne,
Grundrisse. Taschenbuchkassette

Süddeutscher Verlag